―――――――――

本书受中国科学技术大学马克思主义理论学科专用平台建设经费（YD2200000601）资助

九州文库

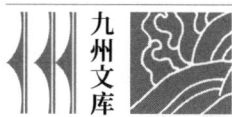

辩证唯物论中的『斯宾诺莎因素』

苏振源 著

九州出版社
JIUZHOUPRESS

图书在版编目（CIP）数据

辩证唯物论中的"斯宾诺莎因素" ／ 苏振源著 .
北京：九州出版社，2024.10. -- ISBN 978-7-5225
-3377-3

Ⅰ. B563.1；B02

中国国家版本馆 CIP 数据核字第 2024P6Q232 号

辩证唯物论中的"斯宾诺莎因素"

作　　者	苏振源　著
责任编辑	王　宇
出版发行	九州出版社
地　　址	北京市西城区阜外大街甲 35 号（100037）
发行电话	（010）68992190/3/5/6
网　　址	www.jiuzhoupress.com
印　　刷	唐山才智印刷有限公司
开　　本	710 毫米×1000 毫米　16 开
印　　张	17
字　　数	269 千字
版　　次	2025 年 1 月第 1 版
印　　次	2025 年 1 月第 1 次印刷
书　　号	ISBN 978-7-5225-3377-3
定　　价	95.00 元

目　录
CONTENTS

导　论

一、我国学界对斯宾诺莎学说的接受情况

斯宾诺莎长期以来被认作辩证唯物主义的鼻祖。通过考究斯宾诺莎学说来迂回地诠释马克思科学世界观的基本内涵，早已成为学界见怪不怪的事情。当前我国学界对斯宾诺莎与马克思思想关系的探讨，可从两条线索追溯其起源。

（一）第一条线索：苏俄马克思主义对中国马克思主义的影响。

19世纪与20世纪之交，普列汉诺夫出于同伯恩施坦等修正主义者论战的目的，率先提出"斯宾诺莎主义是唯物主义""马克思主义是现代斯宾诺莎主义"的观点。该观点在苏俄哲学界引起极大的反响，包括阿克塞罗德、德波林、米丁在内的学者都力图回应普列汉诺夫的观点。① 中国学界在译介苏俄哲学著述的同时也吸收了苏俄专家们的基本判断，大体上把斯宾诺莎归入唯物主义阵营，并进一步将他界定为唯理论的唯物主义者。国内学者总体上围绕该判断各抒己见，极大地推进了关于斯宾诺莎与辩证唯物主义关系问题的研究。

1. 20世纪上半叶斯宾诺莎哲学的引介（1900—1949）

（1）早期引介与本土消化

19世纪末，梁启超的《斯片挪莎学案》② 在汉语学界首次介绍了斯宾诺

---

① ANDREÉ TOSEL. *Spinoza au XIXe Siècle*：*Actes des journées d'études organisées à la Sorbonne* ［M］. Paris：Publications de la Sorbonne，2007：149-160.

② 梁启超. 梁启超评历史人物合集：西方卷 ［M］. 武汉：华中科技大学出版社，2018：10-11.

莎其人其论。1902年梁启超主办的《新民丛报》上刊载了斯宾诺莎的肖像,并加以简要评点。该报将斯宾诺莎归为唯心论者,认为他最重要的著作是《神学政治论》。1906年,王国维作《荷兰哲学大家斯披洛若传》①,仍注重凸显斯宾诺莎的人生阅历及其高尚情操。同年,章太炎发表《无神论》②,把斯宾诺莎"神即自然"的泛神论观点同佛教世界观相联系,共同反对基督教的"崇奉一尊"的神创论,以引出"众生平等"的政治立场。可见在20世纪伊始,国内学界主要关注的是斯宾诺莎的政论,对其哲学逻辑研究较少。

1928年,伍光建根据英国学者怀特的英译本翻译出斯宾诺莎的《伦理学》③,这是斯宾诺莎第一本以汉语全译本形式独立出版的作品。有学者指出,当时商务印书馆专门选择这本斯宾诺莎论述最为严密的书籍予以汉译,反映出国内学界对斯宾诺莎的著述已有了较为系统的了解。④ 1932年斯宾诺莎三百周年诞辰之际,国内学界刊发了一系列专题性研究斯宾诺莎哲学的论文。其主题涵盖斯宾诺莎本人的哲学诠释、斯宾诺莎与其他西方哲学家的思想比较、斯宾诺莎与中国思想家的比较等,达到了较高的研究水平。

当时国内流行的哲学史教科书是梯利所著的《西洋哲学史》。在该书中,梯利把斯宾诺莎定位为唯理论者,对其几何学方法、实体、属性、样式、情感、认识论、伦理学和政治学等多个方面及彼此间的逻辑演绎关系作了详尽的说明。梯利整体上把包含斯宾诺莎在内的近代哲学总特征概括为"反对旧的经院哲学,却是未曾,并且还不能完全脱离旧有的范围"⑤。这个判断深深地烙刻在中国学者的学术记忆当中,乃至新中国成立以后的哲学史教科书仍反复提及。

---

① 姚淦铭,王燕. 王国维文集:第三卷 [M]. 北京:中国文史出版社,1997:455-457.

② 姜义华. 中国近代思想家文库:章太炎卷 [M]. 北京:中国人民大学出版社,2015:151-155.

③ 该译本被收录于商务印书馆《万有文库》第一辑。但目前汉语学界流行的主要是贺麟先生重译的版本。伍光建译本现收录于李天纲主编的《伦理学》(上海社会科学出版社,2017)。

④ 方仪力. 异域"折射":斯宾诺莎汉译及阐释探察(1929—1943)[J]. 四川大学学报(哲学社会科学版),2020(6):136-145.

⑤ 梯利. 西洋哲学史:下 [M]. 陈正谟,译. 北京:东方出版社,2013:240.

　　与此相较，贺麟则更侧重于在科学与宗教相调和的语境下解读斯宾诺莎的思想。1933 年他发表的《斯宾诺莎的生平及其学说大旨》提出："（斯宾诺莎）使以求真为目的的科学的探讨与求安心立命的宗教的生活调合一致，使神秘主义的识度与自然主义的法则贯通为一，使科学所发现的物理提高为神圣的天理，使道德上宗教上所信仰的上帝或天理自然化作科学的物理。"① 当时不论西方还是俄苏学界，都倾向于把斯宾诺莎看作反宗教的先锋，贺麟的阐发可谓独树一帜。其中渗透的是深邃的民族情怀与敏锐的世界眼光。作为深受传统儒家精神浸染的新式知识分子，贺麟先生深知西学要真正在中国落地生根，不能单以科学理性驯服本土文化，而要谋求双方之结合。再者，西方片面强调科学理性的弊病也在世界大战、贫富分化等各个方面显露出来，它万不能作为唯一的人生指南。当然，离开马克思主义的基本立场、观点、方法，只从斯宾诺莎等资产阶级哲学家与传统文化精华的结合中寻找药方，是治不好西方理性主义之病症的。

　　（2）俄苏研究文献的译介

　　20 世纪 30 年代以后，苏俄一批研究斯宾诺莎的重要论述也进入了中国学者的视野。普列汉诺夫阐发斯宾诺莎主义与辩证唯物主义间的思想关系的主要文献——《马克思主义的基本问题》多次出版，包括鲁迅、冯雪峰、瞿秋白、秦邦宪在内的多位著名革命作家和中国共产党的领导人都承担过该书的翻译工作。② 德波林《斯宾挪莎的哲学观》一文被翻译并刊载于 1932 年的《突进》杂志上。这篇文章出自德波林的专著《近代物质论史》的第三章。该书中译本于 1935 年问世，除去介绍斯宾诺莎生平与反宗教立场的第三章，还设第四章专门谈论斯宾诺莎的宇宙观。德波林追随普列汉诺夫把斯宾诺莎定性为唯物主义者的判断，同时也批评斯宾诺莎学说里缺乏发展的观点。德波林认为斯宾诺莎倡导实践的立场，其伦理学要求人人皆友、利益合一、把人类整合为集体，是共产主义运动的先驱。③ 德波林有些言过其实。只讲联合不讲斗争，空谈人类普遍友爱而无视阶级矛盾，恰恰是一种典型的资产阶

① 贺麟 . 近代唯心论简释［M］. 上海：上海人民出版社，2009：132.
② 高放，高敬增 . 普列汉诺夫著作在中国民主革命时期的传播［J］. 教学与研究，1982（4）：42-45，41.
③ 德波林 . 近代物质论史［M］. 林一新，译 . 郑州：河南人民出版社，2016：122.

级幼稚病。

1939 年，米丁的《斯宾诺莎与辩证法的物质论》经由日译中介被翻译为中文出版。这位观点更为正统、直接参与苏联官方哲学教科书创建工作的学者值得我们详细关注。米丁主张应基于黑格尔、费尔巴哈与马克思三者为节点的思想脉络来评判斯宾诺莎学说。斯宾诺莎虽是唯物主义者，但他却是用抽象理性的方法考察世界，他的自然界缺乏感性品质。费尔巴哈前进到感性自然，但他依然陷于形而上学的抽象自然。斯宾诺莎和费尔巴哈的自然中的人都是孤立、静止、抽象的人，只有马克思才把一般人类看作具体的历史的本体，看作历史发展的结果。这就呼应了黑格尔对斯宾诺莎的批评：斯宾诺莎的实体没有自己运动、发展、个体性原则、具体性等方面。黑格尔通过批评斯宾诺莎而形成了辩证法的合理内核。① 米丁的观点既是对普列汉诺夫与德波林诠释的吸收，也是对他们的纠正。斯宾诺莎是唯物主义者不假，但不能把辩证唯物主义混同于斯宾诺莎唯理论的唯物论；斯宾诺莎缺乏发展的观点，此种缺失直接导致他把唯物主义同神学混同起来，只讲抽象的同一性而忘记了历史中的阶级对立及其现实变化历程。米丁的诠释是 20 世纪上半叶探讨斯宾诺莎与马克思哲学关系的一座思想高峰，也是我们今天重新思考该问题的重要参照点。

1947 年，读书出版社发行了苏联专家薛格洛夫主编的《西洋哲学史简编》。该书在新中国成立前后多次再版并长期流行。刘放桐教授回忆说，20 世纪 50 年代时他曾购得此书。该书内容比市面上其他哲学读物内容更丰富，深深地吸引了他。② 该书的特点是，完全围绕唯物主义与唯心主义的斗争来诠释西方哲学史，并时刻注重谈论哲学家的阶级性。薛格洛夫的编纂思路呼应了日丹诺夫主义的哲学史定义："哲学上两个基本派别——唯物主义和唯心主义的斗争中，研究认识的历史……归根结底是社会发展的某一阶段人们的经济和政治生活的反映。"③ 斯宾诺莎的学说也被设置在 "17—18 世纪唯

---

① 米廷，等．斯宾诺莎哲学批判［M］.卢心远，译．上海：辛垦书店，1939：172，182.

② 刘景钊，金瑶梅．现代西方哲学与马克思主义哲学结合的探索历程：刘放桐教授访谈录［J］.晋阳学刊，2008（4）：3-14.

③ 王永江．日丹诺夫对哲学的干预和影响［J］.马克思主义研究，1989（1）：87-105.

物论与唯心论的斗争"章节之下。斯宾诺莎的哲学史贡献被定性为从唯心主义唯理论中挣脱出来走向了唯物主义的唯理论和无神论。该书十分认真地对待了《神圣家族》对斯宾诺莎的基本判断：斯宾诺莎的实体是脱离人的、形而上学的自然。但由于它非要把哲学史写作唯物主义如何战胜唯心主义的、不断进步的历史过程，随后的18世纪法国唯物主义便被当作了斯宾诺莎实体的延续①——这恰恰是《神圣家族》所竭力反对的、来自鲍威尔的观点。

2. 斯宾诺莎在新中国成立初期哲学史教材中的定位（1949—1978）

（1）苏联教材的引介

20世纪50年代新中国引入的苏联西方哲学史教材主要有：亚历山大洛夫主编《哲学史教学大纲》（1955）、奥伊则尔曼等主编《哲学史教学大纲（初稿）》（1956）、萨坡什尼柯夫主编《哲学史》（1957）、敦尼克等主编《哲学史》（1959）。

亚历山大洛夫1945年苏联出版的《西欧哲学史》受到日丹诺夫的直接批判。在新的教学大纲草稿里，他完全接受了日丹诺夫的批评。教学大纲从唯物论反对唯心论、哲学斗争即意识形态方面阶级斗争之形式的两大立足点出发，根据这两大原则阐述和评价各个不同时期的哲学思想。斯宾诺莎哲学被归入"欧洲早期资产阶级革命时期唯物论的发展及其反对唯心论的斗争"。斯宾诺莎归属于唯物论的阵营，其唯理论的方面不再提及，只批评其无神论的资产阶级局限性与神学杂质。② 应当说，1955年教学大纲的哲学史框架是比较粗糙的，它只注重梳理本体论层面的"两军对垒"，忽视了应在认识论上关注辩证法与形而上学的斗争。在实际运用中，苏联和中国都将它作为高等学校非哲学系的教材。

奥伊则尔曼的教学大纲也参考了日丹诺夫的定义，但同时加入了"科学和宗教的关系""唯心主义的认识论根源""辩证法和形而上学之间的斗争"等方面。教学大纲也将斯宾诺莎哲学归入"资产阶级革命时期唯物主义的发展及其反对唯心主义的斗争"，但同时把该时期界定为"自然科学和唯物主义哲学发展中的形而上学时期"。教学大纲不仅关注斯宾诺莎关于自然界的

① 薛格洛夫. 西洋哲学史简编［M］. 王子野，译. 上海：读书出版社，1947：133.
② 亚历山大洛夫. 哲学史教学大纲［M］. 北京大学哲学系，译. 北京：高等教育出版社，1955：6-7.

唯物主义学说，还要求关注他的认识论。① 同1955年教学大纲相比，1956年大纲的体系更为完整和准确。1957年萨坡什尼柯夫的课堂讲稿大体上是对1956年教学大纲的细化，不仅讲唯心论同唯物论之对立，也讲辩证法与形而上学之对立。该教材对斯宾诺莎哲学的主要评判有：其一，他代表的是资产阶级非革命的立场；其二，他在自然观上是唯物主义者，但错误地认为万物皆有灵魂；其三，他在历史观上是唯心主义者和形而上学者。②

　　1959年敦尼克等专家主编的《哲学史》在一定程度上否定了日丹诺夫哲学史定义中的"虚无主义"。该教材要求不仅研究唯物主义和唯心主义的对立，还要研究唯心主义的历史、研究辩证法与形而上学各自形成及相互斗争的历史，尤其要反对极端片面地对待过去的哲学遗产。该教材把斯宾诺莎归结为唯物主义，批评其物活论观点；注重突出斯宾诺莎对于辩证法的贡献；也指出斯宾诺莎观点中的精英主义倾向，即认为只有一部分人才能登上理性认识顶峰。③

　　在此值得一提的还有索考罗夫1959年中译出版的斯宾诺莎研究专著。该书虽然遵从流行的说法将斯宾诺莎归为形而上学唯物主义者，但同时指出了斯宾诺莎哲学当中"自然"与"广延""实体"与"物质"两组概念的根本不同。同时他还主张，不宜把斯宾诺莎关于神的观点当作残余。斯宾诺莎其实是反过来把自然的学说当成了关于神的学说来论述，其内核是预设了自然界的至善特性。④ 索考罗夫实则埋下伏笔：斯宾诺莎根本不是唯物主义者，便是在自然学说上也是唯心主义的。

　　（2）本土教材的编纂

　　1957年出版的《哲学史简编》是新中国成立后第一本中国人自己编写的哲学教科书，洪谦等老一批学者执笔其中的西方哲学史部分。该部分内容经

---

① 奥伊则尔曼．哲学史教学大纲（初稿）［M］．乐峯，译．北京：高等教育出版社，1956：12.

② 萨坡什尼柯夫．哲学史：上册［M］．王太庆，等译．北京：北京大学出版社，1957：129-132.

③ 敦尼克，约夫楚克，凯德洛夫，等．哲学史：第一卷［M］．中共中央马克思恩格斯列宁斯大林著作编译局，译．北京：生活·读书·新知三联书店，1959：450-460.

④ 索考罗夫．斯宾诺莎的世界观［M］．彭健华，译．北京：商务印书馆，1959：16-23.

汪子嵩等人改写，于 1972 年出版。① 这本教科书围绕着唯物论与唯心论、辩证法与形而上学的斗争展开。斯宾诺莎哲学从属于 16 世纪末到 18 世纪资产阶级革命早期的哲学，归入机械唯物主义的时代。斯宾诺莎是"唯物论的唯理论者"。其唯物论表现为以独立的客观物质世界为对象，其唯心论表现为主张理性认识的标准只在理性之内而不从感性认识而来。其思想中含有一定的辩证法因素，但整体而言还是强调实体不变的形而上学观点。② 从这些论述中可以看出，本土化的教科书侧重于把近代哲学史概括为认识论的发展史，唯物论和唯心论的斗争也表现为认识论问题。

1975 年北京大学编写的《欧洲哲学史》吸收了 1959 年敦尼克《哲学史》的基本观点。其一，斯宾诺莎哲学是为巩固资本统治这个目的服务的哲学；其二，批评斯宾诺莎哲学的精英主义立场，反对他认为普通群众需要宗教的观点。该教材也吸收了 1972 年汪子嵩等主编教材的基本观点，把斯宾诺莎归结为唯物主义的唯理论。该教材还注意到斯宾诺莎体系中"实体"与"广延"的区别，认为斯宾诺莎的贡献是强调自然界的统一性，但没有成功克服笛卡尔的二元论。③

经典作家的语录汇编也是学习西方哲学史的重要资料。

1959 年的汇编摘录了《神圣家族》谈论斯宾诺莎哲学的两个要点：其一，斯宾诺莎是 17 世纪形而上学的代表，与 18 世纪唯物主义截然对立；其二，斯宾诺莎实体是脱离人的形而上学的自然。④ 该汇编虽附录普列汉诺夫对哲学史的论述，大量摘录了《马克思主义基本问题》的语句，却有意不摘"马克思主义即现代斯宾诺莎主义"的论断。可见此时学界普遍接受的观点是，辩证唯物主义远高于斯宾诺莎的唯物主义，不宜把两者混同起来。

1973 年的汇编带有较强的时间线索。按其编排结构，笛卡尔是二元论者，其后斯宾诺莎是唯物主义唯理论，莱布尼茨是唯心主义唯理论，三者组

---

① 赵敦华. 西方哲学简史 [M]. 北京：北京大学出版社，2001：前言.

② 汪子嵩，张世英，任华，等. 欧洲哲学史简编 [M]. 北京：人民出版社，1972：72-75.

③ 北京大学编写组. 欧洲哲学史 [M]. 北京：商务印书馆，1977：355.

④ 中国科学院哲学研究所西方哲学史组. 马克思 恩格斯 列宁 斯大林（附：普列汉诺夫）论哲学史 [M]. 北京：科学出版社，1959：105，157.

成"唯物主义的唯理论与唯心主义的唯理论的斗争"小节，从属于16世纪末到18世纪欧洲资产阶级革命早期的哲学。① 为了证明斯宾诺莎是个唯物主义者，该汇编只摘录了恩格斯的相关论述，《神圣家族》中马克思对斯宾诺莎的批评则闭口不提，直到后来在谈论18世纪法国哲学的章节里才得到摘编。

尽管苏联和本土编纂的主流教科书总体上把斯宾诺莎定性为唯理论的唯物主义者，个别研究人员在细节方面提出了自己的见解。核心问题是，唯理论和唯物主义如何兼容？张世英是本土教材的主要编写者之一。他在1961年的一篇论文中吸收了索考罗夫的观点，批评斯宾诺莎把"实体"理解为"绝对圆满之物"，实则是其唯物主义不彻底、倒向神秘主义和认识论上唯心主义的标识。② 朱德生认为，唯理论的认识论本身有唯心主义与唯物主义之区分，斯宾诺莎在认识论和世界观上都是唯物主义者。③ 刘放桐则提出，斯宾诺莎的唯物主义只表现在世界观层面，其认识论层面的唯理论只能是唯心主义的。④ 凌墤芳采取折中的观点，主张把唯物主义反映论的立场和为了贯彻这种立场所采用的具体途径区别开来。按照其观点，斯宾诺莎既坚持唯物主义的认识论路线，又采取片面的唯理论途径。这样一来，问题就分为了三层。其一是世界观是唯物主义还是唯心主义的，其二是认识论的出发点是感性知识还是理性知识，其三是认识的方式方法问题。⑤ 庞听记将争议概括为三个方面：斯宾诺莎实体、自然、物质三者关系的问题；斯宾诺莎是否克服笛卡尔二元论的问题；斯宾诺莎认识论的唯心主义与唯物主义定性问题。⑥ 这些争论为改革开放以后重新思考斯宾诺莎的哲学立场奏响了序曲。

---

① 马克思 恩格斯 列宁 斯大林论哲学史 [M]. 上海：上海人民出版社，1973：88-89.

② 张世英. 关于斯宾诺莎的"实体"概念与认识论 [J]. 哲学研究，1961（6）：79-87.

③ 朱德生. 从斯宾诺莎哲学谈唯物主义唯理论 [N]. 光明日报，1961-9-22（4）.

④ 刘放桐. 从斯宾诺莎哲学看唯理主义的性质 [N]. 光明日报，1962-3-23（4）.

⑤ 凌墤芳. 怎样理解唯物主义的唯理论 [J]. 武汉大学学报（人文科学），1962（2）：27-32.

⑥ 庞听记. 中世纪至十七世纪西方哲学史上的一些问题 [J]. 哲学研究，1963（2）：82-83.

3. 新时期以来斯宾诺莎与马克思关系研究的拓展（1978 年至今）

（1）斯宾诺莎哲学范畴的深入辨析

1978 年开始的真理标准问题大讨论在斯宾诺莎研究方面也有回响。谭鑫田撰文细致地剖析了斯宾诺莎的"真观念"。其观点是，真观念的对象是客观存在的自然界，且在推导过程中把客观事物的共同特质作为前提。这反映出斯宾诺莎学说唯物主义的一面。可斯宾诺莎又把真理的标准归结为真理自身而非实践，这就倒向了唯心主义。因此斯宾诺莎的真理论可谓唯心主义和唯物主义共存的。[①] 傅有德撰文提出，斯宾诺莎的唯理论完全是唯心主义的。唯物主义的认识论只能是反映论，但在斯宾诺莎认识论中从认识对象到认识标准都不是客观的物质世界，认识的主体也不能够如实地提供对于物质对象的表象。[②] 郑明撰文提出了商榷意见。其文认为，斯宾诺莎把自然界当作认识对象，把思维看成从属于自然这一实体的属性，承认认识来源于客观事物对主体的作用，因此他的唯理论基本上是唯物主义的。[③] 通过争论，斯宾诺莎体系中作为认识对象的自然与物质世界、身体与心灵的关系等问题成为研究的前沿。

斯宾诺莎用"神""自然"和"实体"三个范畴来表述其体系中的最高存在。过去苏联和本土哲学教科书的观点都直接把自然当成自然界，再根据"凡承认自然界第一性的都属唯物主义"将斯宾诺莎归入唯物主义阵营。学者们对此提出了质疑。傅有德撰文指出，斯宾诺莎的自然或实体不仅是物质世界，而且包含精神方面。他把自然精神化、使得物质现象和精神现象统一起来，这是一种调和折衷的哲学立场。[④] 周文彬、徐瑞康、谭鑫田等学者通过梳理斯宾诺莎不同时期著作中的范畴表述后也提出，斯宾诺莎以彻底的理性主义和物活论来看待自然，其自然观有别于近代唯物主义和自然科学意义

① 谭鑫田. 斯宾诺莎的真理论 [J]. 文史哲, 1979 (1)：72-80.
② 傅有德. 斯宾诺莎的唯理论是唯物主义的吗？[J]. 文史哲, 1984 (3)：100-104.
③ 郑明. 也谈斯宾诺莎的唯理论：与傅有德同志商榷 [J]. 文史哲, 1985 (3)：101-106.
④ 傅有德. 斯宾诺莎自然范畴新探 [J]. 文史哲, 1985 (6)：74-76.

上的自然界，其本体论和认识论都具有调和论的意味。① 洪汉鼎细致地挖掘了斯宾诺莎同中世纪经验哲学、文艺复兴时期自然哲学的承继关系，也延续了贺麟在 20 世纪 30 年代提出的于科学与宗教相调和中理解斯宾诺莎的思路。他认为斯宾诺莎思想里同时存在着把自然界神圣化与把神自然化两种倾向，准确说来这是一种"以伦理为目的、以泛神论为形式的特殊唯物主义哲学体系"②。吴增定通过亚里士多德自然观与斯宾诺莎自然观的对比，指出后者不是经验感知层面的物理自然界，而是符合因果必然法则、只能以理智来把握的无限力量。③

新时期的哲学史教材和研究专著离日丹诺夫主义更远，对斯宾诺莎的评价也更为全面客观。例如作为 2011 年"马工程"重点教材的《西方哲学史》把经验论和唯理论的斗争作为叙述线索。近代初期两者对立尚且不太明显，直到贝克莱、法国唯物主义那里才成为焦点而失去中间立场。换言之，斯宾诺莎哲学尚且在两者间有所摇摆。斯宾诺莎属于欧洲大陆的唯理论，表现为他用几何学构筑哲学体系，用实体一元论克服二元论，但留下了身心平行论的难题。④ 刘学义主编的《西方哲学史稿》指出，斯宾诺莎的唯理论冲破了经验论就事论事的狭隘性，是一个思想上的进步。⑤ 叶秀山和王树人主编的《西方哲学史（学术版）》、冯俊主编的《西方哲学史》也以经验论和唯理论的认识论分歧来梳理近代哲学史。它们不仅指出了斯宾诺莎学说的无神论、唯物主义的特性，也强调斯宾诺莎对于德国唯心主义的贡献。⑥ 这些著述都极大地拓宽了勘定斯宾诺莎哲学史地位的视域。

---

① 周文彬. 斯宾诺莎是唯物主义者吗 [J]. 探索与争鸣，1986（6）：7-8，3；徐瑞康. 论斯宾诺莎哲学在本体论上的两重性和含混性 [J]. 武汉大学学报（社会科学版），1987（2）：40-46；谭鑫田. 论斯宾诺莎的"神或自然" [J]. 山东大学学报（哲学社会科学版），1990（4）：1-9.

② 洪汉鼎. 神、自然和实体在斯宾诺莎体系里的内在统一 [J]. 北京社会科学，1989（2）：60-68.

③ 吴增定. 实体与事物：重思斯宾诺莎对亚里士多德主义的批评 [J]. 世界哲学，2021（1）：55-66，160-161.

④ 西方哲学史 [M]. 北京：高等教育出版社，人民出版社，2011：227.

⑤ 刘学义. 西方哲学史稿 [M]. 兰州：甘肃人民出版社，2003：169.

⑥ 叶秀山，王树人. 西方哲学史（学术版）：第四卷 [M]. 北京：人民出版社，2004：152.

在我国的学术语境中，斯宾诺莎在多大程度上是一个"唯物主义者"决定了他的哲学思想有多少真理性。流行的教科书多认为，尽管斯宾诺莎在努力克服笛卡尔的二元论，可他自己提出的身心平行论却是不够彻底的、唯心主义的残余。贺麟和洪汉鼎都撰文指出，斯宾诺莎的体系统一性在于实体，身体和心灵是实体通过两种不同属性而表现的两种样式。两者既是平行的关系，又是一体两面的关系。因此，它是"唯物一元论的身心平行论"或者"身心同一论"。① 两位斯宾诺莎研究大家实则迂回地提出了关于唯物主义内涵的新见解。按其推理，倘若实体是唯物主义的，那么这一"物"里既包含了身体之物，也包含了心灵之物。既然身心同一，那么心灵观念之演绎也可应和天地万物之造化，知与行本就浑然一体。此身心一体之"物"才是唯物主义的全貌，是人的活动所参与其中的客观世界。应当说，这是一个经由斯宾诺莎研究而推进马克思主义基本原理同中华传统文化精华相结合的典范。

（2）马克思相关哲学范畴的新解

相较于专门研究斯宾诺莎哲学的学者们，新时期成长起来的马克思主义研究专家把精力集中于重新理解马克思的唯物主义的内涵。在俞吾金看来，即便字面上宣称承认自然界的第一性，该自然界也有可能是唯心主义认识论中的抽象自然。恩格斯称赞斯宾诺莎"坚持从世界本身说明世界"的评价并不能佐证斯宾诺莎自然观的科学性。原因在于，这种把人的活动排除在外、只讲自然界自我运动的观点本身就是唯心主义的。② 俞吾金的观点集中反映了新时期以来国人力图突破苏联正统哲学教科书体系的尝试。

当学者们批评普列汉诺夫等人对马克思哲学的狭义化理解时，斯宾诺莎常常被当作该诠释模式的源头而声名不佳。例如，吴晓明认为斯宾诺莎与马克思的哲学是根本异质的，一旦把马克思的唯物主义回溯为斯宾诺莎的实体，必然拘囿于黑格尔哲学的某个片段。③ 张文喜认为马克思主义哲学中的

---

① 贺麟. 斯宾诺莎身心平行论的意义及其批评者［J］. 哲学研究，1985（11）：54-62；《外国哲学》编委会. 外国哲学：第2辑［M］// 洪汉鼎. 试论斯宾诺莎的身心同一论. 北京：商务印书馆，1982：117-130.

② 俞吾金. 论抽象自然观的三种表现形式［J］. 上海交通大学学报（社会科学版），1999（4）：3-8，21.

③ 吴晓明. 普列汉诺夫与马克思主义哲学的存在论问题［J］. 苏州大学学报（哲学社会科学版），2007（5）：12-15.

机械唯物主义倾向源于对斯宾诺莎主义的钟情。① 王南湜在提出"近康德"的马克思主义哲学阐释路径时，也把第二国际以来的庸俗理解概括为"斯宾诺莎主义的阐释路径"。② 学者们意在大刀阔斧地开辟新道路，暂且无暇回首普列汉诺夫"马克思主义是现代斯宾诺莎主义"论调的来龙去脉，多将它视为一个稻草人靶子。

老一辈的学者，例如曾经翻译过斯宾诺莎《笛卡尔哲学原理》与普列汉诺夫大部分著作的王荫庭，虽细致地辨析了普列汉诺夫论断的文献出处及其原初语境、点明"斯宾诺莎问题"的诞生有助于把马克思的哲学同第二国际庸俗唯物主义的解释区分开来，但在马克思主义哲学基本范畴的新意新解方面又着墨不多。③

晚近的一些研究充分吸收两者的优点，并且致力于厘清从斯宾诺莎到马克思哲学思想过渡的具体环节，也取得了一些重要的成果。④ 其中，邹诗鹏认真考察了斯宾诺莎经由青年黑格尔派影响马克思哲学思想的诸条渠道，提出应严格把斯宾诺莎因素限制在启蒙论域中理解。⑤ 刘秀萍结合《神圣家族》的具体文本，对鲍威尔、黑格尔、法国唯物主义与斯宾诺莎的关系作了深度剖析，指出了马克思的人道主义、唯物主义同斯宾诺莎主义的观念论之间的根本分歧。⑥ 本书认为这两篇文章各自从人本主义史与唯物主义史两个向度挖掘了斯宾诺莎的潜在影响，具有很强的互补性，它们基本概括了马克思青年时期力图超越黑格尔唯心辩证法体系的哲学任务。此外，还应补入辩

---

① 张文喜. 人的意志和客观规律在传统马克思主义哲学中的关系批判 [J]. 教学与研究，2010（6）：6-13.

② 王南湜，朱蕾薇. 何谓马克思哲学的近康德阐释？——王南湜教授访谈录 [J]. 哲学分析，2016（4）：158-177.

③ 王荫庭. "马克思主义非现代斯宾诺莎主义"辨 [J]. 安徽大学学报，1983（3）：11-16.

④ 其中具有代表性的研究成果包括：吴猛. 费尔巴哈的空间原则与马克思《1844 年经济学哲学手稿》[J]. 教学与研究，2018（12）：49-58；冯波. 斯宾诺莎背景下的马克思与赫斯之争：以"伦理"概念为核心 [J]. 马克思主义与现实，2018（5）：74-81；冒婉莹. 无神的歧路与进路：从斯宾诺莎到马克思恩格斯 [J]. 科学与无神论，2018（2）：13-19.

⑤ 邹诗鹏. 马克思哲学中的斯宾诺莎因素 [J]. 哲学研究，2017（1）：19-25.

⑥ 刘秀萍. 马克思主义哲学在何种意义上是一种唯物主义：重新理解《神圣家族》对唯物主义史的梳理 [J]. 马克思主义与现实，2017（4）：57-65.

证法史的向度，才能更完整地把握马克思创立辩证唯物主义的总的过程。

（二）第二条线索：晚近西方研究对中国学界的启迪

20世纪60年代以后，斯宾诺莎哲学逐步成为欧洲左翼的关切热点。阿尔都塞曾号召读者"迂回到斯宾诺莎以理解马克思的哲学"，但他始终没有成体系地表述两者间的思想关系到底为何。巴里巴尔、马舍雷等后辈沿着该方向继续深度耕耘，并在国际上获得了较大影响。他们的相关著述已有少量中译本出版，大部头的作品也已列入中译出版计划。此外，国内学界还对德勒兹以及受德勒兹影响的奈格里和哈特笔下的斯宾诺莎学说保持着浓厚兴趣。德勒兹的斯宾诺莎研究专著和部分论文早有中译本，奈格里的相关专著中最具代表性的一本于2021年中译付梓。改革开放以来，围绕着上述人物诠释斯宾诺莎与马克思之关系的研究如雨后春笋般涌现。新生代的左翼作家致力于政治经济学视域中马克思与斯宾诺莎思想的结合，也引起了国内学者的兴趣。除了激进思潮中的"斯宾诺莎热"，来自美国的"施特劳斯主义"也在一定程度上启发着国内学者关于斯宾诺莎与马克思思想关系的见解。

1. 来自阿尔都塞学派的启发

（1）阿尔都塞斯宾诺莎主义的早期研究

佩里·安德森1981年中译出版的《西方马克思主义探讨》是国内学界接触路易·阿尔都塞学说的重要渠道之一。该书认为："阿尔都塞的马克思主义中几乎所有的创新思想和重点，除了那些由当代各学科输入者外，事实上都是直接来自斯宾诺莎。"① 其要点包括：第一，阿尔都塞在"认识的客观物体"和"真正的客观物体"之间的区分来自斯宾诺莎有关观念与观念之对象的划分。第二，阿尔都塞认为思想和现实都受"生产总要素"支配，是斯宾诺莎身心同一论的延伸。第三，阿尔都塞的真理观来自斯宾诺莎"真理是它本身的谬误的标准"。第四，阿尔都塞提出的"结构性因果关系"来自斯宾诺莎的自因说。第五，阿尔都塞的意识形态理论全盘重复了斯宾诺莎关于三种知识类型尤其是第一种知识类型的学说。第六，阿尔都塞唯一不满斯宾诺莎的是此人不关注历史，因此不得不转向让孟德斯鸠来补充。安德森依

---

① 安德森. 西方马克思主义探讨［M］. 高铦，文贯中，魏章玲，译. 北京：人民出版社，1981：83.

据的主要是《保卫马克思》《读〈资本论〉》《自我批评材料》三部文献,这也的确是阿尔都塞影响最大且都提及斯宾诺莎的文献。应当说,安德森较完整地概括了阿尔都塞向国际学术界所展示出来的作为斯宾诺莎学徒的唯理论者形象,后人的研究大多是对此些观点的深化。

徐崇温在引介时也紧紧抓住了这些文献中的斯宾诺莎主义因素向阿尔都塞发难。徐崇温指出,斯宾诺莎不仅肯定真理自身是真理的标准,也主张"真观念必定与其对象符合""观念次序的联系与事物次序的联系相同一"等标准,亦即主张真理观念还有外在的标准。当阿尔都塞忽视后一点时,他的真理观便只有唯理论的味道而没有唯物主义的气息。① 徐崇温的观点既反映了新时期以来国内学界对斯宾诺莎哲学讨论的深入,也是一种扬长避短地吸收西方马克思主义思想资源的有益尝试。

(2) 综合阿尔都塞遗稿的深入研究

1992 年,阿尔都塞的遗稿《来日方长》及一批过去未发表的手稿相继问世。人们发现了这位唯理论大师常年压抑的极端非理性。他不仅在认识论中有所作为,还力图创立以偶然性为内核的本体论。斯宾诺莎在阿尔都塞的本体论计划里也扮演着重要角色。一是斯宾诺莎关于诸历史个别性的"第三种知识"的重要性;二是斯宾诺莎关于"身体"的完满性及其构成的学说。2013 年英语世界结集出版的《邂逅阿尔都塞》② 论文集不仅涵盖了安德森所谈及的诸要点,也围绕本体论层面的两个新结合点展开讨论。当然,也有阿尔都塞昔日的学生逆潮流而行,声称先师所受的斯宾诺莎哲学影响没有想象中的那么大,甚至比不上马基雅维利给他带来的启发。③

阿尔都塞同斯宾诺莎的思想关系问题,受到国内学界的关注。第一,不少学者通过指出阿尔都塞思想的唯理论渊源,以批评片面将他定位成结构主

---

① 徐崇温. 阿尔都塞的反经验主义认识论和马克思主义 [J]. 中国社会科学, 1997 (3): 73-86.

② DIEFENBACH K, FARRIS S R, KIM G, et al. *Encountering Althusser: politics and materialism in contemporary radical though* [M]. London: Bloomsbury Academic, 2013.

③ Emilio De Ipola. Althusser, the Infinite Farewell [M]. translated by Gavin Arnall. Durham and London: Duke University Press, 2018: 88.

义者的流行观点。① 第二，有学者关注到阿尔都塞的阅读方法与斯宾诺莎阅读方法之间的亲缘关系。② 第三，阿尔都塞的意识形态批判理论与斯宾诺莎学说的关联是国内学者的一大兴趣点。例如林青指出，晚年阿尔都塞通过吸收斯宾诺莎"第一种知识"对颠倒的意识形态结构的揭示，纠正了青年时期"认识论断裂"与"理论主义"的错误。③ 真可谓"败也斯宾诺莎，成也斯宾诺莎"。杨乔喻认为，阿尔都塞把"起源"问题定义为意识形态与意识形态场域之间的相互作用，该观点既符合马克思关于生产关系和生产方式的论述，也受斯宾诺莎泛神论的影响。④ 王春明认为，阿尔都塞关于意识形态与科学之间的"断裂说"来源于斯宾诺莎在第一种知识与第二种知识之间作出的划分。⑤ 第四，阿尔都塞如何通过绕道斯宾诺莎而克服黑格尔问题式的过程也是学者们另一个着墨的重点。邹诗鹏认为，阿尔都塞向斯宾诺莎的回溯是其克服黑格尔辩证法的重要武器，也由此锻造出"肯定的辩证法"，也为后继的激进政治学提供了理论资源。⑥ 王雨辰和张星萍指出，斯宾诺莎独特的"实体一元论"和"实体自因说"是阿尔都塞用以区分马克思与黑格尔哲学问题式的关键。⑦ 第五，学者们就阿尔都塞创立"斯宾诺莎小组"、与友

---

① 姬长军. 论阿尔都塞哲学思想渊源的多元性 [J]. 天水行政学院学报, 2006 (1): 40-43; 金瑶梅. 论近代西方唯理论传统对阿尔都塞思想的影响 [J]. 马克思主义与现实, 2014 (2): 127-133; 冯波. 早期阿尔都塞的斯宾诺莎主义: 以意识形态批判为中心 [J]. 哲学研究, 2018 (11): 24-32.

② 吴树博. 阅读与解释: 论斯宾诺莎的历史观念及其效用 [M]. 上海: 三联书店, 2015: 导论; 王凯立. 从阅读到生产: 走向新诠释学的阿尔都塞——兼论马克思主义诠释学的建构 [J]. 中南大学学报 (社会科学版), 2020 (6): 22-32; 吴子枫. 症状阅读、难题性与思想史研究: 阿尔都塞的唯物主义阅读观及其启示 [J]. 马克思主义与现实, 2021 (4): 117-126.

③ 林青. 晚期阿尔都塞对"认识论断裂"的自我突破 [J]. 哲学研究, 2011 (4): 29-36.

④ 杨乔喻. 意识形态场、否定构形与突现逻辑: 重析阿尔都塞的意识形态理论 [J]. 哲学研究, 2017 (5): 26-34.

⑤ 王春明. 阿尔都塞双重意识形态学说中的"斯宾诺莎迂回"及其理性主义内核 [J]. 复旦学报 (社会科学版), 2020 (2): 10-19.

⑥ 邹诗鹏. 阿尔都塞对斯宾诺莎的回溯 [J]. 世界哲学, 2017 (3): 58-65, 160-161.

⑦ 王雨辰, 张星萍. 斯宾诺莎对阿尔都塞理论探索的影响及其当代效应 [J]. 北京大学学报 (哲学社会科学版), 2019 (5): 37-45.

人通讯及手稿等方面的史料作了更为翔实的搜集和译介工作。①

（3）阿尔都塞学生们的斯宾诺莎研究

艾蒂安·巴里巴尔和皮埃尔·马舍雷是阿尔都塞亲密的学生，都在斯宾诺莎研究上有所耕耘。大体而言，巴里巴尔的研究侧重于斯宾诺莎的政治哲学。其代表作《斯宾诺莎与政治》已有中译。该书认为，斯宾诺莎反对在现实历史的发展轨迹以外臆测上帝的意图。民主国家不是神赐的，而是"国家组织减少无知、进而减少恐惧和迷信，进而也减少了群众的激情"② 的历史过程。该书译者赵文指出，透过巴里巴尔的解读，斯宾诺莎不再是霍布斯、马基雅维利序列的由上而下的"理性启蒙"的鼓吹者，启蒙只能是群众在国家—社会交往结构下的"自我启蒙"。③ 唐瑭对巴里巴尔的政治构想提出了批评，认为他通过引入斯宾诺莎与阿尔都塞的断裂论，发展出阶级断裂说，从而否定了无产阶级作为历史主体的可能性，彻底转向了以"为争取个体权利而斗争"作为主旨的政治学。④ 事实上，巴里巴尔的斯宾诺莎政治学已背离了马克思主义的基本立场。

马舍雷的研究侧重于斯宾诺莎的哲学。长期以来，马舍雷都以文艺批评家的身份出现在国内学者的视野中。其实，他的文艺理论同他的斯宾诺莎研究是分不开的。国际著名的阿尔都塞研究专家蒙塔格甚至认为，阿尔都塞把斯宾诺莎学说引入结构因果性，从源头来说还是受到了马舍雷的启发。⑤ 目前国内学者专门研究马舍雷与斯宾诺莎关系的论文还较少，马舍雷也鲜有专门谈及斯宾诺莎与马克思的思想关系。不过，马舍雷抓住了正确的方向：只有弄清楚斯宾诺莎与黑格尔的关系，才能正确理解斯宾诺莎与马克思的关联。目前，马舍雷的相关研究著作《黑格尔或斯宾诺莎》《追随斯宾诺莎》

---

① 阿尔都塞. 论偶然唯物主义 [J]. 吴志峰，译. 马克思主义与现实，2017（4）：116-124；赵文. 力量政治学与群众的自我启蒙：阿尔都塞的斯宾诺莎及其难题性 [J]. 东方学刊，2021（1）：93-110+128.
② 巴里巴尔. 斯宾诺莎与政治 [M]. 赵文，译. 西安：西北大学出版社，2015：63.
③ 赵文. "后马克思主义谱系"中的斯宾诺莎政治哲学：对巴里巴尔《斯宾诺莎与政治》的评注 [J]. 马克思主义与现实，2014（4）：81-88.
④ 唐瑭. 巴里巴尔政治哲学研究 [M]. 厦门：厦门大学出版社，2016.
⑤ 蒙塔格. 结构与表现难题：阿尔都塞早期的"相遇的唯物主义" [J]. 赵文，兰丽英，译. 马克思主义与现实，2019（1）：144-151.

《斯宾诺莎伦理学导读》（卷一二三）都已列入西北大学出版社"精神译丛"系列。相信这些著作的出版将在未来引起国内斯宾诺莎研究的新热潮。

2. 来自德勒兹及其学徒的启发

（1）德勒兹的动力论研究

吉尔·德勒兹是国际享誉盛名的斯宾诺莎研究专家。我国学者对其相关研究著作了解已久，且早在 1985 年的一些关于德勒兹的二手研究译文里就已经关注到了他作为"斯宾诺莎主义者"的特性。① 他的两本斯宾诺莎研究专著——《斯宾诺莎的实践哲学》《斯宾诺莎与表现问题》已相继汉译出版。洪汉鼎和龚重林认为，后一本著作是奠定斯宾诺莎动力论研究基础的重要著作。② 这个洞见带着同前人商榷的意味。通常人们因循黑格尔哲学史的解读，认为斯宾诺莎的实体缺乏能动性。所谓"动力论"视域，便是要填补该能动性的空缺。

一方面，把斯宾诺莎从黑格尔哲学史的体系中解放出来，意味着不再把他的实体看作"纯粹的否定性"，而是看作能够主动展开自身的能动主体。实体不再是孤寂总揽的大全，而是造化不息的力量，贯穿于身体与心灵的关系之中。有学者就此展开对德勒兹"欲望""情感"等关键概念的深度剖析③，围绕着"实体与属性""有限与无限""个体本质"等方面详尽地对比了斯宾诺莎与黑格尔诠释的不同④。此外，也有学者以较为传统的理性主义立场批评道，德勒兹夸大了斯宾诺莎第一种知识的作用，人的心灵应努力从想象转向理性思考方可实现飞跃，不该耽于被动的快乐。⑤ 另一方面，德勒兹又是作为一名资本主义批判理论家而声闻于世。他曾在 1990 年的谈话中自

---

① 德拉冈巴涅．近十五年来法国哲学的变迁［J］．李培林，译．哲学译丛，1985（3）：66-69；韩东晖．当代西方斯宾诺莎哲学研究述要［J］．哲学动态，2003（7）：31-35.

② 德勒兹．斯宾诺莎与表现问题［M］．龚重林，译．北京：商务印书馆，2019，译后记；龚重林．斯宾诺莎动力论解释之研究［D］．北京：北京大学，2011.

③ 汪民安．何谓"情动"？［J］．外国文学，2017（2）：113-121；程党根．身体欲望观的辩证否定：从斯宾诺莎到德勒兹［J］．南京社会科学，2019（12）：48-54.

④ 李科林．校正斯宾诺莎：德国理念论和法国后结构理论中的斯宾诺莎［J］．哲学研究，2018（11）：87-96.

⑤ 吴功青．从想象到理性的跳跃：驳德勒兹的斯宾诺莎解释［J］．中国高校社会科学，2021（6）：63-72，155.

称"马克思主义者"。这引发了一些学者把斯宾诺莎、德勒兹与马克思联系起来的尝试。法国马克思恩格斯全集编译工程主席伽霍尔认为，德勒兹通过吸收斯宾诺莎的思想提出了对"存在的生产性能力"的思考，推进了马克思的本体论。该论文为夏莹译介而为广大国内读者熟知。① 宋珊珊指出，斯宾诺莎身心二元论意味着我们心灵无法完全理解身体。绝对的不可理解性是我们不断探索对象的原因，这促使早期德勒兹走向实践哲学。② 于天宇通过德勒兹与拉康欲望观的对比，把斯宾诺莎"人竭力保持其存在的努力"与《德意志意识形态》中的需要理论嫁接起来。从需求的匮乏走向欲望的充盈有一定的历史合理性，但现代资本逻辑裹挟了欲望逻辑使之完全为匮乏所奴役，并表现为以科技加速为开端的加速循环逻辑。③

（2）奈格里和哈特的政治学解读

安东尼奥·奈格里是继德勒兹之后又一位为国内学者所熟识的斯宾诺莎研究左翼作家。他第一部集中阐发斯宾诺莎哲学体系、也是最具代表性的《野蛮的反常》已被翻译为中文。④ 该书大体上接受了德勒兹的动力学诠释，致力于细化斯宾诺莎哲学体系中的"力量"范畴。

除此之外，奈格里还著有《颠覆性的斯宾诺莎》[*Subversive Spinoza*：（*un*）*Contemporary Variations*]、《我们时代的斯宾诺莎》（*Spinoza for Our Time*：*Politics and Postmodernity*）、《斯宾诺莎：明日今朝》（*Spinoza*：*Then and Now*）等作品。起初，奈格里主要经由《帝国》一书为国内学界所广泛知晓。在这本书里，奈格里片段式地揭示了斯宾诺莎哲学的意义：斯宾诺莎是自文艺复兴时代便兴起的内在性原则的继承者，同启蒙运动以后用超验工具控制内在性的倾向针锋相对；马基雅维利、斯宾诺莎和马克思三者"总是把基础建立于真实的现代主权形成过程之中，他们试图引爆这一过程中的矛盾，为一个

① 伽霍尔．德勒兹、马克思与革命：如何理解"仍是马克思主义者"的内涵 [J]．夏莹，译．江海学刊，2010（5）：21-27.
② 宋珊珊．试论吉尔·德勒兹的哲学转向及其与马克思思想的关联性 [J]．高校马克思主义理论研究，2017（2）：122-128.
③ 于天宇．欲望与加速：资本逻辑的幕后、台前 [J]．江苏社会科学，2021（6）：155-163.
④ 奈格里．野蛮的反常：巴鲁赫·斯宾诺莎那里的权力与力量 [M]．赵文，译．西安：西北大学出版社，2021.

另类社会的出现开辟出空间";斯宾诺莎比起马基雅维利又更进一步,因为前者还看到政治的本体基础在于民众的创造性力量。①

奈格里的主要合作者迈克尔·哈特是著名的德勒兹思想研究专家。哈特所著的《德勒兹:哲学学徒期》辟专章谈论斯宾诺莎学说对于德勒兹的实践观点的影响。哈特认为,德勒兹笔下的斯宾诺莎政治学是柏格森的本体论与尼采的伦理学移植到实践领域的结果。② 这个判断对于厘清德勒兹与斯宾诺莎的思想关系大有裨益。该书也已被列入西北大学出版社"精神译丛"汉译计划。

国内学者对于奈格里与哈特笔下的斯宾诺莎形象作了一些引介。宋晓杰细致地分析了《野蛮的反常》的推演逻辑以及德勒兹与奈格里的思想连贯性。③ 钱疏影比较了奈格里对马克思《政治经济学批判大纲》的阅读和对斯宾诺莎学说的重构,勾勒出一条从"社会工人"到"大众"的革命主体衍变线索。其中,非物质劳动形式的普遍化为大众内部共同性的培育提供了准备。④ 陈培永指出,《帝国》将斯宾诺莎的民主概念重构为同主权国家绝对不相兼容的"绝对民主"。其理论模型是意大利自治主义,其政治诉求是以战制战的无政府主义。⑤ 除此之外,国际知名的德勒兹研究专家尤金·霍兰德所撰写的《斯宾诺莎与马克思》也已中译并发表。该文指出了马舍雷与奈格里都试图彻底拔除马克思唯物主义思想中的辩证法和目的论因素,但按照彼此的视角来看两者都未能尽善。⑥

这些作品基本完整地还原了奈格里和哈特作为西方发达资本主义国家左

---

① 哈特,奈格里. 帝国 [M]. 杨建国,范一亭,译. 南京:江苏人民出版社,2003:69-70,82-83,187.

② HARDT M. *Gilles Deleuze*:*An Apprenticeship in Philosophy* [M]. Minneapolis and London:University of Minnesota Press,1993:57.

③ 宋晓杰. 超越斯宾诺莎的斯宾诺莎:奈格里解读斯宾诺莎的理论逻辑 [J]. 兰州学刊,2013(3):5-12.

④ 钱疏影. 马克思与斯宾诺莎的综合:奈格里的主体思想探析 [J]. 马克思主义与现实,2014(2):121-126.

⑤ 陈培永. 奈格里对斯宾诺莎"绝对民主"论的重构 [J]. 哲学动态,2015(3):42-49.

⑥ 霍兰德. 斯宾诺莎与马克思 [J]. 梁冰洋,译. 当代国外马克思主义评论,2017(2):289-307.

翼思想代表的形象。一方面，他们敏锐地捕捉到资本主义生产方式在发达国家的局部变革，看到了非物质劳动在日渐占据主导的趋势。另一方面，他们过高地估计了非物质劳动的普及范围以及它对于政治实践的影响。我们需看到，西方国家中主要劳动形式的转变是全球化深入与产业转移的结果。正是依靠着经济政治文化霸权，西方国家才能把"又脏又累"的物质性劳动产业转移到广大第三世界并且获取超额利润。即便未来果真如哈特和奈格里所设想的，非物质劳动因机器等生产技术要素的进步而在全球范围内占主导，国际间发展的不平衡性也不因此就自然抹煞了。一旦发展中国家放弃主权，只会让国际资本长驱直入，进一步加剧其落后的局面。再者，由新的劳动形式所创构的大众情感联系固然可为普遍的革命联合提供契机，却并不代表着非要把地域的、民族的、历史的情感联系断舍摘净不可。奈格里所承继的是催生基督教普世主义的意大利传统，哈特的视域受限于主要由移民文化构筑起来的美国文明，他们同东方浓厚的家国情怀天然地有所隔阂。说到底，他们的理论气质同中国马克思主义是根本对立的。在未来的研究中，应侧重挖掘他们对资本主义最新发展状况的揭示与批判，同时也应警惕他们所代表的无政府主义思潮在国内的蔓延。

　　3. 新生代左翼学者的政治经济学视角

　　斯宾诺莎不是一个政治经济学家，马克思政治经济学著作和手稿中对斯宾诺莎的援引，多限于一句"一切规定都是否定"。部分学者另辟蹊径，把阐释斯宾诺莎哲学与揭示资本主义社会中人的生存状态相结合。另外，随着"从政治经济学批判中读解马克思哲学"研究范式的兴旺，斯宾诺莎作为黑格尔辩证法的前奏，也被间接地放置到这一视角中考察。

　　（1）资本逻辑中的主体性批判

　　法国经济学家弗雷德里克·洛顿试图解释人们何以自愿地参与资本主义的生产和交换。他把斯宾诺莎的"生命力（conatus）"范畴解读为"欲望的动能（energy of desire）"。任何存在都是以追求欲望为首要目的的。那么为了能够满足欲望，人们就要集合力量，就要产生劳动分工。雇佣关系和与此对应的法律措施，本质都在于把诸行动的力量汇合为对个人欲望的追求。本来斯宾诺莎所说的欲望是无对象的欲望，但资本主义生产体系通过营销、广告等媒介传播手段的刻意塑造，使得人们的欲望有了明确的对象。这时候人们就会产生一种假象，合作不再是满足欲望的唯一方案，拥有这些对象才能满足欲望。这是一种误认，它导致人们把他人的欲望误认为就是自己的欲望，"人们在服从中把欲求的动力献给其他工作，而不是献给社会结构"①。洛顿最终走向对马克思剩余价值理论的批判。他认为即便把剩余价值分配给劳动者，也只是欲望对象的分配，没有改变资本主义支配下的欲望逻辑。冯波指出，洛顿的诠释较好地说明了当代西方无产阶级革命意识衰退的缘故，但与其说这是研究斯宾诺莎与马克思的思想承继关系，毋宁说是以斯宾诺莎情感学说来补充马克思的资本批判。②

法国斯特拉斯堡大学的弗兰克·费舍巴哈从斯宾诺莎—马克思—海德格尔的谱系中来理解辩证唯物主义，认为马克思与斯宾诺莎的根本关联是把人当作"自然界的一部分"（pars naturae），两者都主张解放的措施就是将人类去主体化，"把人重新融入世界"。但马克思直到《政治经济学批判大纲》才发展出关于人如何自我生产的学说，回到了斯宾诺莎所强调的"人得以行动的自足原因"③。费舍巴哈观点的确抓住了两位大思想家的一个重要契合点，即对自我意识主体及其衍生出来的人类中心主义、个人中心主义予以批评。费舍巴哈还著有《无对象：资本主义、主体性和异化》《剥夺世界：时间、空间和资本》《社会哲学宣言》等多部探讨斯宾诺莎自然哲学与马克思社会哲学相结合之可能的著作。王春明对它们的主旨进行了提纲挈领的介绍。④ 可以看出，费舍巴哈是当代西方成体系地研究斯宾诺莎与马克思思想关系的新锐。他的著作值得进一步引介。

（2）资本范畴与实体范畴的类比

德国马克思手稿的研究专家、担任复旦大学历史系教授的史傅德也关注

---

① LORDON F. *Willing Slaves of Capital*：*Spinoza and Marx on Desire*［M］. translated by Gabriel Ash. London and New York：Verso，2014：59.

② 冯波. 马克思与斯宾诺莎［M］. 南京：江苏人民出版社，2019：16-17.

③ FISCHBACH F. *La production des hommes*，*Marx avec Spinoza*［M］. Paris：Librairie Philosophique，2014：20-21；刘冰菁. 从"吕贝尔之争"走向"马克思学"之声：当代法国"马克思学"研究的批判性回顾与展望［J］. 福建论坛（人文社会科学版），2018（10）：23-32.

④ 复旦大学国外马克思主义研究中心. 国外马克思主义研究报告（2019）［M］//王春明. 法国批判理论的历史与现状. 北京：人民出版社，2020：251-268.

到斯宾诺莎与马克思政治经济学批判的关联。他的主要论点是，马克思借助于斯宾诺莎的"一切规定都是否定"，打破了黑格尔的逻辑学封闭体系。马克思的《资本论》展示出三种黑格尔哲学范畴。第一，交换价值和价值形式与黑格尔纯粹的量相关。第二，商品和货币流通过程，是通过无尽的质量互变的过程来描述的。第三，从货币到资本的转化即从存在到实体的转化。然而，按照良好的黑格尔主义，马克思应该把资本运动从实体上升为概念。但马克思拒绝这么做，因为斯宾诺莎的公式使得另一种实体的范畴成为可能："（资本）实体不仅发挥着将所有物质的多样性化一的功能，而且有决定抽象劳动之非定义的、变动不居的量的质的功能。"① 也就是说，实体作为一种规定的手段，在它之外必定有否定的、未被化约的"剩余"；反过来，由实体上升为主体的资本概念，必然不能如黑格尔《逻辑学》设想的成为世界的大全。它仍旧只是世界的部分，因为资本逻辑不能把一切都统摄在内。史博德试图锚定斯宾诺莎辩证法在马克思资本逻辑批判中的位置，这是十分可贵的尝试。但其推理是建立在《资本论》和《逻辑学》的类比之上的。不同学科诸范畴间类比的贴切度如何，仍是学界有争议的问题。

明尼苏达大学从事文化研究的凯撒·卡萨力诺则试图从全球化的角度读解斯宾诺莎的实体概念。他认为斯宾诺莎的《伦理学》经过德勒兹的解释，指向有关"万物相联"（concatenation of all things）的学说。斯宾诺莎所生活的阿姆斯特丹在当时是全球化的排头兵，这座城市建立起了世界上第一个股票交易市场，率先开展殖民和重商主义，并有着通过商业和家庭网络紧密相连的犹太人社区。② 这一切都构成斯宾诺莎学说的现实所指。马克思和斯宾诺莎都试图在资本主义所提供的全球化方案以外，寻找另类的使得世界联系成为一个整体的方案。马克思以剩余价值理论从政治经济学上证明了这一点，斯宾诺莎则从"直观知识"即对上帝或整体绝对的爱提供认识论上的去蔽。卡萨力诺研究的好处是试图卸下斯宾诺莎实体的"神学装饰品"，把它的实体或上帝的概念替换为尘世可见的事物。问题在于，斯宾诺莎的体系是

① TOSEL A. *Spinoza au XIXe Siècle*：*Actes des journées d'études organisées à la Sorbonne* [M]. Paris：Publications de la Sorbonne，2007：139.

② Dimitris Vardoulakis. *Spinoza Now* [M]. Minneapolis：University of Minnesota Press，2011：190-191.

否只是对资本主义全球化的表达及其对立面的想象？是否能够完全抛开资本主义生产方式的历史和现实来构想另类的全球化方案？

日本马克思主义学者内田弘认为，《政治经济学批判大纲》里马克思对斯宾诺莎哲学进行了系统的吸收。马克思不仅以"一切规定都是否定"来分析再生产的四个环节的差异的统一，而且在"货币章"中大量使用了斯宾诺莎"属性""实体""个体"的术语和逻辑论证货币生成。《资本论》所谓的"自然历史过程"也和斯宾诺莎"仅是哲学基础的普遍的自然史"一样有着极强的亲和性，马克思亦在斯宾诺莎的自然哲学中看出人类存在对自然的根本性的依存。内田弘的一个基本观点："马克思论证货币发生的方法和斯宾诺莎论证民主的方法相同。经济上的民主制就是资本主义的货币制度。"[①] 在马克思关于价值形式的理论里，商品价值对应着斯宾诺莎的"思维"这一属性，使用价值对应着"广延"这一属性，二者在理论上相互依赖，在商品交换的实践中各自得以实现。这其实弥合了斯宾诺莎两种属性相互平行、互不干扰的二元论。内田弘的视角是新颖的，研究是细致的，但他没有认真辨别《政治经济学批判大纲》与《资本论》谈论货币生成时的方法和视角的不同。前者谈到货币起源时，采用的的确是内田弘所分析的商品所有者的视角；后者则倾向于商品概念的矛盾展开以及它如何演绎出货币概念的逻辑学。

4. 来自施特劳斯主义的启发

列奥·施特劳斯的政治哲学研究在国内长盛不衰。本书将"施特劳斯主义"界定为如是的研究范式：其一，精英主义的文化立场，从根本上否认大众有平等且普遍地领悟真理的可能性；其二，"微言大义"的阅读方法，其依据是精英不能为大众所解，为免于迫害而不得不把哲学奥义隐藏在字里行间。

冯波巧妙地把斯宾诺莎的"微言大义"同马克思主义的意识形态理论嫁接。在斯宾诺莎《神学政治论》和《政治论》中，秘传的宗教道德式的统治必然要以少部分智者对大多数群众的治理为前提，表面上的全民"共和"需以事实上的贵族或君主"专制"为前提。按照恩格斯的定义，统治阶级意识

---

① 内田弘. 马克思的全球化理论的哲学基础 [J]. 张寅，译. 当代国外马克思主义评论，2012（1）：379-399，414；内田弘. 马克思的斯宾诺莎《神学政治论》研究的问题像 [J]. 由阳，译. 当代国外马克思主义评论，2016（1）：249-279.

形态的实质也是不为受众所知的。在无产阶级上升为统治阶级的革命中，其主导意识形态亦即马克思主义本身"必然要充当（道德）宗教的角色、发挥（道德）宗教的作用"①。冯波的著作表明了如是的意图：斯宾诺莎政治学为马克思主义大众化与"中国之治"提供了重要的方略借鉴。他的嫁接是十分成功且符合时代需要的。

在此基础上，我们还应进一步消除施特劳斯主义同马克思主义的不相兼容之处，才能实现斯宾诺莎与马克思遗产的深度融合。马克思主义哲学不同于斯宾诺莎的形而上学体系，它本身就是随着时代发展不断开辟与完善的活的智慧。它来源于亿万人民群众的实践经验，并需在群众的实践中获得检验。马克思主义政党绝不能以天启的、教条的方式去推行什么高明哲人才能体察的"真理"，而要以群众为师，紧密同群众站在一块。真理既不在宗教的上帝，也不在哲学的上帝，不断满足人民群众日益增长的美好生活需要就是最大的真理。从思辨的人回到现实的人，从概念的演绎回到人民的实践，才是对斯宾诺莎所开辟的、将"上帝"世俗化的思想遗产的忠实继承。

要实现这一目标，就必须重新思考中国引入施特劳斯学说的目的和方向。有学者从学术传播史的角度指出，国内早期研究者对施特劳斯学说的兴趣主要来源于对现代性与中国现代化道路的反思。② 笔者认为还需补充一点。施特劳斯主义的受欢迎，实则由于它同汉语复杂的语义系统及语用习惯有着内在契合之处，这种语言实践方式又根植于国人长期以来所生活其中的人际交往网络的高度复杂性。在中华文化的语境里，真理未必如西方哲学话语般表现为唯一者，而是渗透在日常实践的方方面面，表现为某种生活智慧。东方的智慧都不等同于西方的哲学大全，而是渗透于对人际关系的经营以及由此产生的对他人智慧和能力的调用。他人，总是生活在具体的社会和历史情境中的人们。要调用他们，就必须弄清他们独特的习性。生活智慧更主要由各人于其生活环境中的长期摸爬滚打中形成的，而非产生于系统化、标准化的西式哲学训练。人们同智慧的关系不严格表现为普罗提诺流溢论的单一图式。知识区隔表现为地域区隔、行业区隔、代际区隔等多种形式。所谓精英，实则生活于特定环境之中、同群众打成一片出来的贤达，绝不是纸上谈

① 冯波. 斯宾诺莎与马克思 [M]. 南京：江苏人民出版社，2019：279.
② 王涛. 中国为什么对列奥·施特劳斯感兴趣？[J]. 社会观察，2012（8）：78-80.

兵的书呆子。施特劳斯主义渡海而来，自当卸下其哲人自怜的外衣，扎根中土开出群众路线之花，才有可能为中国的文化治理智慧点缀一二。不过，本书主要研究马克思唯物辩证法与斯宾诺莎的思想关联。政治哲学的研究路径只好暂且搁置了。

（三）当前我国学界关于斯宾诺莎与马克思思想关系之研究，大致形成了两条线索交相辉映的局面

就新近国内学术论文发表情况来看，第一条线索已经趋于成熟，研究成果趋于饱和；第二条线索方兴未艾，再加上大量海外名家著述汉译在即，未来大有可为。两条线索的背后是两种思路迥异的哲学史研究范式。新生代学者兴趣点的转移反映出研究思路不断延展、研究层次不断丰富的趋向。

第一条线索总体围绕"唯物主义与辩证法如何有机结合"的中轴展开叙述。马克思主义哲学从西方哲学史中破茧而出的历史，既是唯物主义战胜唯心主义的历史，也是辩证法战胜形而上学的历史。恩格斯《路德维希·费尔巴哈与德国古典哲学的终结》（以下简称《费尔巴哈论》）是支撑该研究范式的基本书献。

《费尔巴哈论》正文分为四个小节。第一小节概述了从黑格尔到青年黑格尔派尤其是费尔巴哈的德国哲学史。恩格斯认为，黑格尔辩证法具有"推翻了一切关于最终的绝对真理和与之相应的绝对的人类状态的观念"[①] 的革命性。然而黑格尔的哲学体系窒息了它革命的方面。当该哲学体系被普鲁士官方用来为宗教和封建君主制辩护时，大批青年黑格尔分子退回到英国和法国的唯物主义。在此语境中，"唯物主义"指的是近代唯物主义，"辩证法"指的是德国古典哲学的辩证法。费尔巴哈是青年黑格尔派的代表，但他向唯物主义的退行却未能在真正意义上"扬弃"黑格尔辩证法，未能拯救其合理形式。

到第二小节，恩格斯将全部的哲学尤其是近代哲学之最高问题概括为"思维对存在、精神对自然界的关系问题"。凡认为自然界为本原的，便归属于唯物主义之流派。通过该阐述，恩格斯把英国和法国唯物主义界定为承认

[①]　中共中央马克思恩格斯列宁斯大林著作编译局．马克思恩格斯文集：第 4 卷 [M]．北京：人民出版社，2009：270．

自然界第一性的学说，揭示了唯物主义同自然科学的联盟。与此同时，他也指出了旧唯物主义的局限。以自然科学发展史的线索来看，同旧唯物主义相联系的近代自然科学只用力学的尺度来衡量运动，"不能把世界理解为一种过程，理解为一种处在不断的历史发展中的物质"①。费尔巴哈也未能接触到晚近的自然科学新成果，他的唯物主义同样沉溺于旧唯物主义的形而上学思维之中。

第三小节的主旨是批评费尔巴哈在历史领域的唯心主义。费尔巴哈认为，宗教（religare）一词指的就是人与人之间的联系；反过来，人与人之间的任何联系都是宗教。费尔巴哈据此把人与人的现实的联系同过去的宗教等同起来，断定只有人们用"宗教"一词使得彼此间的联系高度神圣化以后，这些联系才会获得自己完整的意义。那么，人类历史的变迁也就成了宗教的变迁。恩格斯指出，费尔巴哈虽然宣扬感性的第一性，把人作为出发点，但他笔下的人却是"宗教哲学中所说的那种抽象的人"②。费尔巴哈试图脱离现实历史而设想适用于一切时代、一切民族、一切情况的普遍道德论，这其实是唯心史观的表现。

第四小节从正面诠释了马克思的科学世界观与黑格尔的辩证法的哲学关联。"黑格尔不是简单地被放在一边，恰恰相反，上面所阐述的他的革命方面即辩证方法被接过来了。"③ 马克思对黑格尔的改造在于，唯物主义地把人们头脑中的概念看作现实物事的反映，而非颠倒地把现实物事视为概念在某个阶段的表现。辩证法既是外部物事运动之一般规律，也是人类思维运动之一般规律。此两个系列的规律本质同一而表现不同。自然规律表现为外部必然性，人的头脑则能自觉应用这些规律。

《费尔巴哈论》制定了从黑格尔到马克思的德国哲学史的几个基础性结论。其一，以费尔巴哈为代表的青年黑格尔派通过退回到近代唯物主义，突破了黑格尔的体系哲学。其二，费尔巴哈及近代唯物主义是一种形而上学的

① 中共中央马克思恩格斯列宁斯大林著作编译局．马克思恩格斯文集：第 4 卷［M］．北京：人民出版社，2009：282.

② 中共中央马克思恩格斯列宁斯大林著作编译局．马克思恩格斯文集：第 4 卷［M］．北京：人民出版社，2009：290.

③ 中共中央马克思恩格斯列宁斯大林著作编译局．马克思恩格斯文集：第 4 卷［M］．北京：人民出版社，2009：297.

唯物主义，在历史观上它是唯心主义的。其三，马克思的科学世界观是通过吸收黑格尔辩证法的合理内核与费尔巴哈唯物主义的基本内核而形成的。该范式直到今天仍是我国马克思主义哲学史研究的主流范式。

第二条线索（除了受施特劳斯主义启发的探索）大体把"马克思的唯物主义如何克服唯心辩证法"作为立论支点。《费尔巴哈论》留下若干悬而未决的问题：以跨学科视域看来，费尔巴哈唯物主义自然观同其唯心主义历史观是什么关系？自然科学、历史科学与哲学是什么关系，在马克思创立科学世界观的过程中扮演着何种角色？从哲学史本身来看，《费尔巴哈论》所说的"（黑格尔）'体系'被（费尔巴哈）炸开"① 同《德意志意识形态》所说的只是"（费尔巴哈）抓住黑格尔体系的某一方面"② 两种评价如何协调？近代唯物主义与黑格尔辩证法是彼此对立、有待结合的两套哲学，还是本就一体、有待从内部改造的哲学体系？唯心主义、唯物主义、形而上学与辩证法四者之间的关系到底是什么？这些问题为新研究范式的出现提供了契机。

《1844年经济学哲学手稿》的问世，在西方掀起了一股将马克思唯物主义混同于费尔巴哈人道主义的研究热潮。按照《费尔巴哈论》的理解，费尔巴哈人道主义只反映了他在历史领域的唯心主义。可是西方马克思主义自卢卡奇开始，便力主把马克思的哲学限定在历史科学领域，认为马克思并不关注与人活动无关的自在自然。于是唯物主义与唯心主义的对立，被界定为历史科学方法的唯物主义与唯心主义的对立。普列汉诺夫从坚持自然界第一性的基点来建立近代唯物主义、斯宾诺莎、费尔巴哈与马克思之联结的设想鲜有人再提及。阿尔都塞声称绕道斯宾诺莎理解马克思时，他也完全无意同普列汉诺夫的哲学史线索展开对话。阿尔都塞延续了西方马克思主义的传统，把自在自然的问题悬置起来。此外，他有意批评当时西方世界的人道主义思潮。马克思《〈政治经济学批判〉序言》中自称清算"从前的哲学信仰"③ 的表述成了重要的文献依据。

① 中共中央马克思恩格斯列宁斯大林著作编译局．马克思恩格斯文集：第4卷［M］．北京：人民出版社，2009：275.
② 中共中央马克思恩格斯列宁斯大林著作编译局．马克思恩格斯文集：第1卷［M］．北京：人民出版社，2009：514.
③ 中共中央马克思恩格斯列宁斯大林著作编译局．马克思恩格斯文集：第2卷［M］．北京：人民出版社，2009：593.

　　"从前的哲学信仰"被阿尔都塞解作黑格尔唯心辩证法的问题式。具体来说，就是用主客体辩证同一的逻辑来理解历史运动。该问题式掩盖了诸历史要素不可被消灭、只能暂时被压抑或受支配的事实。马克思何时将作品中的还原论、目的论清理干净，他才算完成了他的哲学革命。马克思的唯物主义不是近代唯物主义或其高级形式，而是黑格尔唯心主义的对立面。"'唯物主义'一词不是（或者不再是）个概念，它负担的完全是另一种只能，即充当厌恶、污蔑、恐吓、排斥这类侮辱性的符号或充当确认和赞同的符号。"① 在第一条线索对应的研究范式里，马克思的科学世界观是两套哲学史体系的内在结合与理论升华；而到第二条线索对应的研究范式里，马克思主义哲学的科学性只有通过它与黑格尔唯心论的非科学性的区别才能得以彰显。

　　阿尔都塞及其后继研究者恨之入骨的黑格尔唯心辩证法有其现实所指。它既对应资本主义力图将全部社会生活和世界历史纳入其特殊生产方式的历史运动，也表达了对苏联高度集中计划经济政治体制的畏惧。从积极的方面来说，欧洲左翼绕道斯宾诺莎的尝试，反映了他们力图结合欧洲文化传统以求索欧洲社会主义革命道路的政治诉求。但从消极的方面来说，彻底否弃辩证逻辑并把它同唯物主义截然对立的做法，非但是对自身以往历史积淀的全盘否定，也是以孤傲和封闭心态拒斥晚近人类文明成就的表现。可以说，他们并非只是口头上毁弃辩证法，在实际行动上也是以僵化、片面的形而上学观点来从事理论工作的。我们也应辩证地看待阿尔都塞及其后继者的尝试。如同恩格斯所说，形而上学方法有助于人们搜集材料、深化某一特定领域，却妨碍了人们对总画面的把握。② 他们对斯宾诺莎哲学的研究是深入的，推进斯宾诺莎哲学与马克思主义相结合的经验和教训也是可贵的，在观察资本主义在西方新近发展趋向方面的许多结论和方法也是值得认真对待的。然而在大是大非问题上，他们将马克思主义引向形而上学和无政府主义是完全错误的。

---

① 吕兹. 斯宾诺莎和唯物主义的关系 [J]. 公直，译. 哲学译丛，1982（1）：62-68.

② 中共中央马克思恩格斯列宁斯大林著作编译局. 马克思恩格斯文集：第9卷 [M]. 北京：人民出版社，2009：23-24.

二、本书的谋篇布局与理论创新点

对于马克思主义哲学学科来说，研究斯宾诺莎哲学不外乎"返本开新"的叙述手段。既要返本开新，一要辨明白返何家之"本"、开何方之"新"，二要弄清楚此方此家的诸论述里哪些是最核心、最根本的文本。

本书系透过马克思以及后世诸多马克思哲学诠释者的眼睛来阅读斯宾诺莎。很显然，这种阅读对于斯宾诺莎是不够"公平"的。比起原汁原味的斯宾诺莎，本书更注重原汁原味的马克思。必须明确的是，马克思不是斯宾诺莎研究专家。他虽阅读过斯宾诺莎的著作、留下过一些摘录笔记，也曾在行文的字里行间援引过斯宾诺莎广为流传的箴言和结论，甚至对斯宾诺莎的哲学体系提出过一些判断，但这些相关的叙述大多含糊不清或者一带而过。同质性地看待这些"马克思论斯宾诺莎"的文本，抓住只言片语就大肆发挥而不顾其具体语境，这种做法是极其不负责任的。本书将相关文本分为三类。第一类是马克思对斯宾诺莎著述的摘抄，第二类是偶尔提及斯宾诺莎名字或引证其观点的论断，第三类是专题性地谈论斯宾诺莎在哲学史中地位的文本。各类文本在建构斯宾诺莎与马克思的思想关系时，其合法性效力是不尽相同的。

另一方面，仅仅通过马克思提到斯宾诺莎名字的文本来开展研究又是不够的。斯宾诺莎在哲学史上影响深远，他的许多重要哲学命题影响了马克思的同时代人，进而迂回地影响到马克思。在那些斯宾诺莎名字未曾出现的地方，也有可能渗透着斯宾诺莎哲学的因素。要识别出这些因素，首先要识别出马克思的"同时代人"，亦即直接影响马克思哲学形成的思想家主要有哪些。在这一环节，返本开新的问题再度摆在我们眼前：何方何家是马克思思想最直接的源头呢？倘若在此问题上又进行一番纠缠，我们便离讨论斯宾诺莎与马克思思想关系的主题走得太远了。本书只能以"争取与学界形成最广泛对话"的目标为遴选标准直接给出答案。从以上的问题史线索梳理可以看出：黑格尔与费尔巴哈，是理解马克思绕不过去的两座大山。马克思对两者思想的吸收和改造，是斯宾诺莎影响到马克思思想形成的主要渠道。

有鉴于此，本书第一篇以"马克思吸收斯宾诺莎思想的主要渠道"为总纲，分三章展开论述，并根据时间先后次序编排，实则首尾相衔内在一体。

第一章先简要介绍斯宾诺莎的生平及著作，令读者对其基本观点及传播有大致的了解。此介绍虽然不可能面面俱到，却是对后面章节可能出现的斯宾诺莎相关论点的预告。

第二章集中辨析马克思论及斯宾诺莎的相关文本及其各自的出场语境。该章的结论是，在全部的相关文本中，《神圣家族》第六章第（3）节是诠释马克思科学世界观与斯宾诺莎哲学上联系的最具合法性的文本。黑格尔、费尔巴哈与鲍威尔三人之所以成为第二章探讨的核心，也是由该《神圣家族》所指明的。

第三章根据《神圣家族》的文本提示，考察黑格尔、费尔巴哈以及鲍威尔笔下的斯宾诺莎。此三人是斯宾诺莎介入马克思哲学的主要中介性渠道。辩证唯物论是以实践为根本立场的辩证法与辩证法所指导的实践的统一。与费尔巴哈相关联的中介渠道促成了以人与环境之关系为核心的马克思主义实践观的初步形成，与黑格尔相关联的中介渠道为马克思主义辩证法提供了基本要素。

第二篇"苏俄马克思主义哲学对'斯宾诺莎因素'的回溯"分为两章。

第四章指出普列汉诺夫"马克思主义是现代斯宾诺莎主义"的论断缘起于批判主观唯心论的论战。在普列汉诺夫早期专题谈论唯物主义史的文献中，斯宾诺莎名不见经传。直到伯恩施坦卖弄斯宾诺莎哲学以鼓吹其经验事实的一元论时，普列汉诺夫才借力打力地开启了斯宾诺莎与唯物主义关系研究，进而建构起从斯宾诺莎到费尔巴哈到马克思的唯物主义谱系。斯宾诺莎主义的唯物主义实则物活论。它虽通过强调意识背后的物质运动的规律性，遏制了经验一元论背后的不可知论，但始终未能彻底战胜后者。

第五章通过梳理列宁《哲学笔记》为主的遭遇斯宾诺莎的相关文本，建构起列宁笔下斯宾诺莎作为唯物辩证法重要发展环节的哲人形象。总的来说，本书并不赞同在研究列宁的辩证法时非要回到斯宾诺莎不可。没有任何文本能论证这种必然性。本书所尝试的建构工作，主要是出于同第二篇第四章进行对照的考量。列宁与普列汉诺夫都要应对经验一元论者的挑战。列宁不仅指出了支配经验一元论和物活论的思维逻辑，而且指明了比该思维逻辑更高的认识环节是什么。斯宾诺莎哲学是这一思维逻辑向更高认识环节的提升过程中的借力点。列宁关于诸认识环节辩证发展的思想，既为支配第三篇

第六章和第七章的研究范式——通过与唯心辩证法相区别而界定马克思的唯物主义——提供了思想上的启发，也同后两者的"断裂"性思维形成了鲜明的对照。

第三篇"西方马克思主义哲学斯宾诺莎与马克思学说的嫁接"分为两章。

第六章以晚年阿尔都塞的遗稿《来日方长》总揽其一生的主要著述，再现了哲人因躁郁症困扰而被迫"知行合一"地践行着唯我论的生命历程。斯宾诺莎哲学同阿尔都塞的命运犬牙交错。起初，斯宾诺莎的实体被当作自在之物而予以批判，并由此转向对自身与非自身、内容与外部的辩证关系的探讨。他认为，内容就是外部，只有在两者永恒对立中，内容才得以成为内容。这既是他人生的写照，也是他的人生哲学。青年时期的阿尔都塞据此阅读出斯宾诺莎两种知识类型间的断裂，阅读出马克思作品中的断裂，阅读出必须"迂回"到前马克思的哲学来理解马克思的阅读方法。到晚年时期，斯宾诺莎"既独特又普遍"的第三种知识、存在之完满性等论点成为他自知疯狂又渴求正常、求而不得的精神寄托。阿尔都塞的唯我论是主观唯心主义的极端形式，但这丝毫不掩盖他把哲学同生命相融合的悲剧美学，也不掩盖其中闪过的诸多智慧火花。

第七章以奈格里笔下的斯宾诺莎为研究对象。奈格里的诠释受惠于德勒兹。德勒兹继承柏格森的传统，把遁入直觉视为认识方法，把理性的外部当作思维的休憩地。同阿尔都塞相比，德勒兹对自己所能驾驭的世界更有信心，乃至于从理性转入非理性都有法可循。斯宾诺莎哲学体系正是他用来阐发理性如何转化为直觉的重要凭据。但奈格里的诠释又彻底毁弃了德勒兹中所含有的辩证法因素。德勒兹尚主张每一个直觉的瞬间都是对过去的差异性重复，奈格里则意在揭示创制性的权能与被建构的权势之间的对立，尤其强调后者必然为前者所冲垮。由此奈格里建立起斯宾诺莎"权力"概念同马克思"实践"概念的直接关联。历史在德勒兹笔下尚且表现为一定程度上的继承性，而到奈格里笔下则完全成了造反和破坏已有事物的生命冲动。

本书的第一个主要创新点：斯宾诺莎主要经由实践唯物主义形成史与辩证法发展史一暗一明双重线索介入《神圣家族》，间接地影响着马克思辩证唯物论的形成。

《神圣家族》勾勒出一条从斯宾诺莎实体经由黑格尔哲学体系，最终抵达马克思唯物辩证法的"明线"。但斯宾诺莎实体只是这条明线之上的某条线段，它同其他的线段有着根本的异质性。其一，它同自我意识哲学、黑格尔辩证法相区别；其二，它同法国唯物主义、人道主义的唯物主义相对立。我们将在第二篇第五章中详细指出，列宁在扬弃主观唯心论、改造唯心辩证法的过程中，正确地把握了斯宾诺莎实体在"明线"中的应有位置。与此相比，第三篇第六章所谈到的阿尔都塞则片面放大斯宾诺莎的影响，乃至落入唯心主义的窠臼。

从斯宾诺莎泛神论经由费尔巴哈唯物主义的主谓颠倒，最终抵达马克思实践唯物主义，即本书所说的"暗线"。"暗线"跟"明线"是相互交织的关系。其交织点就在于，费尔巴哈既是黑格尔哲学体系的掘墓人，也作为青年黑格尔派的代表而落入黑格尔的思辨体系之中。费尔巴哈笔下的斯宾诺莎泛神论，是必然朝着一神论发展的泛神论，而不是散兵游勇、各自为政的多神论。斯宾诺莎的实体即关于世界统一性的思想，早已顺着黑格尔辩证法而流淌在费尔巴哈的血脉里了。我们将在第二篇第四章中详细指出，普列汉诺夫没有注意到斯宾诺莎、费尔巴哈与马克思各自思想的异质性，以至于深陷马克思早已明文批判的"同人相分离的自然"。而第三篇第七章所谈到的奈格里，则直接跃过费尔巴哈所代表的德国唯心论传统，建立起斯宾诺莎泛神论与马克思实践唯物主义的直接关联，也因此将马克思的哲学拉回到 17 世纪形而上学的平地。

本书的第二个主要创新点：揭示了普列汉诺夫开启"斯宾诺莎问题"的原初语境。

在通常意义上，伯恩施坦及其康德主义的哲学基础属于二元论。但就具体语境来说，正是由于伯恩施坦卖弄当时斯宾诺莎研究专家施泰恩的一元论，才引起了普列汉诺夫对斯宾诺莎的兴趣。普列汉诺夫由此建构了斯宾诺莎、法国唯物主义、费尔巴哈与马克思的唯物主义思想史谱系。

普列汉诺夫的独到之处在于，看到单单把伯恩施坦、施泰恩、朗格以及其后的经验批判主义者视为二元论、不可知论是不够的。应当把他们视为力图摆脱却最终无法摆脱二元论哲学构架的"经验一元论者"，这也是普列汉诺夫所谓"主观唯心主义者"的确切含义。抓住这一点，才能充分激活普列汉诺夫笔下"斯宾诺莎主义"之当代意义。

本书的第三个主要创新点：指出阿尔都塞所谓"斯宾诺莎迂回"实则是某种独特的生活阅历与生命智慧的投射。

一方面，阿尔都塞声称绕道斯宾诺莎的知识论掌握了马克思的阅读方法。事实上，这种阅读方法只是青年阿尔都塞结合自身精神分裂的生命体验，从黑格尔处习得的"内容因其外部而得以规定"的半截子辩证法。另一方面，老年阿尔都塞对斯宾诺莎的第三种知识、身体理论等青睐有加，亦无非是其意识不能自主之病症中生出的、对自因存在之完满性的垂涎。阿尔都塞的诠释实则是主观唯心主义的极端。偶有灵光涌现，但不宜将其用以一般性的马克思与斯宾诺莎思想关系的建构。

由于笔力有限，仍有若干有待学界持续探索的要点。

第一，本书在写作思路上采取的是辩证唯物主义发展史视域中的斯宾诺莎因素追溯，对于斯宾诺莎与马克思政治哲学的联系关注尚有欠缺。

第二，关于斯宾诺莎哲学与马克思主义中国化的关系，没有进行深入的、专题的论述，这是本书的一个遗憾。贺麟先生有过把斯宾诺莎哲学与宋明理学（包括心学）结合起来的尝试。我认为这是一个把斯宾诺莎学说真正"中国化"的伟大探索，也很有可能对中国马克思主义哲学的构建发挥重要作用。

第三，关于苏俄马克思主义，只是专题地谈论了普列汉诺夫和列宁；西方马克思主义那边，只是选取了阿尔都塞和奈格里为代表。像米丁、伊里因科夫、马舍雷、巴里巴尔等人只在综述提及，没有进行专题研究。

第一篇 **01**

马克思吸收斯宾诺莎思想的主要渠道

第一章

斯宾诺莎其人其言

第一节　斯宾诺莎的成长环境

一、黄粱梦醒的欧罗巴

欲察其人，先明其史。斯宾诺莎生于 1632 年，死于 1677 年。他以短短
45 年的生命紧紧抓住了文艺复兴以来的时代精神：一个行将全面世俗化的新
世界，一场沉溺于神意期许的黄粱梦醒。恩格斯曾高度评价这个时代："这
是人类以往从来没有经历过的一次最伟大的、进步的变革，是一个需要巨人
并且产生了巨人的时代。"① 任何变革都不是一蹴而就的，旧的鬼魅时常萦绕
着新的现实。尤其对于自诩超越经验现实而向往绝对真理的哲学家来说，彼
岸的上帝更是一个挥之不去的思想结构。我们先谈论文艺复兴以来欧洲社会
环境的进步趋势，再回头谈精神领域的保守方面。

进步的方面主要表现为欧洲人的"已知的世界"的扩大。一是地理活动
范围的扩大。对于荷马时代的欧洲人来说，已知的世界的范围只相当于地中
海。罗马帝国的扩张使得世界的范围东抵德国，南至埃及，地中海便成了新
的世界的中心地域。到中世纪晚期，绘图法和航海技术的变革使得远洋航行

---

① 中共中央马克思恩格斯列宁斯大林著作编译局 . 马克思恩格斯文集：第 9 卷
[M]. 北京：人民出版社，2009：409.

成为可能，人们发现了大西洋远广于地中海，并且海洋的彼端还有新大陆环绕。① 二是改造环境的手段的进步。以农业为例，人们开始在北部沿海低洼地势围海造田，大大扩大了耕地面积；粮食和牧草多田轮作制的推广，使得粮食产量翻了数倍。② 地理大发现开拓了人们的眼界，并在同异域文化的交流碰撞中动摇着神学教义的威严。生产技术的进步则现实地让人们信心倍增，也更易于摆脱因恐惧和未知而生发的神灵信仰。然而一神信仰比多神信仰要顽固得多。人们固然可以弄清部分自然现象的发生规律，代替希腊诸神成为风雨雷电的主人。可对于世界之实体的探索却是永无止境的。人们总能幻想已知的世界外部有着不为人所知的事物，思维的内容永远也无法穷尽存在。意识的超越性祛除了神学的上帝以及尘世的教会组织，却把哲学的上帝高高捧起。意识的主体性与虚无感始终是并存的。

与斯宾诺莎学说同为 17 世纪哲学代表的笛卡尔怀疑论正是这种矛盾心态的产物。笛卡尔通过怀疑一切经验事物的可靠性，直至逆反地推论出"我思"的形式确定性；然后再倒过来，以我的思维内容具有"无上完满的、无限的存在体的观念"为出发点，推出确保思维获得如是内容的上帝的现实性。③ 斯宾诺莎同笛卡尔的分歧主要集中于后一个命题，即从"我在"到"上帝在"的推导过程。从斯宾诺莎的视角来看，真观念的真不需再向外求，它既是真的，也就是现实的。因此斯宾诺莎对神的证明侧重于讨论"我们能不能形成这样一个神的观念"。只要拥有了关于神的清晰的观念，全部的怀疑便会一扫而空以寻回真理的地基。④ 乍看起来斯宾诺莎比笛卡尔更"唯心主义"。笛卡尔好歹承认思维中的完满观念必有现实完满的对应物，斯宾诺莎反而只在思维内部兜圈子。其实，恰好相反。人们头脑中想象的所有事物都能恰如其分地在现实中找到对应物吗？我们思维中的完满究竟是对不完满现实的一种否定式的想象，还是对确切的上帝的属性的描摹呢？笛卡尔因凭

① 温克，汪德尔. 牛津欧洲史：第 1 卷［M］. 长春：吉林出版集团有限责任公司，2009：146.
② 孔祥民. 春之声：欧洲宗教改革［M］. 沈阳：辽宁大学出版社，1996：26-27.
③ 笛卡尔. 第一哲学沉思集［M］. 庞景仁，译. 北京：商务印书馆，1986：26，46.
④ 斯宾诺莎. 笛卡尔哲学原理［M］. 王荫庭，洪汉鼎，译. 北京：商务印书馆，1980：50.

心里想到什么便推出客观存在着什么，这才是最大的唯心主义。斯宾诺莎将"我们的观念"当成了一个自足的领域，我们的观念是真是假，不需要一个骑在人们头上的上帝颐指气使，我们自身的真观念就能够为"我思"找到基础。因此，准确地说斯宾诺莎是一元论的唯理论。他比笛卡尔更激进地驱逐了超越的上帝，只遗留下了与人们一道生活在尘世的上帝，也就是作为世俗万物之总和的"自然"。可以说，从笛卡尔到斯宾诺莎，"已知的世界"的未知彼岸被进一步抹杀，伴随着未知而来的恐惧与神圣也在人类认识和改造世界所带来的日益自信中零落成泥。

当然，我们也不宜把斯宾诺莎的学说抬得太高，以至于超越了这一时代的哲学境界。斯宾诺莎虽然以真观念的自足性间接地为人类日益发达的主体能动性背书，但就其哲学体系整体而言人并不占有中心的位置。由于斯宾诺莎身心平行论的预设，观念未必是拥有人类身体的人的专属认知能力。如此人虽然没有匍匐于神秘不可知的上帝脚下，却又同大自然里的其他物种没有本质区别了。时代的哲学尚未能够彻底认识时代的主人，黄粱美梦似醒未醒的时分恰是最为混沌的时刻。在接下来的论文中我们将看到这些积极和消极要素如何不断回魂重生，如同树藤反复缠绕着人类世俗社会日益发展完善的历史主干。斯宾诺莎一元论的复兴一度作为击溃笛卡尔二元论鬼魅的强力武器，奏响了人本主义的高昂凯歌。后来时移境转，斯宾诺莎又被打扮成反人类中心主义的鼻祖，走向了历史潮流的对立面。

二、走在时代前沿的荷兰

斯宾诺莎是出生于西班牙的马拉诺人（Marranos）。"马拉诺"原是个充满侮辱性质的称呼，其字面意思是猪，专门用以称呼住在比利牛斯半岛上的犹太人。[①] 15 世纪末，斯宾诺莎的祖先为躲避西班牙宗教的迫害逃亡到葡萄牙，16 世纪末又迁往尼德兰。17 世纪的尼德兰是欧洲资本主义发展得最好的地方之一，马克思称其为"17 世纪标准的资本主义国家"[②]。出生和成长的故土的先进深刻地影响着斯宾诺莎的思想。

---

① 罗斯 . 斯宾诺莎［M］. 谭鑫田，傅有德，译 . 桂林：广西师范大学出版社，2018：8.
② 中共中央马克思恩格斯列宁斯大林著作编译局 . 马克思恩格斯文集：第 6 卷［M］. 北京：人民出版社，2009：861.

尼德兰（Netherlands）在荷兰文里是"低地"的意思，指的是原本莱茵河下游一些水位较低的地区。16世纪的尼德兰本是西班牙的省份。1581年，深受宗教改革影响的荷兰、西兰等北方各省组成乌特勒支同盟，宣布脱离西班牙哈布斯堡王朝的统治，成立了人类历史上第一个资产阶级共和国。按照荷兰史学家赫伊津哈的说法，低地地区水网密布、纵横切割，土地天然分散，以至于它始终没能形成高度集权的君主国家，一定程度的地方自治是荷兰共和国的最大特点。① 政治的松散导致宗教的宽松。虽然加尔文教被宣布为国教，始终缺乏强有力的国家政权来普遍推行。自由的荷兰共和国同专制的西班牙王朝形成鲜明的对照。不少受到镇压的宗教异端人士纷纷逃往荷兰避难，也为这个新生的国度带来了绚烂而多元的文化。到1648年，阿姆斯特丹的人口已将近15万，跃居欧洲最大的城市之一。斯宾诺莎曾在《神学政治论》里将阿姆斯特丹当作自由和民主政治的典范：

> 阿姆斯特丹城在最繁盛为别人景仰中收获了这种自由的果实。因为在这个最繁荣的国家，最壮丽的城中，各国家各宗教的人极其融睦地处在一起。在把货物交给一个市民之前，除了问他是穷还是富，通常他是否诚实之外，是不问别的问题的。他的宗教和派别认为是无足轻重的。因为这对于诉讼的输赢没有影响。只要一教派里的人不害人，欠钱还债，为人正直，他们是不会受人蔑视，剥夺了官方的保护的。②

具有资本主义形式的经济社会体系在共和国的庇护下蓬勃发展。政治组织的式微使得流动性较强、专职沟通各地互通有无的商人阶层力量迅速崛起。他们自行联合发起商业行会，形成了捍卫自身利益的经济利益共同体。行会不仅大大助长了荷兰海外贸易的势力，也通过集体请愿、示威等方式影响当权者决策，可谓开近代民主之先河。③ 值得一提的是荷兰金融业的发展。随着荷兰港口地位的提升，阿姆斯特丹逐渐发展为世界各地物资的商品交易中心。1602年阿姆斯特丹股票交易所成立，它是欧洲最古老的具有近代意义

---

① 赫伊津哈.17世纪的荷兰文明［M］.何道宽，译.广州：花城出版社，2010：10.
② 斯宾诺莎.神学政治论［M］.温锡增，译.北京：商务印书馆，1996：277.
③ 顾卫民.荷兰海洋帝国史：1581—1800［M］.上海：上海社会科学出版社，2020：180-181.

的股票交易所。1609 年成立的阿姆斯特丹威塞尔银行雄霸大半个世纪，直到 1694 年英格兰银行建立才逐步取代其在欧洲的金融行业的优势地位。斯宾诺莎自 1649 年兄长去世后，便接替他的工作到家族商行服务，对于阿姆斯特丹的商业社会和海外贸易有着较为全面的了解。明尼苏达大学的卡萨力诺教授据此认为，斯宾诺莎"万物相连"（concatenation of all things）的学说是对阿姆斯特丹业已开启的全球化进程的哲学抽象。① 本书虽然反对简单地把哲学范畴还原为特定历史现象的做法，但地域特色对哲学家思维的影响是必然存在着的。

处于黄金时代的荷兰也有其阴暗面。荷兰始终处于西班牙以及其他天主教捍卫者的围剿之中，战争是和平的必要手段。加尔文主义精神充斥着荷兰早期执政官莫里斯将军的军队。奥地利历史学家希尔对此描述道："士兵被成批生产出来，每个人只是随时可以替换的一个部件。每个人和他的左邻右舍都必须一模一样。人成为一种物质商品……世界是一个有待征服的堡垒，或者说：它是一个把世人和万物都吞噬耗尽的审判法庭。"② 泰尔汉姆指出，由政治绝对权力所推动的个人同质化、工具化趋向尽管还未笼罩市民社会整体，也已作为一种局部的经验萌芽生发。而市民社会内部即将经历的、后来被称为"异化""物化"的悲惨处境，此时尚且还在隐而不现的阶段。海外殖民地的广泛开拓与社会财富的迅速积累，使得国内的阶级矛盾被转移和掩盖。③ 斯宾诺莎本人在多大程度上捕捉到了意大利哲学家奈格里所谓的"荷兰的反常节奏"？对该问题持续展开思考，也不失为一条正向建构马克思与斯宾诺莎学说关联的有效路径。

三、特殊的犹太文化背景

1632 年斯宾诺莎生于阿姆斯特丹的犹太社区。他的父亲曾多次担任当地犹太人公会的会长，并且出任过犹太教会学校的校长。可以说，斯宾诺莎自小便是在犹太社区的上流阶层中成长起来的。他本人受到了十分良好的犹太

① VARDOULAKIS D. *Spinoza Now*［M］. Minneapolis：University of Minnesota Press，2011：190-191.
② 希尔. 欧洲思想史［M］. 赵复三，译. 桂林：广西师范大学出版社，2007：342.
③ 奈格里. 野蛮的反常［M］. 赵文，译. 西安：西北大学出版社，2021：45.

教育。他所就读的塔木德学校（Talmudical College）是当地专门培养拉比
（犹太教义教师）的学校，犹太正统礼教的权威拉比骚尔·莫伊乐（Saul
Morteria）是他的主要老师之一。少年斯宾诺莎信仰虔诚、记忆超群，"品学
兼优"的他被老师赞赏为"希伯来之光"。可惜随着年纪的增长与阅历的加
深，斯宾诺莎的世界观越来越同正统教义格格不入，直到 1656 年同犹太社区
决裂被革除教籍。不仅如此，犹太社区还向当地控告他是"无神论者"，乃
至于将他逐出阿姆斯特丹。可以看出，斯宾诺莎是一个深谙犹太教义的叛教
者。洪汉鼎教授认为，犹太神学是斯宾诺莎哲学思想的第一个重要基础：

> 以上帝为最高存在的观念，使斯宾诺莎最早确立了宇宙应当从一个
> 最高统一的东西进行解释的一元论观点，这种观点在他思想里是这样根
> 深蒂固，以致他后来成熟的著作中，用来表述这个最高存在的范畴，也
> 用了"上帝"一词。①

洪教授的提醒十分重要。我们都知道，一神论观念虽起源于犹太民族，
但并非他们所特有的东西。洪教授的独到之处在于，看到斯宾诺莎所使用的
"上帝"的术语只是"犹太教"式的。通过坚守犹太神学，斯宾诺莎把被基
督教彼岸化了的上帝重新拉回到此岸，把人类共同的上帝重新定位为宠爱犹
太人的民族守护神。下面我们先考察两教世界观的差异。

犹太教、基督教和伊斯兰教三教分野可谓一神论"一道传三友"，怎么
个传法就决定了它们彼此哲学世界观的不同。犹太教信奉的是亚伯拉罕、摩
西、以赛亚、耶利米等各个不同时期的"先知"。基督教《新约》以降的先
知只有一位，即"道成肉身"的耶稣，像保罗等传道者只是耶稣的门徒。
《旧约》的先知们只是上帝的仆人，他们没有神通，先知话语的权威依赖于
上帝直接向人间降灾赐福。《新约》的耶稣自诩人子，擅使异能，可治麻风，
死后复活，上帝的存在以及福音的可靠反而是靠人子施展的神迹才得以证
实。从《旧约》到《新约》，先知的"级别"算是提升不少，俗世跟上帝的
距离却是越发遥远了。《旧约》里的上帝在人间，《新约》里的上帝离开了人
间，只派人子来作为他的代理人。世界从一元变为二元。尤其随着奥古斯丁
所谓"上帝之城"与"尘世之城"的论调泛起，基督神学世界观二元化的迹

---

① 洪汉鼎. 斯宾诺莎 [M]. 台北：东大图书公司，1992：28.

象就更明显了。16 世纪宗教改革丝毫没有动摇基督教义"灵与肉对立"的二元论范式，尘世中看不见寻不着的彼岸救赎仍是教徒们孜孜不倦的理想追求。相较而言，犹太教的期望世俗得多。他们世代梦想着回到上帝所允诺的"流奶与蜜之地"（今天的巴勒斯坦地区）。笔者认为，斯宾诺莎学说同犹太教义的关联，主要是继承了后者世俗的一神论的政治理想，而非被基督神学所形而上学化的一神论的哲学构想。这一点充分体现在他的《神学政治论》当中。

《神学政治论》最要紧的地方，就是把耶稣拉回到同《旧约》先知同样的地位，也就是认为他是与摩西、亚伯拉罕等人一样不具备神通，也不与上帝关系更亲近的凡人。否认耶稣的"人子"地位对于犹太教来说也是老生常谈。但是斯宾诺莎进一步把犹太先知们也祛魅了。先知既然是凡人，就具有凡人的局限性，他们在理解和传达上帝的启示时就会带着主观色彩。希伯来先知把上帝的启示看作法令，并为希伯来民族制定了一系列的仪式。而耶稣则是想向全人类说话，因此没把教义制定成律法。① 斯宾诺莎的论述很容易令人想起"邪恶的"马基雅维利。他似乎在说，希伯来先知和耶稣不外乎逢人说人话、逢鬼说鬼话，新旧约之别只在于所欲吸收的信众不同。这个理解也是不对的。斯宾诺莎仍旧相信先知所揭示的是真理，只是他们阐释真理的视角和方法不同。或许用佛家"便宜说法"来比附更贴切些。从先验的普遍真理中推出结论，非经一番艰苦论证不可；可是普通民众多半满足于经验，因此先知要把道理普及开来就必须借助经验。我们读到了先知的话语，万不可直接当成真理本身，而应结合希伯来民族的语境去理解。"一部《圣经》主要是为一整个民族写的，其次是为全人类写的。"② 先知们所遵从的"上帝"，实际上是对民族时势、对自然规律的正确把握，他们的功绩在于审时度势地为本民族所开辟独特的发展道路。斯宾诺莎不仅运用《旧约》的先知特点揭开了基督教二元论的面纱，而且用文艺复兴以来的世俗化世界观克服了犹太教盲从教条遗忘历史语境的弱点。正是在对犹太教义"又爱又恨"的批判式继承中，斯宾诺莎找到了自己的思想方位。

① 斯宾诺莎.神学政治论［M］.温锡增，译.北京：商务印书馆，1996：72-73.
② 斯宾诺莎.神学政治论［M］.温锡增，译.北京：商务印书馆，1996：85.

第二节　斯宾诺莎的立言之路

一、阿姆斯特丹近郊的流亡生活

开除教籍以后，犹太社区又以"无神论者"的罪名控告斯宾诺莎，让阿姆斯特丹市政当局把他驱逐出城。他最初的流亡地是阿姆斯特丹南面一个叫作乌窝柯克（Ouwerkerk）的小村庄。该地是犹太公墓，他的父母和姐姐都安葬于此。由于失去了家产，斯宾诺莎不得不凭借早年在犹太学校习得的磨镜手艺维持生计。据说他的手艺很好，后来以透镜专家的身份引起了莱布尼茨等人的注意。① 然而这项工作会常年吸入微小的玻璃粉尘，或许致使他早逝的肺病正是因此而染上的。他在乌窝柯克待了几个月以后，又回到阿姆斯特丹秘密给人讲授哲学。该时期的思考集中体现在即将完稿于 1660 年的《神、人及其幸福简论》（以下简称《简论》）。

《简论》分为两篇。第一篇"论神"占 10 章。其内容侧重于本体论的阐发，涵盖了对上帝存在的证明、上帝作为实体的属性、上帝作为事物的原因、上帝治下的自然事物的生命力（conatus）、产生自然的自然（Natura Naturans）和被自然产生的自然（Natura Naturata）、属人的后天的善恶观等。第二篇"论人及其所有物"占 26 章。其内容侧重于认识论和伦理学的阐发，包括人的激情对人所产生的奴役、人的理性的范围以及人实现自由的手段等方面。同后期写成的《伦理学》对比，斯宾诺莎学说的要点在《简论》里已经大体完成。我们重点关注斯宾诺莎是如何从哲学上把神学的上帝变成俗世的自然的。

首先，关于上帝存在的证明：上帝是绝对完满的，其完满必包含存在，故存在属于神的本质。② 该证明方法不同于笛卡尔从"我思"的对象的完满

---

① 斯宾诺莎. 神、人及其幸福简论［M］. 洪汉鼎，孙祖培，译. 北京：商务印书馆，1987：48.

② 斯宾诺莎. 神、人及其幸福简论［M］. 洪汉鼎，孙祖培，译. 北京：商务印书馆，1987：135.

性推出现实的完满的上帝，它是从"完满"这一概念本身的规定性出发的。在此没有思与被思的二元划分，只有概念自身的演绎。这一方法注定斯宾诺莎是一个形而上学家，因为他从不考察"完满"这一概念的社会历史根源，而是直接把它当成不证自明的起点了。当然，这并不妨碍斯宾诺莎的某些结论或论断会给辩证唯物主义带来思想的启迪。

我们接着看他的推论：上帝的绝对完满性决定了他所如是创造的一切事物不可能更完满。因此神必然如此这般地预先决定着事物，事物按其本质也如此这般必然存在着。① 该推论虽然是从"完满"的概念中演绎出来的，但却起到了意想不到的哲学效果。完满在我们通常的思维表象里似乎是随心所欲、无限自由。其实不然，完满意味着上帝的每一个举动、每一个造物都是出于完满。因为如果他还能做得"更好"，便证伪了他的完满。正譬如中世纪流传下来的经典悖论：上帝是否能造出一块他搬不起的石头？如此一来，肯定上帝的完满，就是肯定现存世界的完满。上帝与其创造出来的世界构成了一种势均力敌的关系。后来"神即自然"的命题呼之欲出。

于是紧随其后的是进一步的推论：上帝的特性要求自然整体和个体都有着维护它们自身存在的那种生命力。② 既然上帝如此这般地把世界造了出来，既然世界如此这般完满地构成着，那么就应该如此这般地保持下去。世界的每一个组成部分都是上帝的意志的体现，都有其各自必然存在的原因，也都有其各自继续存在的生命力。换言之，斯宾诺莎实际上严格信奉着经文所说的"太阳底下没有新鲜事"，事物是不生不灭的，只有生命力的大小和事物的组合之别。他的思想后来与结构主义相通并启发了一股反辩证法的思潮也就不足为奇了。

谈论完上帝的本性，斯宾诺莎还关注了人对上帝的理解的问题。首要的问题是善恶的观念。过去的神学讨论里素有"神义论"之争，其源于经验与思辨的冲突：假如上帝全知全能全善，何以人间还有不平？斯宾诺莎的回答掷地有声：善恶只是人们根据自身喜恶而制定的衡量世界的思想存在，它与

---

① 斯宾诺莎. 神、人及其幸福简论［M］. 洪汉鼎，孙祖培，译. 北京：商务印书馆，1987：162-163.

② 斯宾诺莎. 神、人及其幸福简论［M］. 洪汉鼎，孙祖培，译. 北京：商务印书馆，1987：166.

上帝的本质无关。① 这个结论引出了人与上帝的矛盾，即人大部分时候都是"以己度物"，他的激情蒙蔽了他对事物的本质的认识。只有凭借理性，才能"以物度物"亦即抓住事物本身的规律。言至于此可以看出，斯宾诺莎虽然是从概念演绎出一些先天的定理，但他又反过来认为，人不应当违背这些客观的规律。只有在认识规律、遵从规律的基础上才能过上幸福生活。由此可见，斯宾诺莎尽管是形而上学家，但在反主观主义、个人主义、虚无主义等方面，与辩证唯物主义立场又是一致的。

二、莱茵斯堡的累累硕果

1660 年，斯宾诺莎离开阿姆斯特丹迁居莱茵斯堡。租住在一位名叫赫尔曼·霍曼的医生的房子中。如今该寓所被称作"斯宾诺莎之寓"（Spinozahuis）或"斯宾诺莎博物馆"，成为纪念伟大哲学家的旅游纪念地。斯宾诺莎来到莱茵斯堡的原因或许因为当地是"社友会（Collegiants）"的大本营。这是一个拒绝参加宗教仪式、主张言论自由的组织。我们在后来的《神学政治论》里发现斯宾诺莎的宗教政治立场同社友会是高度一致的。居住在莱茵斯堡的日子是斯宾诺莎最为丰产的时期，其主要学术工作包括：

第一，正式完稿《简论》。关于《简论》的成稿时间是十分模糊的。《简论》的英译者沃尔夫指出，在 1661 年 10 月写给奥尔登堡的信中，斯宾诺莎曾说他已经撰写了一本完整的关于事物起源、它们和第一因关系以及知性改进的小册子。此处提到的小册子究竟指的是《简论》还是《知性改进论》未可知。而且后来斯宾诺莎遗著的编辑者仅存有《知性改进论》的未完稿，没有找到《简论》。② 洪汉鼎另外给出另一个推测和证据，说《简论》在 1660—1661 年已经完成了。根据斯宾诺莎和友人 1661—1662 年的通信内容来看，斯宾诺莎正准备应友人邀请把《简论》翻译为荷兰文。③ 总而言

---

① 斯宾诺莎. 神、人及其幸福简论［M］. 洪汉鼎，孙祖培，译. 北京：商务印书馆，1987：177-178。

② 斯宾诺莎. 神、人及其幸福简论［M］. 洪汉鼎，孙祖培，译. 北京：商务印书馆，1987：58. 经过对照中文版本的《斯宾诺莎书信集》（商务印书馆 1996 年版，第 28 页）我们发现，斯宾诺莎的确有这么一封信，然而其书信时间却是 1662 年 4 月。沃尔夫记忆有不准确的地方。

③ 洪汉鼎. 斯宾诺莎［M］. 台北：东大图书公司，1992：41.

之，标志斯宾诺莎哲学体系初步形成的《简论》是莱茵斯堡时期的一个重要成果。

从《简论》开始，斯宾诺莎便致力于思考知识的种类。后来的《知性改进论》也有相关论述。到《伦理学》最终凝练为三种知识类型（见表1-1）。这成为阿尔都塞迂回地诠释马克思哲学的核心。

表 1-1　斯宾诺莎对知识种类的三处表述①

《简论》	《知性改进论》	《伦理学》
1. 通过经验、传闻的（假）信仰获得知识	1. 由传闻或任意提出的符号获得知识	1. 第一种知识：意见或想象。包括泛泛经验以及从记号得来的观念
2. 通过真信仰获得知识	2. 由泛泛经验获得知识	
3. 通过清楚明晰知识获得知识	3. 由果以求因，或者由一种特质永远相伴随的普遍现象推论而得	2. 第二种知识：理性。从对于事物的特质具有共同概念和正确观念而得
4. 直观洞察获得知识	4. 纯粹从认识到事物本质或它的最近因而得到的知识	3. 第三种知识：直观知识。从神的某一属性的形式本质的正确观念而得

第二，着手写作《知性改进论》。长期以来，《知性改进论》都被当作斯宾诺莎最早的哲学著作之一。可惜从斯宾诺莎遗稿中只能发现它的残篇，据说是斯宾诺莎本人就没有写完。现存的残篇分为五章，分别是导言、论知识种类、论知性、论想象和论界说。贺麟先生是该书中译本的权威译者。他在序言里指出，"知性改进"一名或有同培根《新工具》辩论的目的。培根常有重视经验和实验，以"校正知性""医治知性"的说法，斯宾诺莎则把知性看作本质的认识方式，只需"改进"即可。②

第三，出版《笛卡尔哲学原理》。这本书是斯宾诺莎以其真名出版的唯一著作。该书教学法的色彩较浓。据说1662—1663年，有一位名叫约翰·阿

---

① 斯宾诺莎. 神、人及其幸福简论［M］. 洪汉鼎，孙祖培，译. 北京：商务印书馆，1987：182-183；斯宾诺莎. 知性改进论［M］. 贺麟，译. 北京：商务印书馆，1986：24-25；斯宾诺莎. 伦理学［M］. 贺麟，译. 北京：商务印书馆，1997：79-80.

② 斯宾诺莎. 知性改进论［M］. 贺麟，译. 北京：商务印书馆，1986：2-3.

留斯的青年来向斯宾诺莎求学。但斯宾诺莎认为此人年纪尚浅性情未定，便从笛卡尔哲学教起。青年朋友十分受益，请求老师用几何学证明方式阐发笛卡尔的哲学原理，斯宾诺莎只用两个星期就写成书稿，随后交付出版。但斯宾诺莎明确表示："我并不承认这本著作中所阐发的观点都是我自己的，因为在这部著作中我所写的许多东西正与我自己的看法相反。"① 该书的特点是夹叙夹议。斯宾诺莎先用几何学的证明方式替笛卡尔"说圆"，然后对笛卡尔的观点作出评论。

最后再来谈谈斯宾诺莎莱茵斯堡时期的社交圈。他还同过去阿姆斯特丹的年轻好友们保持着联系，给他们寄去哲学手稿，接受他们的来信咨询，充当他们的精神导师。另外，时任英国皇家学会秘书长的亨利·奥尔登堡曾造访斯宾诺莎住所，随后便开始与他保持通信。后来奥尔登堡又给他寄去波义耳的著作，斯宾诺莎欣然回信并作出长评。正是在奥尔登堡和一干阿姆斯特丹密友的介绍下，客居小镇靠磨镜维生的哲学家开始在欧洲声名鹊起。

三、伏尔堡与海牙的体系创设

1663 年斯宾诺莎从莱茵斯堡搬到伏尔堡。这是一个距离海牙步行不过半小时行程的村庄。在这里，斯宾诺莎完成了《伦理学》的写作。我们知道，《简论》是一个粗线条的哲学大纲。《知性改进论》是未完成的残篇。《笛卡尔哲学原理》则只是斯宾诺莎对笛卡尔的同情式理解，不能完全代表斯宾诺莎本人的观点。直到《伦理学》，斯宾诺莎的哲学体系才宣告完成，并兑现了"用几何学证明"② 的承诺。按照洪汉鼎和《斯宾诺莎全集》德文译者格布哈特的考证，《伦理学》的写作早从 1661 年便开始了。③ 该书也是斯宾诺莎写作时间跨度最长的著作。1663 年迁居伏尔堡以前，斯宾诺莎已经至少完成相当于现存《伦理学》第一部分前 19 个命题的内容，并把手稿寄给阿姆斯特丹围绕斯宾诺莎建立起来的哲学学习小组成员。④ 1664 年，威廉·布林

---

① 斯宾诺莎. 斯宾诺莎书信集 [M]. 洪汉鼎，译. 北京：商务印书馆，1996：58.
② 斯宾诺莎. 斯宾诺莎书信集 [M]. 洪汉鼎，译. 北京：商务印书馆，1996：6.
③ 斯宾诺莎. 斯宾诺莎书信集 [M]. 洪汉鼎，译. 北京：商务印书馆，1996：8；洪汉鼎. 斯宾诺莎 [M]. 台北：东大图书公司，1992：74.
④ 斯宾诺莎. 斯宾诺莎书信集 [M]. 洪汉鼎，译. 北京：商务印书馆，1996：34-36.

堡开始同斯宾诺莎通信。此人是个宗教狂热信徒，假扮成求学者写信以套取斯宾诺莎反对神学的言论。起初斯宾诺莎并未察觉到他的阴谋。在1665年春天的通信中，斯宾诺莎第一次提到了未出版的著作"伦理学"，并援引其中观点：自我保存之生命力必然是从敬神者关于自身和上帝的清晰知识而得。① 该观点集中于现存《伦理学》的第四部分。由于《伦理学》是一部按照几何学证明写就的著作，跳跃式写作的可能性不大。因此我们可以推测，1665年春天《伦理学》的写作已经逼近尾声。可惜好事多磨。由于荷兰政治形势的改变，斯宾诺莎不得不暂且搁置《伦理学》而集中精力写作《神学政治论》。直到1670年《神学政治论》出版，斯宾诺莎移居海牙，《伦理学》的写作才又重新恢复。但此时斯宾诺莎又改变了《伦理学》的写作计划。例如把原来的三部分结构改为五部分结构，又增添了同霍布斯自然权利学说的对话。② 一直到1675年，五部分结构的《伦理学》稿件才最终完成。遗憾的是，斯宾诺莎两年后便因病去世，没能看到其哲学体系的出版。

《神学政治论》相对来说幸运得多。它是斯宾诺莎生前出版的两部著作之一。1665年，代表君主制的奥伦治派和代表共和制的维特派斗争进入白热化阶段。前者主张政教合一，通过神权树立奥伦治将军的最高权威。后者主张宗教宽容与政教分离。维特是斯宾诺莎的好友，《神学政治论》也是应好友邀请所作。然而从实际内容来看，其立场又并非完全是共和派的。如同我们上文所分析的那样，该书批评了教会组织自诩为上帝代理人、粗暴地干涉政治事务的做法，指出一切宗教或先知不过是民族谋求自身发展的应时之策。但另一方面，该书又认为作为一种治理策略的宗教是极为必要的。按其逻辑，理智便是认清自己在实体中的位置并做好自己的事情，使得自己完全从属于共同体。但人容易为情感所左右，实践中不可能把全部的权利移交给共同体，世俗国家的权力也无法强大到迫使全部的人服从。此时宗教、启示或先知发挥着凝聚民心的重要职能。③ 也就是说，宗教的实质是世俗，但宗教作为世俗的统治手段又是行之有效的。盲目的政教合一要不得，统治者有意识地利用宗教则理所应当。就此来看，《神学政治论》似乎应和着后来施

---

① 斯宾诺莎. 斯宾诺莎书信集 [M]. 洪汉鼎, 译. 北京：商务印书馆, 1996：122.

② 洪汉鼎. 斯宾诺莎 [M]. 台北：东大图书公司, 1992：76.

③ 斯宾诺莎. 神学政治论 [M]. 温锡增, 译. 北京：商务印书馆, 1996：222-223.

特劳斯学派所谓的"秘传哲学"说——真理只能为少部分智者知悉，大部分民众都不能理解真理。

《神学政治论》出版以后，斯宾诺莎还撰写了专门研究世俗政治问题的《政治论》小册子。此书的写作同 1667 年出版的霍布斯《利维坦》荷兰文译本紧密相关。1674 年斯宾诺莎同其密友，也就是后来斯宾诺莎《遗著》出版人雅里希·耶勒斯的通信中写道："关于您问的，我的政治学说和霍布斯的政治学说有何差别，我可以回答如下，我永远要让自然权利不受侵犯，因而国家的最高权力只有与它超出臣民的力量相适应的权利，此外对臣民没有更多的权利。"① 从《神学政治论》到《政治论》，斯宾诺莎的关切视角发生了较大转变。他不再把共和政体视为唯一合理的政体，而是注重分析君主制国家中对君主权利的限制问题。洪汉鼎据此认为："斯宾诺莎实际上是君主立宪的第一个理论家。"②

第三节　斯宾诺莎的身后沉浮

一、遗稿的出版与问世

1677 年 2 月 21 日，斯宾诺莎在海牙逝世。同年 11 月，他生前的好友们在阿姆斯特丹出版了一些他生前未曾发表的著作。出于避嫌的考虑，著作集名为《遗著》（*Opera Posthuma*），编辑、出版者、出版地点一应全无，作者处只署上斯宾诺莎首字母缩写 "B. D. S."。著作集内含斯宾诺莎五篇著作：《知性改进论》《伦理学》《政治论》《书信集》《希伯来简明语法》。著作集起初为拉丁文，后来出了荷兰文译本，但旋即被荷兰当局查封。直到 1802 年，耶拿才有新版本问世，编辑者为保罗斯（G. Paulus）。马克思 1840—1841 年《柏林笔记》所摘抄的斯宾诺莎书信，正是出自保罗斯的版本。③

① 斯宾诺莎. 斯宾诺莎书信集［M］. 洪汉鼎，译. 北京：商务印书馆，1996：205.
② 洪汉鼎. 斯宾诺莎［M］. 台北：东大图书公司，1992：83.
③ 杨偲劢. 《柏林笔记》初探：文献状况与思想图景［J］. 山东社会科学，2018（4）：15–22.

尚没有证据表明马克思阅读过《简论》。《遗著》没有收录该书，其编者对其只语未提。直到1703年，人们才从斯宾诺莎的一位书商好友处得知，斯宾诺莎还有一部以荷兰文写就，又并非以几何学方法证明的《伦理学》早期草稿。1860年前后人们终于发现了该书的两个荷兰文抄本，1862年首次以荷兰文和拉丁文译文公开出版。《简论》的发现引起了一些讨论。其一，人们从未发现斯宾诺莎的原始手稿，现存《简论》是根据友人的手抄本编辑而来的。其二，《简论》是斯宾诺莎早期思想的反映，同后期著作相比有观点不完善甚至相左的地方。

学界倾向于把《简论》当作一部独立的著作而非《伦理学》草稿。洪汉鼎认为，在《简论》里斯宾诺莎尚未能够区分"实体"和"属性"两个不同的范畴，而是把两者都混同于后来《伦理学》给实体下的定义："在自身内并通过自身而被认识的东西。"到了《伦理学》，斯宾诺莎才将两者分别界定，并认为属性是"由知性看来是构成实体本质的东西"①。沿着洪教授的分析往下推论的话，从《简论》到《伦理学》，斯宾诺莎哲学不可知论的色彩被强化了。思维和广延作为"属性"，仅仅是知性"看来"是本质的东西，毕竟不同于实体自身。知性所把握的实体的属性未必是实体全部的属性。罗斯则侧重于两书的延续性。他认为斯宾诺莎在《简论》里已经发展出属性与实体不同的思想，如《简论》曾写道："直到目前在所有这些无限属性中只有两个为我们通过它们自身的本质所认识。"②可见斯宾诺莎从一开始就认为我们关于属性的知识是不完满的，他的哲学自始至终就是反人类中心主义的。

本书无意专题讨论斯宾诺莎本人哲学转变历程。我们关注斯宾诺莎对马克思的影响。马克思曾说过："（斯宾诺莎）体系的实际的内部结构，同他自觉地提出来的体系，所采用的形式是完全不同的。"③但此言出自1858年5月31日给拉萨尔的书信。即便马克思此时对斯宾诺莎有什么"新解"，也是

---

① 洪汉鼎．斯宾诺莎［M］．台北：东大图书公司，1992：115-117.

② 罗斯．斯宾诺莎［M］．谭鑫田，傅有德，译．桂林：广西师范大学出版社，2018：76.

③ 中共中央马克思恩格斯列宁斯大林著作编译局．马克思恩格斯全集：第29卷［M］．北京：人民出版社，1972：540.

基于《遗著》的阅读所得，同《简论》是没有关系的。至于1862年《简论》问世以后，以目前掌握的文献资料来看，马克思再未对斯宾诺莎本人的哲学思想提出什么新判断了。《简论》与《伦理学》之间断裂与否的争论，不纳入本书的考察范围。但在下文我们将看到，由《简论》与《伦理学》之差异所透露出来的不可知论的、思维存在两种属性平行论版本的斯宾诺莎哲学，仍像梦魇一样时不时地为后人重复。

二、学术形象的转变

马克思曾以讽刺的口吻写道：

> 将近30年以前，当黑格尔辩证法还很流行的时候，我就批判过黑格尔辩证法的神秘方面。但是，正当我写《资本论》第一卷时，今天在德国知识界发号施令的、愤懑的、自负的、平庸的模仿者们，却已高兴地像莱辛时代大胆的莫泽斯·门德尔松对待斯宾诺莎那样对待黑格尔，即把他当作一条"死狗"了。①

马克思在此批判的是当时一些庸俗唯物主义者只能看到事物之间的差异性和个别性，不能采取事物普遍联系的辩证观点来把握世界。也就是说，黑格尔受益于斯宾诺莎哲学的"实体"方面被德国知识界抛诸脑后了。那么，何以莱辛时代的门德尔松又会把斯宾诺莎当成"死狗"呢？一种说法是斯宾诺莎因无神论观点而臭名昭著，遭到包括培尔、巴克莱、休谟等哲学家的攻击。② 此种说法虽能解释在斯宾诺莎死后近一个世纪里他的哲学为什么遭受冷落，但难及于"莱辛时代"以及围绕在莱辛周围的激进圈子。本书认为，把斯宾诺莎当成"死狗"的门德尔松，同力主斯宾诺莎是莱辛"老师"的雅各比之所以争论不休，导火索恰好是要不要把他们共同的朋友莱辛理解为斯宾诺莎一样的泛神论者。

莱辛本人到底如何谈论斯宾诺莎我们已经不得而知。令人耳熟能详的是雅各比1783年7月21日向莱辛另一位友人伊丽丝的致信："莱辛在弥留之际

---

① 中共中央马克思恩格斯列宁斯大林著作编译局．马克思恩格斯文集：第5卷［M］．北京：人民出版社，2009：22.

② 洪汉鼎．斯宾诺莎［M］．台北：东大图书公司，1992：301–302.

是坚定的斯宾诺莎主义者。"① 文化人总有许多花花肠子。雅各比致信的目的是希望通过伊丽丝转告门德尔松，希望门德尔松能够在写作关于莱辛性格的悼念文时有所考量。此处的"斯宾诺莎主义"显然不是无神论的意思。雅各比在两年前发表的《莱辛所言》里详细提到了莱辛与斯宾诺莎的关系。莱辛赞同斯宾诺莎所言，人尽管彼此对立，仍会"以他所具有的一切特殊的内在能力在争取好的东西"，也因此他会按其本性来遵循与人类之爱、正义、荣誉和宗教相关的法则。反过来说，以外在强制手段来胁迫人去服从是绝无可能的。② 这些言论不管出自莱辛还是雅各比"托古"所作都不妨碍本书的研究。我们可以肯定的是，雅各比所转述的确乎斯宾诺莎的"生命力"说：万物各有其位，遵其本性便自得和谐。但重点究竟是"遵其本性"还是"守其位"？雅各比更倾向于前者。在理性主义的泛神论和理性主义的无神论之间，在以理性个人为本位的自由主义和以理性国家为本位的开明君主专制之间，雅各比为莱辛选择了前者。

门德尔松对"斯宾诺莎主义"词义内涵的理解同雅各比没有分歧。但他并不赞同人按其天性即能在实践中符合理性的说法，自然也不愿意任凭雅各比假托好友莱辛的口说出这番歪理。门德尔松坚定地认为："某些对人之为人是有用的真理，对于作为公民的人来说有时候可能是有害的。"③ 人按其天性容易为激情所迷惑，容易只顾自己的利益而不识大局，因而需要国家和强制性的律法来迫使他们服从。"启蒙"是借助国家教育迫使人摆脱其天性而成为合格公民的过程，同雅各比宣扬的"斯宾诺莎主义"是完全相反的。正是在此种哲学与政治的立场上，门德尔松才把斯宾诺莎当成了"死狗"。

门德尔松对斯宾诺莎的评判，跟庸俗唯物主义对黑格尔的评判完全基于不同的语境。马克思只是随口借用了"死狗"这个典故，万不可关公战秦琼——把门德尔松放在庸俗唯物主义一边，把斯宾诺莎或雅各比放在黑格尔一边。门德尔松同雅各比都带着德国古典时代的烙印。两人都承认世界的终

---

① 施特劳斯. 门德尔松与莱辛 [M]. 卢白羽，译. 北京：华夏出版社，2012：134.
② 雅各比. 莱辛所言 [M] // 施密特. 启蒙运动与现代性. 徐向东，卢华萍，译. 上海：上海人民出版社，2005：201.
③ 门德尔松. 论这个问题：什么是启蒙？[M] // 施密特. 启蒙运动与现代性. 徐向东，卢华萍，译. 上海：上海人民出版社，2005：58.

极理性，分歧只在于终极理性能否为个人直接分享和复现，还是说它必须在伦理实体中才得以呈现？从后续德国古典哲学的发展来看，康德的"勇于运用自己理性"的启蒙主义更接近于雅各比所谓的"斯宾诺莎主义"，门德尔松则与黑格尔的伦理国家遥相呼应，而黑格尔又自认其哲学受益于斯宾诺莎的"实体"。斯宾诺莎哲学以其特有的"含混"和"多义"贯穿着整个德国古典时代的讨论，尽管其中个别哲学家例如门德尔松并未在字面上予以承认。但也正因门德尔松的矢口否认，反倒使得雅各比对斯宾诺莎作为泛神论者的定位广泛地流传开来。经过莱辛时代的中介，斯宾诺莎已经从单纯不承认上帝存在的宗教叛徒形象，转变为承认万物有灵的诗人形象了。

三、泛神论先驱开启的争论

把斯宾诺莎主义当成泛神论代表，并从其中延伸出人道主义思想，几乎成为 19 世纪上半叶德国思想界的一股潮流。实际上从雅各比托莱辛之名所阐发的"斯宾诺莎主义"里，人的意义和地位已经浮现出来了。但雅各比的侧重点是个人同实体的直接性联系。按照雅各比的观点，每个人只要做好自己的事情，自然就顺应了理性的上帝。其实这是把个人从整体中孤立出来看待了。在一个彼此依赖的社会里，如果他人不把事情做好，个人势必受到他人的影响也做不好事情。如此结果只有学习康德向内自省，用主观世界的宁静去掩盖现实世界的纷扰。为了克服这个弊病，海涅和赫斯更侧重以"人类"而非"个人"来承接上帝的恩泽。

海涅如是从斯宾诺莎泛神论过渡到人道主义：上帝与世界直接同一。植物、动物、人类都是上帝的显现；由于只有人兼具感觉和思维，他才能将自身与客观自然区别并具备观念。也就是说，观念在现象世界中向人类表明自身。"在人类中神性获得了自我意识，而这自我意识又重新通过人类来揭示神性。"[①] 海涅又审慎地指出，这种"自我意识"不是个体意识，而是全体人类的自我意识。只在所有人类合在一起时，观念中、现实中才能表达整个神性宇宙。可以说，海涅是同斯宾诺莎哲学气质最符合的思想家，他把思维和广延两个层面都照顾到了，然而海涅又明显缺乏实践的观点。海涅受法国

---

① 章国锋，胡其鼎．海涅全集：第 8 卷［M］．孙坤荣，译．石家庄：河北教育出版社，2003：246.

大革命精神与法国唯物主义的影响，认为德国哲学的内在主体自由需通过法国实践的联盟才能实现。这是他较之当时德国思辨哲学家的长处。① 但马克思的实践是社会性、历史性的实践，而非简单的"思想付诸行动"之意。海涅的学说总的来说还是思辨的。他所谓的"人类合在一起"，只是一种关于"类"的观念，他并不知道人类如何现实地合到一起的世界历史进程。

赫斯曾自称"斯宾诺莎的弟子"。其 1839—1840 年写就的《欧洲三头政治》明显受到海涅的启发："行动的哲学是以黑格尔的精神哲学为前提，但是这种精神哲学是同样又以谢林的自然哲学为前提，而谢林的自然哲学又是以斯宾诺莎主义为前提与基础。"② 谢林把思维与存在、精神与自然的直接同一性视为本体，这种直接同一性相当于斯宾诺莎的"上帝"。自然是神的生活的直接面貌，而精神则是其面貌得以显现在人类面前的中介。黑格尔的贡献是强调了人类特有的、以历史行动去把握上帝的面貌的方面，但他却试图以中介的方面去涵盖作为本体的直接同一。转换为不可知论版本的斯宾诺莎主义的术语，即黑格尔没有看到思维仅仅是我们赖以把握上帝的属性之一，而直接把属性与实体混同起来了。不过赫斯并未止步于不可知论，而是在自然与精神两相平行的关系里凸显出处于两者中间的人的主体地位。人类就其自然方面来说直接地处于无殊异的"爱"的关系之中。当然，这里的"爱"可以理解为斯宾诺莎意义上的神的内在完满与和谐。而其中介的行动却使得人类同其神圣的直接同一性疏离，必须通过一番艰辛的历史才能以"思辨的理性的启示"重新复归同一。在赫斯心目中，斯宾诺莎正是这个精神成熟的历史时代的开启者。斯宾诺莎主义使得"外在的东西与内在的东西取得同一步调"③，人们得以理性克制和校正过去因激情而采取的行动，从而认识并把握原始的直接同一性。

赫斯在海涅的引导下把斯宾诺莎、谢林、黑格尔三者学说弄成一锅大杂烩，但他却无法克服海涅早已指出的谢林体系的矛盾。当谢林把思维与存在的直接同一上升为本体时，他又是如何凭借哲学反思去把握或者证明该本体

---

① 布莱克曼. 废黜自我 [M]. 李佃来，译. 北京：北京师范大学出版社，2013：208.

② 邓习议. 赫斯精粹 [M]. 南京：南京大学出版社，2010：12；章国锋，胡其鼎. 海涅全集：第 8 卷 [M]. 孙坤荣，译. 石家庄：河北教育出版社，2003：310.

③ 邓习议. 赫斯精粹 [M]. 南京：南京大学出版社，2010：31.

呢？最后谢林不得不以"神秘的直觉来达到绝对者本身的直观……既不是思想又不是广延，既不是主体又不是客体，既不是精神又不是物质，而是……谁知道是什么呢!"① 海涅排斥这种前反思的直接同一，在他的视域里，不可知论版本的、仅仅把思维看作实体属性之一的斯宾诺莎主义是不存在的。因而海涅虽没有赫斯的广博眼光，其理论和见解倒是能自圆其说的。赫斯在赞同谢林的基础上，也把斯宾诺莎的不可知论色彩强化了，也使得斯宾诺莎本人的哲学变得不融洽了。既然思维只是属性之一不等同于实体，以理性通达上帝的努力岂非俱成画饼？或者更严重地说来，赫斯与斯宾诺莎那些思辨而得的结论，到底是上帝还是撒旦的面貌？

　　海涅与赫斯的分歧，或者说黑格尔与晚期谢林的分歧，来源于对斯宾诺莎学说不同版本的理解。其争论焦点实则后来恩格斯所说的"思维和存在的同一性的问题"②。对于所有的斯宾诺莎的徒子徒孙来说，大家当然都会给出"思维和存在同一"的回答，但究竟同一于何处呢？是同一于思维可把握的因而必然被思维所中介的同一性，还是不需思维把握也能自存独化的直接同一性？这是斯宾诺莎给整个近代哲学带来的重大元问题，也是马克思主义哲学的基本问题。尽管后世的马克思主义者（例如本书第二篇第四、五章提到的普列汉诺夫和列宁）未必阅读了海涅与赫斯的著作，他们同斯宾诺莎的关联也是围绕着这个元问题而展开的。

---

① 章国锋，胡其鼎 . 海涅全集：第 8 卷 ［M］. 孙坤荣，译 . 石家庄：河北教育出版社，2003：311.
② 中共中央马克思恩格斯列宁斯大林著作编译局 . 马克思恩格斯文集：第 4 卷 ［M］. 北京：人民出版社，2009：278.

第二章

马克思直接阅读和评论斯宾诺莎学说

　　既然要弄清马克思与斯宾诺莎的思想关联，回到马克思论及斯宾诺莎的文本是十分必要的。本书将相关的文本分为三类。第一类是马克思对斯宾诺莎著述的摘抄。根据《马克思恩格斯全集》历史考证版第二版（MEGA²）研究成果，马克思在旅居柏林时期摘抄过《神学政治论》以及《斯宾诺莎书信集》的部分内容。此类文本的特点是只抄不述。第二类是马克思对斯宾诺莎"点到即止"式的运用，它们表现为马克思只是简单地引用斯宾诺莎的箴言，甚至只是提及斯宾诺莎的名字而不披文示意。该类文本的特点是述而不论。第三类是马克思专题性地评述斯宾诺莎主义在哲学史中的地位，尤其是谈论斯宾诺莎的实体学说同法国唯物主义、同黑格尔哲学体系的关系，它们主要集中于《神圣家族》。该类文本的特点是述论结合。本书根据三类文本各自的特点而采取不同的论述方式。对只抄不述的第一类文本，本书将概要地展示马克思抄了什么、如何抄录。对述而不论的第二类文本，本书着力结合上下文语境指明某处搬出斯宾诺莎来具体有何用意。对述论结合的第三类文本，本书则转述马克思之论述。

　　思想史研究一般还会借助第四类"文本"。这类文本不以马克思提及斯宾诺莎的名字或者引用其著述为要件。希伯来大学的斯宾诺莎研究专家约维尔（Yirmiyahu Yovel）教授提出："马克思运用斯宾诺莎思想的地方，远比马克思自己所承认的还要多。"[1] 例如马克思没有将其人化自然的思想溯源到斯宾诺莎，但其实质同自因说是一致的。国际马克思恩格斯基金会（Internationale

---

① YOVEL Y. *Spninoza and other heretics*: *vol.* 2 ［M］. Oxford: Princeton University Press, 1989: 78.

Marx-Engels-Stiftung）编委史傅德（Fred E. Schrader）教授则认为，从 1857
年政治经济学批判开始，斯宾诺莎要素就为马克思的价值形式和资本的本质
理论所吸收了，此时马克思可谓"隐晦地"引用了斯宾诺莎。① 我们可以确
认的一个基本事实是，斯宾诺莎从未谈论什么人化自然或者价值形式。也就
是说，他的学说与马克思的学说之间存在着多重中介的创造性转换关系。第
四类"文本"实则指的是斯宾诺莎对马克思哲学的间接影响，我们留待第三
章再论。

第一节　摘抄斯宾诺莎著述

一、《神学政治论》的摘抄情况

根据目前的研究资料我们可以确定，马克思在 1841 年前后就已经阅读过
斯宾诺莎的著述并且留下了翔实的摘抄笔记。这部分内容收录于 MEGA² 第 4
部分第 1 卷。现存的《柏林笔记》分为 8 个笔记本，按照 MEGA² 编排顺序其
内容依次为：亚里士多德《论灵魂》的摘录、莱布尼茨著作和通信的摘录、
休谟《人性论》的摘录、斯宾诺莎《神学政治论》的摘录、斯宾诺莎《斯
宾诺莎书信集》的摘录、罗森克朗茨《康德哲学史》的摘录。

《神学政治论》摘抄笔记最主要的特点是错序摘抄。马克思摘抄时打乱
了原书的章节顺序，他雇佣的抄写员在摘抄笔记的首页添加了目录索引。马
克思的摘抄顺序为：（1）第 6 章；（2）正序摘抄 14~15 章；（3）倒序摘抄
16~20 章；（4）正序摘抄 7~13 章；（5）正序摘抄 1~5 章。这种摘抄方式表
明，马克思不是边读边抄，而是预先对《神学政治论》有了一个总体的把
握，随后再倒过头来按照其目的进行编排。兹将原书目录与马克思编排的目
录对比如下（见表 2-1）。

---

① TOSEL A. *Spinoza au XIXe Siècle* ［M］. Paris：Publications de la Sorbonne，2007：129.

表 2-1　《神学政治论》目录与《柏林笔记》摘抄索引之比较

《神学政治论》目录①	马克思摘抄目录②
第一章　论预言	第六章　论奇迹
第二章　论预言家	第十四章　什么是信仰
第三章　论希伯来人的天职，是否预言的才能为希伯来人所专有	第十五章　论理智和神学
第四章　论神律	第二十章　论言论自由
第五章　论仪式的法则	第十九章　神圣的权利
第六章　论奇迹	第十八章　教义。国家政治。希伯来
第七章　论解释《圣经》	第十七章　论希伯来国家
第八章　论《摩西五书》的作者与《旧约》中其余有关历史的书	第十六章　论国家之基础
第九章　论前面所提各书的其他问题，即是否各书完全为以斯拉所写完，是否希伯来原文的傍注是不同的本子	第七章　论解释《圣经》
第十章　用以上所用的方法检查《旧约》的其余各书	第八章　论《摩西五书》来源等
第十一章　论使徒们是以使徒与预言家的资格还是只是以教师的资格写的《使徒书》；解释使徒是什么意思	第九章　论以斯拉圣经。衍生问题，以及傍注
第十二章　论神律的真正的本原，为什么称《圣经》为神圣的，为什么称之为《圣经》。为什么里面是上帝的话，传到我们，没有讹误	第十章　论其余各书

---

① 斯宾诺莎. 神学政治论 [M]. 温锡增，译. 北京：商务印书馆，1996：目录.

② Karl Marx/Friedrich Engels. *Gesamtausgabe*；*Exzerpte und Notizen bis 1842* [M]. Berlin：Dietz Verlag，1976：233. 通过对比马克思所摘抄的、由保罗斯编纂的《斯宾诺莎全集》（SPINOZA，PAULUS H E G. *Benedicti de Spinoza Opera Quae Supersunt Omnia*：vols 2 [M]. Jena，1802-03）不难发现，马克思所"自制"的索引只是打乱了顺序，其各章题目的缩写与原版的缩写基本一致。

《神学政治论》目录	马克思摘抄目录
第十三章 论《圣经》只教人们以很简单的教义，这种简单的教义足能致人以端正的行为	第十一章 论使徒。文本中的权威
第十四章 信仰、信神的定义，信仰的基础，信仰与哲学永远分了手	第十二章 论《圣经》之确为神意
第十五章 论神学不是理智的奴婢，理智也不是神学的奴婢，一个理智的定义，这个定义可以使我们承认《圣经》的权威	第十三章 《圣经》的简单教义。以及它的践行
第十六章 论国家的基础；个人的天赋之权与公民权；统治之权	第一章 论预言
第十七章 证明没人能或需要把他所有的权利都交付给统治权。论摩西活着的时候与他死后直到王国成立之前的希伯来共和国与其优点。最后论神权共和国灭亡的原因以及何以即使继续存在也不能免于分裂	第二章 论预言家
第十八章 自希伯来人的联邦和他们的历史引出一些政治学说来	第三章 论希伯来人预言天赋
第十九章 说明关于精神方面的事物之权全靠元首，如果我们要正确地服从上帝，宗教的外形应该合乎公众的安宁	第四章 论神律
第二十章 在一个自由的国家每人都可以自由思想，自由发表意见	第五章 论仪式及历史信仰

二、《斯宾诺莎书信集》的摘抄情况

跟在《神学政治论》摘抄笔记本之后的是对《斯宾诺莎书信集》的摘抄。前三封书信是马克思自己摘录，之后则交由抄写员完成。可以想象到，当时马克思必定是预先读完了《斯宾诺莎书信集》，在书上作了相应标记，再交由抄写员摘抄的。马克思可能为摘抄员提供了抄写的格式。在摘抄之初，马克思与抄写员的沟通可能出现了问题。抄写员先是重复摘抄了两封书信（其内容相对马克思原本摘抄的有所扩充），用罗马数字标识为 I 和 IV（IV 是误标，实际上抄录的是原书 II 这封信）。随后开始抄写马克思未曾摘

抄过的内容。但抄写员似乎搞不清楚应该如何标号。第一封新摘抄的信件标号重复标号为 IV，且打了问号。紧接着的 V 到 IX 都带着问号，直到 X 往后才去掉问号。而到后边的 XVIII、XXI 等编号又重新带上问号。我们采取列表格的方式，将马克思摘抄的信件及该信件的提要罗列于下（见表2-2）。

表2-2　《柏林笔记》所摘抄的斯宾诺莎通信一览①

通信对象及时间	信件提要
α）布林堡来信 1664 年 12 月 12 日	布林堡阅读过《笛卡尔哲学原理》后提出疑问：神的创造和保存是同一桩事情该如何理解？神是否也是恶的原因？
β）奥尔登堡来信 1661 年 8 月 16—26 日	奥尔登堡来信请教：如何看待广延和思想之间区分？笛卡尔和培根哲学有什么缺陷，应当如何排除？
y）致信奥尔登堡 1661 年 9 月	回应奥尔登堡 8 月来信中的问题
I 奥尔登堡来信	摘录对象与 β 重复
IV 致信奥尔登堡	摘录对象与 y 重复
IV 致信奥尔登堡 1661 年 10 月	回应奥尔登堡 9 月来信中提出的三个疑难：其一，是否能从斯宾诺莎上帝界说里推出本质是存在的？其二，物体与思想是否互不限制，且思想到底是物质运动还是与此不同的纯粹精神活动？其三，斯宾诺莎的几个公理是否不可证明而只能通过自然之光认识？
V 奥尔登堡来信 1661 年 10 月 11—21 日	奥尔登堡寄来波义耳《物理学研究论文集》，请斯宾诺莎就其中相关实验作出点评
VII 奥尔登堡来信 1662 年 7 月	奥尔登堡请求斯宾诺莎将其哲学见解公之于世
VIII 奥尔登堡来信 1663 年 4 月 3 日	奥尔登堡代波义耳回复斯宾诺莎的评论。随后又询问斯宾诺莎关于"知性的改进"的著作是否完成
IX 致信奥尔登堡 1663 年 7 月 17—27 日	斯宾诺莎感激波义耳回复，对该回复再做出回应。斯宾诺莎称已经匿名出版《笛卡尔哲学原理》

---

①　以下各书信的标号，如 y）、I 等，为 MEGA² 原标号。

续表

通信对象及时间	信件提要
X 奥尔登堡来信 1663 年 7 月 31 日	奥尔登堡索求《笛卡尔哲学原理》；展示波义耳的新书和空气弹性学说实验，请求斯宾诺莎予以点评
XI 奥尔登堡来信 1663 年 8 月 4 日	为斯宾诺莎寄去上封信中提到的波义耳新书，再次询问其关于实验意见，再次索要斯宾诺莎新书
XIII 致信奥尔登堡 1665 年 5 月	1665 年 4 月奥尔登堡曾致信斯宾诺莎，打算寄去虎克《显微术》和波义耳的最新文章。斯宾诺莎予以回应，批评笛卡尔土星不围绕其轴心转的说法
XIV 奥尔登堡来信 1665 年 10 月 12 日	索求斯宾诺莎论述《圣经》的最新论著；鼓励斯宾诺莎发表思想研究成果
XV 致信奥尔登堡 1665 年 11 月	回应奥尔登堡提出的两个问题：第一，我们根据什么理由相信自然的每一部分与整个自然相一致，与其他部分相联系？第二，笛卡尔的运动定律是否几乎完全错误？
XVI 奥尔登堡来信 1665 年 12 月 8 日	奥尔登堡称没完全读懂斯宾诺莎的解释，请求再释明。谈到惠根斯撞球实验、牛津大学关于牛羊气管塞满了青草的解剖学观察、人血里有奶质发现。询问是否犹太人将要返回祖国
XVII 奥尔登堡来信 1675 年 6 月 8 日	告诉斯宾诺莎自己曾对《神学政治论》发表过看法；询问斯宾诺莎关于宗教的观点
XVIII 奥尔登堡来信 1675 年 7 月 22 日	奥尔登堡获悉斯宾诺莎要出版《伦理学》第五部分，劝告他不要触犯宗教道德，索求著作印刷本
XIX 致信奥尔登堡 1675 年 9 月	斯宾诺莎称有人造谣他要出版论证神不存在的书，以致他遭到神学家和当局反对；希望奥尔登堡指出《神学政治论》费解之处以便添加注释
XXI 致信奥尔登堡 1675 年 11 月或 12 月	在收到 9 月的信件后，奥尔登堡曾回复关于《神学政治论》的三点想法。其一，混淆神与自然。其二，抛弃奇迹的权威。其三，无视基督救赎思想。斯宾诺莎逐一作回应。询问奥尔登堡 7 月 22 日来信中劝他"触犯宗教道德不要发表"的到底是什么？

通信对象及时间	信件提要
XXIII 致信奥尔登堡 1675 年 12 月	收到上封致信后，奥尔登堡指出他说的触犯宗教道德的是"所有的事物和行动都服从命定的必然性"的观点。斯宾诺莎于是就该问题作出回复
XXV 致信奥尔登堡 1676 年 2 月 7 日	在收到 12 月的信件后，奥尔登堡再次去信阐发自己反对万物命定论的观点。斯宾诺莎因此再次作出回复
XXVI 西蒙·德·福里来信 1663 年 2 月 24 日	福里是阿姆斯特丹"斯宾诺莎小组"的成员。来信向斯宾诺莎报告小组研读斯宾诺莎若干命题的情况，并去信请教老师解答
XXVII 致信西蒙·德·福里 1663 年 3 月	回应福里提出的疑难。斯宾诺莎称自己有两种界说，一种是说明某种存在于思想之外的事物，另一种是说明我们所设想的或者我们所能设想的事物。阐明自己关于实体和属性的界说
XXVIII 致信西蒙·德·福里 1663 年 3 月	补充回答福里的问题：为了知道某一属性是否正确，我们是否需要经验？
XXIX 致信路德维希·梅耶尔 1663 年 4 月 20 日	梅耶尔曾来信，询问斯宾诺莎关于无限的问题。斯宾诺莎予以回应。解释四个概念：实体、样式、永恒、绵延。批评逍遥学派误解古人关于神存在的证明
XXX 致信彼得·巴林 1664 年 7 月 20 日	巴林来信，称他在孩子健康时便听到孩子如同病死前的呜咽。斯宾诺莎认为那只是巴林的想象，并进而解释什么是"想象"
LXXIV 致信阿尔伯特·博许 1675 年 12 月	阿尔伯特·博许曾是斯宾诺莎的学生，后来皈依天主教，1675 年 9 月致信斯宾诺莎要求回到天主教义。斯宾诺莎回信予以痛斥

三、摘抄笔记不宜过度诠释

要激活这些"只抄不述"的文本，非引入解释学的手段不可。第一种意义再生产的途径是将它们放入马克思的生活经历中考察。马克思为什么要摘抄斯宾诺莎的著述呢？学界有四种说法：（1）它只是马克思日常阅读的摘录笔记；（2）博士论文的准备材料；（3）马克思为获取波恩大学教职所准备的长篇论文的准备材料；（4）马克思为获得波恩大学教师资格而做的备考笔记。杨思劢博士认为前两种说法不太能站得住脚。首先，笔记并非全部由马克思亲笔所写，也有另外委托他人摘抄的部分，似乎与随读随抄的日常阅读习惯相悖。其次，这些笔记主题集中，也不似信手偶得的产物。最后，部分笔记摘录时间晚于博士论文完稿时间，且其主题远非博士论文所能涵盖。对此，杨博士更青睐于第三种说法，亦即把《柏林笔记》作为另一篇论文的准备材料。① 第四种说法是李乾坤博士所补充说明的。其主要依据是鲍威尔曾给马克思致信传授获取教职的经验："在柏林考试通常主要总是围绕着亚里士多德、斯宾诺莎和莱布尼茨转，没有别的。好好干吧！"②《柏林笔记》摘抄的对象恰好与鲍威尔透露的"考纲"吻合。那么，当年波恩大学的教师资格考试到底只是需要提交论文，还是另设了口试、笔试？我们对此不得而知。若是前一种情况，那么（3）和（4）说的就是同一件事；若是后一种情况，则会导致对《柏林笔记》历史地位评价上的微妙差别。为写作论文而准备的笔记必然带着更强的主观性，也更能反映马克思这个阶段的思考成果；而为应付考纲准备的笔记，主观性则少些，甚至只是一个备忘录。

第二种激活文本意义的方法是互文解释法。例如通过对比《神学政治论》的原文和马克思的摘录情况，判断马克思更关注哪些问题，更同意哪些观点。③ 又如比较马克思的摘录文本、《神学政治论》和《圣经》三者，认为马克思和斯宾诺莎在应对前人所遗留的文本时采取的是同样的阅读方法。④ 也有研究者因为斯宾诺莎谈到犹太政治，便猜想马克思写作《论犹太人问题》时关于犹太教的知识或受益于柏林时期的摘录笔记。⑤ 马克思不从教义辩证的角度去指责鲍威尔错读犹太教义，而是指出宗教问题的地基是市

---

① 杨偲劢. 《柏林笔记》初探：文献状况与思想图景 [J]. 山东社会科学，2018（4）：15-22.

② 李乾坤. 马克思柏林笔记文本群的形成、内容及其意义 [J]. 南京大学学报（哲学·人文科学·社会科学），2020（3）：10-16.

③ 内田弘. 马克思的斯宾诺莎《神学政治论》研究的问题像 [J]. 由阳，译. 当代国外马克思主义评论，2016（1）：249-279.

④ 冯波. 斯宾诺莎与马克思 [M]. 南京：江苏人民出版社，2019：170.

⑤ RUBEL M，MANALE M. *Marx without myth：A chronological study of his life and work* [M]. Oxford：B. Blackwell，1975：22-23.

民社会，这同斯宾诺莎把犹太教还原为世俗政治策略有异曲同工之妙。可是，《论犹太人问题》是否已经代表历史唯物主义的成熟形态了呢？本书认为，以上研究充分体现了诠释者主观上的机智，无疑是一种借古人之口表达自身观点的有效手段。可是马克思的摘抄笔记只抄不论，仅仅凭借其打乱的摘抄次序，以及"抄了什么没抄什么"的文本对比，恐不足以猜度作者本人的心思。退一步来讲，即便研究者真能猜度到马克思柏林笔记时的思想，它能够直接代表马克思主义哲学对斯宾诺莎总的联系吗？认为马克思天生就是马克思主义者，很有可能把唯心主义时期的思想当成科学世界观的内容。为此，即便要强行运用解释学手段为摘抄笔记"赋意"，回到马克思本人科学世界观的形成和发展的历程予以宏观把握也是必不可少的步骤。

第二节　便宜运用斯宾诺莎的思想精髓

一、适时引证只言片语

马克思对斯宾诺莎箴言最早的引证，可见于写作博士论文时期《关于伊壁鸠哲学的笔记》的笔记四。马克思先赞赏了卢克莱修《物性论》的勇敢：人们把宗教踩在脚下，以自由的精神成为世界之主宰。马克思这时候的态度同他受布鲁诺自我意识哲学的影响是分不开的，自我意识否定一切，于是反过来把主体抬到了凌然万物的上帝位置。那么很显然，那些主张自我之渺小、理性或道德之伟大的哲学家便遭到了马克思的唾弃。为此，马克思嘲讽斯宾诺莎"被赶出了教堂并且失去了永恒的精神快乐，于是也不得不以想象中的个人幸福来哄骗自己，夜里梦见自己"。也在此处，马克思引证了《伦理学》最后一个命题："幸福不是对美德的奖赏，而是美德本身。"[1] 单就所引此句来说，斯宾诺莎似乎认为幸福就是一种遵从理性才能得到的幸福，马克思也是在这个意义上讥讽他的。但事实上斯宾诺莎谈的是"并不是因为我们克制情欲，我们才享有幸福，反之，乃是因为我们享有幸福，所以我们能

---

[1] 中共中央马克思恩格斯列宁斯大林著作编译局．马克思恩格斯全集：第40卷[M]．北京：人民出版社，1982：112.

够克制情欲"①。我们大可不必纠结于马克思有没有误读斯宾诺莎，事实上斯宾诺莎话里话外有着双重意味。第一重是马克思所读出来的、认为幸福是理性完美克制了情欲的状态。第二重则是幸福是专属于能够克制情欲的"我们"的，这个我们在斯宾诺莎的语境里其实指的就是拥有理智的人。《伦理学》写到第五部分，在"神即自然""万物命定""就其自我保存之生命力而言众生平等"等观点中，已经上升为"只有理智之人可享至福"的立场，亦即确立了人相对于其他物种、相对于整个世界的优越性。这种世界观同自我意识哲学是有所相通的。不过对于马克思来说，斯宾诺莎大部分时间里都充当着"实体"的代言人，哪怕到后来的《神圣家族》亦是如此。

出于论战的需要，马克思曾多次正面引用过斯宾诺莎的名言"无知不是论据"来讥讽对手。例如，施奈德和纽伦贝格尔曾指责古希腊人"不知道如何把原子的质和它的概念结合起来"，马克思在博士论文中指责说，此两人没有读懂古希腊的哲学家就声称他人"不知道"，实则是这两人自己的无知。② 又如，施蒂纳把法国大革命中的滥杀归结为"僧侣主义"对"个人世俗利益"的侵害，把鲜活而复杂的历史要素统统淹没在概念里，马克思在《德意志意识形态》中又以斯宾诺莎的箴言予以讥讽。③ 冯波博士对该箴言的出处以及斯宾诺莎对"无知"的具体诠释都作了十分详细的考证，本书不再转述。④ 但是本书并不认为这句话对马克思本人的独到见解产生了什么实质性的影响。即便从常理的角度来看，无知也不能充当任何论据。况且就语境来说，马克思不过随口抛出句"名人名言"来指责对手无知，即便在此删去此引，也无损于马克思的表述意味。与此相仿的还有马克思对斯宾诺莎"真理是它自己和虚伪的试金石（Verum index sui et falsi）"的引用。⑤ 该句原文出自《伦理学》第二部分命题四十三的附释："真理即是真理自身的标

① 斯宾诺莎. 伦理学［M］. 贺麟，译. 北京：商务印书馆，1997：266.
② 中共中央马克思恩格斯列宁斯大林著作编译局. 马克思恩格斯全集：第40卷［M］. 北京：人民出版社，1982：218.
③ 中共中央马克思恩格斯列宁斯大林著作编译局. 马克思恩格斯全集：第3卷［M］，北京：人民出版社，1956：193-194.
④ 冯波. 斯宾诺莎与马克思［M］. 南京：江苏人民出版社，2019：56-73.
⑤ 中共中央马克思恩格斯列宁斯大林著作编译局. 马克思恩格斯全集：第1卷［M］. 北京：人民出版社，1960：15.

准，又是错误的标准。"① 据说贺麟先生盛赞该句话为唯理论的"定海神针"，每次课上提及它时都"两眼放光"。② 该论断对于斯宾诺莎哲学的确是拱顶石，可马克思使用该名言时不外乎是为了批评普鲁士书报检查官以其个人意志阻碍书籍发行掩盖"真理"的行为，其用意无非凸显真理的客观性——纯粹援引古语修饰文章的风雅之举罢了。后来阿尔都塞把它与认识论断裂相联系，已经远远超出了马克思的语境。事实上无论是斯宾诺莎还是阿尔都塞，把真理当成自身的标准的说法，都同"实践是检验真理唯一标准"的真理观是截然相反的。

斯宾诺莎还有一句颇受马克思青睐的名言："规定即否定。"黑格尔曾对它作过批判性的考察，也给深谙黑格尔哲学史的马克思留下了深刻的印象。马克思在两个文本里运用了这句话。一个是《1857—1858 年经济学手稿》的"导言"部分。马克思谈道"生产行为本身就它的一切要素来说也是消费行为"时，认为它们正好体现了斯宾诺莎的命题："规定就是否定。"③ 马克思自己也认为，生产性消费是以往的"经济学家所承认"的，也就是说它不是一个新概念，更不是一个把斯宾诺莎学说运用到政治经济学批判里才得出的结论。这里只是把生产性消费比喻成斯宾诺莎的命题。即使不懂斯宾诺莎，也无损于人们把握生产性消费的含义。到《资本论》里，马克思又在不同的语境里挪用斯宾诺莎的命题。当庸俗经济学家把"节欲"视为资本积累的手段，马克思批评道："人的一切行动都可以看作他的相反行动的'节欲'……这些先生们应当想一想斯宾诺莎的话：规定就是否定。"④ 马克思把"规定即否定"与"肯定即双重否定"当成同一个东西：一个行动（肯定），是其反面（否定）的节欲（再否定）。它跟《1857—1858 经济学手稿》的读解是不同的。在那里，生产与消费合一是规定面与否定面的直接统一，而不是语义逻辑上的双重否定关系。如果按照时下流行的分析哲学的标准，

① 斯宾诺莎. 伦理学［M］. 贺麟，译. 北京：商务印书馆，1997：82.
② 张祥龙. 西方哲学笔记［M］. 北京：北京大学出版社，2005：250.
③ 中共中央马克思恩格斯列宁斯大林著作编译局. 马克思恩格斯文集：第 8 卷［M］. 北京：人民出版社，2009：14.
④ 中共中央马克思恩格斯列宁斯大林著作编译局. 马克思恩格斯文集：第 8 卷［M］. 北京：人民出版社，2009：688.

马克思恐有前后不一致之处。本书更倾向于认为，马克思只是在比喻的意义上引证，其目的是让文章更加生动而非进行学术论证。

二、与其他思想家并列

马克思第二类提及斯宾诺莎名字的场景是将他与其他哲学家进行简要的对照。例如《关于伊壁鸠哲学的笔记》提道：

> 从一方面看，就算可以同意鲍尔的这种意见，即没有一种古代世界的哲学体系（像）柏拉图哲学体系那样具有深刻的宗教性质。但这不过是说，没有一个哲学家曾以这样强烈的宗教激情教导哲学，没有任何一个哲学家的哲学具有这样多可以说是宗教仪式的规定性和形式。对于亚里士多德、斯宾诺莎和黑格尔这样一些更激烈的哲学家说来，他们的态度本身具有更普遍的形式，而不是那么沉湎于经验的感情之中。但正因为如此，他们的激情就更富有内容，更热烈，对启蒙教育的社会精神更为有益——亚里士多德以这种激情颂扬"理论认识"是最美好的，是"最令人愉快的和最卓越的"，或者在《论动物的本性》这篇论文中赞美自然的理性；斯宾诺莎以这种激情论述关于"从永恒的角度"观察世界，关于对神的爱或关于"人类精神的自由"；黑格尔以这种激情揭示观念的永恒存在，精神世界的庞大机体。因此，柏拉图的激情在达到登峰造极时就使他变得如痴如狂，而亚里士多德、斯宾诺莎和黑格尔的激情则燃烧成纯洁的理想的科学之火；因此前者只是个别人的感情的加温器，而后者则成为世界历史进程中生气勃勃的精神。①

这里所提到的鲍尔，是写作《柏拉图主义中的基督教成分》的神学博士斐·克·鲍尔（Ferdinand Christian Baur）。鲍尔提出，柏拉图主义较之其他的古希腊哲学，带着更深刻的宗教性质。马克思对此并不完全同意，他认为不仅柏拉图的哲学，以往其他的哲学本质也是宗教的。当然，此处的"宗教"主要指的是基督教，或者本质上必然基督教化的宗教。它代表着一种将世界统一化、并认为我们最终能够抵达上帝面前而获得其救赎的激情。用后

---

① 中共中央马克思恩格斯列宁斯大林著作编译局. 马克思恩格斯全集：第40卷[M]. 北京：人民出版社，1982：140-141.

现代时髦的术语来讲，哲学就是一种强制同一的话语，而强制同一的根源在于一神论的宗教实践。柏拉图虽然在其理念王国的设计里引入许多宗教仪式，但他绝非唯一的哲学与宗教结合的典范。亚里士多德、斯宾诺莎、黑格尔等人虽然不强调宗教仪式的重要性，但他们对普遍精神的向往本身就是基督教化了的哲学。宗教仪式只是一些引起个人感情的手段，而普遍精神才能引领世界历史进程。看起来专注于人类理性的哲学，比起在论述里谈及种种宗教实践的哲学更接近于宗教。

马克思的这处引文是在赞赏斯宾诺莎吗？不完全是。我们犹且记得《关于伊壁鸠鲁哲学的笔记》第四笔记本里，马克思刚用辛辣的笔触讽刺斯宾诺莎自我麻痹、把宗教的幸福当成真正的幸福。上述引文看似赞赏斯宾诺莎等人，实则只是在同柏拉图对比的语境里予以赞赏。柏拉图沉溺于个别人的感情，斯宾诺莎等人好歹超越了经验的个人而把握住了世界历史进程中的时代精神。但我们要注意，马克思此时的世界历史观同后来《德意志意识形态》的世界历史观是不同的。在鲍威尔自我意识哲学的影响下，以往的受基督教支配的世界历史是应当遭受自我意识批判的历史，概括了时代精神的实体哲学当然也是受到自我意识批判的对象。本书认为，上述引文的赞赏实则是一种更深层次的批判。借用一个马克思后来的比喻，如果说"宗教是人民的鸦片"，鲍尔等神学教授只能看到柏拉图拙劣的鸦片制品，而看不到斯宾诺莎哲学是更有害更隐蔽的糖衣炮弹。

马克思始终把斯宾诺莎看成一个唯理论者。他对斯宾诺莎态度的不同，是随着他对理性与迷信、哲学与宗教间关系的看法的转变而转变的。写于1842年夏天的《第179号"科伦日报"社论》便是思想转变后的产物。在这里，哲学不再完全被当作基督化了的哲学。哲学也可以是人权的阐明者，"哲学所要求的国家是符合人性的国家"①。对于斯宾诺莎，马克思赞赏道：

> 马基雅弗利、康帕内拉和其后的霍布斯、斯宾诺莎、胡果·格劳修斯，以及卢梭、费希特、黑格尔等都已经用人的眼光来观察国家了，他们是从理性和经验中而不是从神学中引伸出国家的自然规律……最新哲

---

① 中共中央马克思恩格斯列宁斯大林著作编译局. 马克思恩格斯全集：第1卷[M]. 北京：人民出版社，1960：126.

学只是承继赫拉克利特和亚里士多德所开始的工作。①

"用人的眼光来观察国家",同后来《德意志意识形态》里的赞誉是一致的:

> 姑且不谈更早时期的思想家,就是从近代马基雅弗利、霍布斯、斯宾诺莎、博丹,以及近代的其他许多思想家谈起,权力都是作为法的基础的,由此,政治的理论观念摆脱了道德,所剩下的是独立地研究政治的主张,其他没有别的了。②

马克思对斯宾诺莎学说态度的转变,既同《柏林笔记》对《神学政治论》的细致阅读有关,也同马克思离开学院不得不对"物质利益发表意见"的立场转换有关。单纯的以自我意识为尺度去否定物质利益,或者简单地把它归结为由于宗教迷信所造成的特殊利益是不够的。必须肯定物质利益在人类社会发展中的基础性作用,并以此解释政治国家的建构,才能摆脱神学世界观的束缚。《神学政治论》以其超前的、大胆的批判告诉人们,先知只是国家领袖,圣言只是统治手段。因此需要从统治术里理解《圣经》,而不是反过来从教条里构思理想王国。阿尔都塞晚年对斯宾诺莎政治学表现出近乎痴狂的偏爱。可是,将神学和哲学政治化是否就是历史唯物主义的全部面貌呢?本书认为,斯宾诺莎的政治学,的确是促使马克思突破青年黑格尔宗教批判话语体系的重要来源,但绝非唯一来源。如同马克思所点明的,马基雅维利、霍布斯乃至于黑格尔的国家学说都对他有所启发。并且,只回到世俗利益的地基是远远不够的,必须在生产力与生产关系的辩证运动里把握世俗政治的内在本质,而不能止步于经验层面的运筹帷幄。

三、简要解剖哲学体系

马克思还有两处意思相近的关于斯宾诺莎的著名论述。一处是 1858 年 5 月 31 日给拉萨尔的信件中,马克思提到斯宾诺莎"体系的实际的内部结构

---

① 中共中央马克思恩格斯列宁斯大林著作编译局. 马克思恩格斯全集:第 1 卷[M]. 北京:人民出版社,1960:128.

② 中共中央马克思恩格斯列宁斯大林著作编译局. 马克思恩格斯全集:第 3 卷[M]. 北京:人民出版社,1956:368.

同他自觉地提出的体系所采用的形式是完全不同的"①。另一处是 1879 年 4 月 10 日给马克西姆·马克西莫维奇·科瓦列夫斯基的信件中,马克思又提道,"斯宾诺莎认为是自己体系的基石的东西和实际上构成这种基石的东西,两者完全不同"② 到底怎么个不同法?马克思没有给出详细的论证,仿佛该判断是个学界公论,收信人理应知悉。大师的留白处总能引起后人无限遐想。日本学者柄谷行人在其著作的开头引述了马克思给拉萨尔的信件,紧接着指出,马克思关于斯宾诺莎体系双重结构的看法也适用于马克思的作品本身。随后他便自然而然地过渡到对马克思阅读方法以及如何以此阅读方法来阅读马克思著作的讨论。③ 柄谷行人不是第一个如是解读马克思著作的学者。阿尔都塞《读〈资本论〉》已强调过,斯宾诺莎是世界上第一个对阅读提出问题的哲学家,应当迂回到斯宾诺莎的阅读方法来读解马克思的著作。④ 他们两人的诠释完全背离了马克思的语境。

　　我们先来看马克思写给拉萨尔的信。信件主要谈论的是马克思对于拉萨尔新作《爱非斯的晦涩哲人赫拉克利特的哲学》的看法。从 1857 年 5 月 8 日给恩格斯的信件里可以看出,马克思对拉萨尔以及这本书抱有鄙夷的态度:"这个家伙拼命追求荣誉,无缘无故写了七十五印张论述希腊哲学,他这种可笑的虚荣心会使你发笑。"⑤ 同年 12 月 22 日,马克思又给恩格斯写信,嘲笑"威武的拉萨尔"因为经济学方面的失败转而研究哲学,完全是沽名钓誉的做法。⑥ 次年 1 月 28 日马克思给恩格斯的信件里提道,"看样子这

① 中共中央马克思恩格斯列宁斯大林著作编译局. 马克思恩格斯全集:第 29 卷 [M]. 北京:人民出版社,1972:540.

② 中共中央马克思恩格斯列宁斯大林著作编译局. 马克思恩格斯全集:第 34 卷 [M]. 北京:人民出版社,1972:344.

③ 柄谷行人. 马克思,其可能性的中心 [M]. 中田友美,译. 北京:中央编译出版社,2004:4.

④ 阿尔都塞,巴里巴尔. 读《资本论》[M]. 李其庆,冯文光,译. 北京:中央编译出版社,2001:5-6.

⑤ 中共中央马克思恩格斯列宁斯大林著作编译局. 马克思恩格斯全集:第 29 卷 [M]. 北京:人民出版社,1972:127-128.

⑥ 中共中央马克思恩格斯列宁斯大林著作编译局. 马克思恩格斯全集:第 29 卷 [M]. 北京:人民出版社,1972:228.

本书充满了老年黑格尔派的精神"①。几天过后，马克思大致读完了拉萨尔的著作，2月1日又给恩格斯写信：

> 大多数语文学家都不具备赫拉克利特常用的思辨概念，所以每个黑格尔分子都有无可争辩的特长——能理解语文学家所不理解的东西……拉萨尔先生不是简单地把这一点看成不言而喻的事情，而是把这一切用冒牌的莱辛方式奉送给我们。这是以烦琐的法学家方式的黑格尔的解释去反对语文学家因缺乏专门知识而弄错的解释。这样一来，我们就得到双重的享受：首先，给我们完整地复制了我们几乎已逐渐淡忘的辩证事物；其次，给我们拿出这种"思辨的遗产"，把它当做拉萨尔先生一种特别的语言学和法学方面的博学多才去反对非思辨的语文学家。可是，不管这个家伙怎样大言不惭，说什么赫拉克利特是迄今为止的一部深奥的著作，其实他对黑格尔在《哲学史》中所说的绝对没有加进一点新的东西。②

马克思认为，语文学家们之所以不能像拉萨尔那样阅读赫拉克利特，只是因为他们欠缺专门的关于思辨的知识。但对于熟知黑格尔哲学的内行人来说，这种阅读只是抄袭了黑格尔的《哲学史》，亦即抄袭了黑格尔把赫拉克利特吸收为自身体系之环节的论述。马克思所嘲笑的拉萨尔的阅读方法，同阿尔都塞与柄谷行人的阅读方法相似，即更换一套话语体系后从时人所理解的古人那里去读出古人"没有"的东西。这种新东西不是真正意义上的前无古人的新东西，而是相对于特定话语体系内部的新奇事物，是黑格尔哲学给语文学家带来的新奇体验。平心而论，今天许多学者能凭借所谓的"视差"打破学科和地域壁垒已经很不错了。但马克思追求的是哲学世界观的根本变革。因此拉萨尔的书在他看来实在是十分"无聊的作品"。面对无聊的著作，马克思也作出虚与委蛇的点评，1858年5月31日给拉萨尔寄去书评的同时，马克思给恩格斯写了另一封信：

---

① 中共中央马克思恩格斯列宁斯大林著作编译局. 马克思恩格斯全集：第 29 卷 [M]. 北京：人民出版社，1972：257.

② 中共中央马克思恩格斯列宁斯大林著作编译局. 马克思恩格斯全集：第 29 卷 [M]. 北京：人民出版社，1972：263.

请你宽恕，我不得不对《晦涩哲人赫拉克利特》加以赞扬。在顺便提出的一些无关紧要的意见中——因为赞扬只有在批评的衬托下才显得是认真的——我也稍稍暗示了一下著作中的真正缺点。①

马克思写信给拉萨尔，希望他能够"解除它在黑格尔那里所具有的神秘外壳"。但这个任务对拉萨尔来说是完全不可能的。如同 1858 年 2 月 1 日的信件所指出的那样，拉萨尔对赫拉克利特的高深理解完全照搬黑格尔《哲学史》，他怎么可能既运用黑格尔的话语体系又反过来予以批判呢？所以马克思与恩格斯说，他的意见是"无关紧要"的。随后，马克思十分隐晦地暗示了拉萨尔抄袭前人的根本缺陷：

你在写作中必须克服的困难，我尤其清楚，因为十八年前我曾对容易理解得多的哲学家——伊壁鸠鲁进行过类似的工作，也就是说，根据一些残篇阐述了整个体系。不过，我确信这个体系，赫拉克利特的体系也是这样，在伊壁鸠鲁的著作中只是"自在地"存在，而不是作为自觉的体系存在。即使在那些赋予自己的著作以系统的形式的哲学家如象（像）斯宾诺莎那里，他的体系的实际的内部结构同他自觉地提出的体系所采用的形式是完全不同的。②

拉萨尔的写作果真"困难"吗？马克思在 2 月 1 日的信件里讽刺道："每一个内行人都知道，只要有时间和金钱，并且像拉萨尔先生那样，能够随心所欲地叫人直接把波恩大学图书馆的书送到家里去，这种引文展览是不值什么钱的。"在马克思看来，拉萨尔把想说的话说清楚，"两个印张自然就完全够了"，写成六十印张的两卷书简直就是糟蹋钱。③可见，马克思是在反讽的意味上使用"困难"一词的。拉萨尔读出来的内容，是赫拉克利特自觉承认的体系吗？并不是。而是黑格尔指认出来的体系。如果用德国古典哲学颠倒的、思辨的语言，只有到黑格尔处，赫拉克利特的体系才从自在上升为

① 中共中央马克思恩格斯列宁斯大林著作编译局. 马克思恩格斯全集：第 29 卷[M]. 北京：人民出版社，1972：317.
② 中共中央马克思恩格斯列宁斯大林著作编译局. 马克思恩格斯全集：第 29 卷[M]. 北京：人民出版社，1972：540.
③ 中共中央马克思恩格斯列宁斯大林著作编译局. 马克思恩格斯全集：第 29 卷[M]. 北京：人民出版社，1972：263.

自为。十八年前写作伊壁鸠鲁哲学的马克思已经充分意识到这一点，拉萨尔到底是果真无知还是不承认抄袭呢？按照马克思的反讽口气，接下来对于斯宾诺莎体系的判断就不是从正面规定的意义来说的了。其大意是说，不仅像伊壁鸠鲁和赫拉克利特这些只有残篇没有自觉体系的哲学家落入黑格尔的体系罗网，连斯宾诺莎这种自觉建立体系的哲学家也逃不出黑格尔的魔爪。为此，马克思当然不会再进一步论述斯宾诺莎到底有哪些"实际的内部结构"，他只不过想说明经由黑格尔解释的哲学家，同哲学家自己所自觉阐发的内容是不同的。马克思讽刺之余也有谆谆教诲之意，即劝拉萨尔莫要再在黑格尔体系里兜圈子，超出黑格尔的眼睛看赫拉克利特，如此才能真正达到批判黑格尔的目的。

1879 年 4 月 10 日给科瓦列夫斯基的信件里，马克思在相近的意义上再次搬出斯宾诺莎体系的双重结构论。这封信讨论的内容是尼·卡列夫《18 世纪最后二十五年法国农民和农民问题》。马克思认为卡列夫错解了重农学派，卡列夫说重农学派只是把农业和工业、商业对立起来，但事实上只有在农业体系里才能发现土地占有者、资本家和耕种土地的工人三者的相互关系。魁奈是最初的奠基者。于是马克思转到对魁奈的点评上来：

> 对一个著作家来说，把某个作者实际上提供的东西和只是他自认为提供的东西区分开来，是十分必要的。这甚至对哲学体系也是适用的：例如，斯宾诺莎认为是自己体系的基石的东西和实际上构成这种基石的东西，两者完全不同。因此，毫不奇怪，魁奈的某些拥护者，如里维埃尔的迈尔西埃之流，认为妻的动产是整个体系的实质，而 1798 年从事写作的英国重农学派却与亚·斯密相反，根据魁奈的学说第一次证明了消灭土地私有制的必要性。[①]

如果把谈及斯宾诺莎的句子单拎出来，好似马克思真的提出斯宾诺莎体系的双重性。但事实上马克思说的是，作者实际上提供给后人的东西与他自认为提供给后人的东西是不同的，换言之，也就是后人所理解的东西、与作者自认为后人应当理解的东西是不同的。正因此，接在论述斯宾诺莎的句子

---

① 中共中央马克思恩格斯列宁斯大林著作编译局. 马克思恩格斯全集：第 34 卷 [M]. 北京：人民出版社，1972：343-344.

后面的，是两种关于魁奈体系之实质的不同理解，而非对魁奈或斯宾诺莎体系之实质的阐明。这里丝毫无关乎"实际上构成这种基石的东西"究竟是什么，只关乎斯宾诺莎对自己体系的看法与后人认为他的体系的"实际上"的基石不同。要么是后人的理解，要么是斯宾诺莎自己的理解。如果无视文本客观、"自在"的意义，恐怕便像当年的拉萨尔那样陷入特定的主观性诠释模式而不自知。

阿尔都塞、柄谷行人等研究者比拉萨尔高明。他们不仅知道任何诠释必然带着诠释者的主观性，而且强调应当把主观性贯彻到马克思本人的著作里面。这种解读方法在特定的历史语境下，尤其在反对教条主义诠释模式的语境下，是发挥过积极作用的。但任何诠释都应当扎根于文本的大地。随意抽出只言片语借题发挥，恐怕会成为后现代拼贴式的文学创作。马克思书信里关于斯宾诺莎的论述是在反讽或类比的意义上使用的，不宜将它们看作研究两人思想关系的有效依据。

第三节　专题评论斯宾诺莎

一、与法国唯物主义对立的形而上学

《神圣家族》第六章第（3）节（d）小目聚焦于三个世纪的哲学思想。一是"17世纪的形而上学"，它们的代表人物是笛卡尔、马勒伯朗士、斯宾诺莎和莱布尼茨。二是"18世纪的法国启蒙运动"，当然也包括18世纪的法国唯物主义，它同17世纪的形而上学展开了激烈斗争并击败了它们。三是19世纪的德国思辨哲学尤其是黑格尔哲学，它复辟了17世纪的形而上学，但旋即为费尔巴哈所代表的和人道主义相吻合的唯物主义所战胜。在马克思看来，17—19世纪的哲学史表现为一种"差异与重复"的过程，17世纪的形而上学到19世纪初的德国思辨哲学是一次重复，18世纪的法国启蒙哲学到19世纪三四十年代的人道主义的唯物主义又是一次重复。不能像鲍威尔那样把哲学史视为一个连续的由实体发展到自我意识，进而以自我意识来否定以往全部哲学成果的思想序列。为了说明鲍威尔的谬误，马克思详细地谈

论了 18 世纪法国唯物主义的多线头来源。

> 法国唯物主义有两个派别：一派起源于笛卡儿，一派起源于洛克。后一派主要是法国有教养的分子，它直接导向社会主义。前一派是机械唯物主义，它汇入了真正的法国自然科学。这两个派别在发展过程中是相互交错的。①

笛卡尔不是 17 世纪形而上学的代表吗？在马克思看来，笛卡尔的形而上学同他的物理学是分开的。不仅笛卡尔自己把它们分开，笛卡尔哲学的几个法国学徒们也是如此。例如医师勒卢阿把笛卡尔关于动物结构的学说用于描述人的身体，把灵魂和思想视为肉体的样式与运动。勒卢阿甚至声称物理学才是笛卡尔的真谛，以至于笛卡尔本人都不得不提出抗议。也就是说，从 17 世纪笛卡尔形而上学诞生的那一刻起，它的唯物主义的对立面也随之诞生了。17 世纪绝非只是"形而上学"的世纪，也是反形而上学萌芽的世纪。但是 17 世纪形而上学最初同实证科学的结合还是较为紧密的，笛卡尔、莱布尼茨等人在数学和物理学等方面都取得了较为丰硕的成果。直到 18 世纪实证科学才脱离形而上学，把自己视为一门独立的科学部门。与此相较，伽桑狄、培尔等 17 世纪的反形而上学阵营大多没同实证科学相结合，它们只是以否定的、怀疑的方式对形而上学展开批判。

在这样的背景下，洛克的《人类理解论》作为一种肯定的、反形而上学的体系受到了欢迎。洛克受益于培根。培根第一个指出："科学是经验的科学，科学就在于用理性方法去整理感性材料。归纳、分析、比较、观察和实验是理性方法的主要条件。"② 这个说法在黑格尔看来是绝对不能接受的。黑格尔心目中的"科学"或"哲学"是精神自身的运动，而非以主体之理智去把握客体之固有运动规律的经验科学。马克思赞赏培根，并非意在把哲学降格为实证科学，而是力图从英国经验论里引出一条把哲学与实证科学紧密结合的线索，以便弥补 17 世纪法国反形而上学阵营停留于否定性的不足。但

① 中共中央马克思恩格斯列宁斯大林著作编译局．马克思恩格斯文集：第 1 卷 [M]．北京：人民出版社，2009：327-328.
② 中共中央马克思恩格斯列宁斯大林著作编译局．马克思恩格斯文集：第 1 卷 [M]．北京：人民出版社，2009：331.

是培根多以格言形式表述其学说，不能从理智上论证知识的真正起源，还带着神学的不彻底性。霍布斯为了弥补培根的不足，走向另一个极端。霍布斯认为感性所把握的实体世界只是幻影，真正的科学是给这些幻影命名并对其加以整理。如此一来，唯物主义被发展成"禁欲主义"，并遗忘了知识起源于感性世界的基本原则。只有到洛克处，霍布斯和培根各自的长处才得以综合：

> 洛克论证了 bon sens 的哲学，即合乎健全理智的哲学，也就是说，他间接地指出不可能有与人的健全的感觉和以这种感觉为依据的理智不同的哲学。①

洛克所"间接说明"的内容，集中反映了法国唯物主义乃至于人道主义的唯物主义的精髓。哲学不仅起源于感觉或理智，而且起源于"健全的人"的感觉或理智。这个判断完全颠覆了黑格尔的哲学观。哲学不关乎什么绝对真理，而只关乎人所能把握的真理。

法国唯物主义围绕着什么是健全人的感觉和理智而展开，并把道德建立在它的基础之上。马克思展示了三种代表性的观点。第一种来自孔狄亚克。他认为人的感觉是由经验和习惯所培育的，因此人的全部发展取决于教育和外部环境。第二种来自爱尔维修，它认为人天生受制于欲望和享乐。第三种来自拉美特利和霍尔巴赫，他的特点是从物理学、自然科学的角度观察人。后一种观点引向真正的自然科学，前两种观点则成为社会主义和共产主义的先驱，傅立叶、欧文、德萨米、盖伊等思想家都受益于此：

> 既然人是从感性世界和感性世界中的经验中获得一切知识、感觉等等的，那就必须这样安排经验的世界，使人在其中能体验到真正合乎人性的东西，使他常常体验到自己是人。②

我们把（d）小目关于法国唯物主义发展史的脉络总结如下（见表2-3）：

---

① 中共中央马克思恩格斯列宁斯大林著作编译局．马克思恩格斯文集：第1卷［M］．北京：人民出版社，2009：332-333.
② 中共中央马克思恩格斯列宁斯大林著作编译局．马克思恩格斯文集：第1卷［M］．北京：人民出版社，2009：334-335.

表 2-3　《神圣家族》论法国唯物主义发展史

笛卡尔哲学	形而上学	斯宾诺莎、马勒伯朗士、莱布尼茨		17 世纪形而上学	德国唯心论
	物理学	勒卢阿、拉美特利、霍尔巴赫		18 世纪法国唯物主义	真正的法国自然科学
法国反形而上学		伽桑狄、比埃尔·培尔			否定性环节
英国经验论	培根	洛克	孔狄亚克		人道主义的唯物主义、社会主义和共产主义
	霍布斯		爱尔维修		

二、黑格尔哲学的"实体"环节

到（d）小目的结尾，马克思提出一个疑问：鲍威尔究竟为什么把法国唯物主义称作"法国的斯宾诺莎学派"呢？带着这个问题，马克思叩开了把法国唯物主义说成"斯宾诺莎的实体的实现"的黑格尔哲学史的大门。黑格尔的哲学史论述即黑格尔哲学吸收历史上其他哲学的过程，因而马克思通过哲学史的批判，走向了对黑格尔哲学体系的批判。这是"（f）绝对批判的思辨循环和自我意识的哲学"中的核心。

如同马克思在同恩格斯的通信里批判拉萨尔那样，马克思批判鲍威尔的依据也是"绝对批判"没有超越黑格尔的体系。"他用黑格尔的魔术机来强迫'形而上学的范畴'（从现实中抽出的抽象概念）跳出使它们溶化于纯思想的'单纯性'中的逻辑学范围。"① 正确的批判方式应当是从市民社会中寻找哲学王国的真正地基，也就是说，应把实体放在历史科学的视域里予以考量。可是鲍威尔却强迫实体自身演绎出自我意识。自我意识和实体都变成了独立运动的主体，其作为人的属性的根本规定被遗忘了。因此，鲍威尔对实体的批判，只是黑格尔哲学体系的完成：

在黑格尔的体系中有三个要素：斯宾诺莎的实体，费希特的自我意识以及前两个要素在黑格尔那里的必然充满矛盾的统一，即绝对精神。

----

① 中共中央马克思恩格斯列宁斯大林著作编译局．马克思恩格斯文集：第 1 卷 [M]．北京：人民出版社，2009：339.

第一个要素是形而上学地改了装的、同人分离的自然。第二个要素是形而上学地改了装的、同自然分离的精神。第三个要素是形而上学地改了装的以上两个要素的统一，即现实的人和现实的人类。①

鲍威尔以费希特主义为出发点，把自我以外的非我视为自我的设定，再把世界的运动视为自我扬弃非我的历程。本来在费希特以及启发了黑格尔的青年谢林那里，自我设定非我只是作为知识学，亦即作为主体认识世界的思想形式，作为主体和客体的先验同一只是认识论领域的事情。但黑格尔把认识论的规定扩张为本体论的规定，使得主体不再是一个空泛的认识结构，而成为将世界统摄其中的实体。当鲍威尔再把其中的实体因素刬除，自我意识就成了本体论上的绝对的"无"。"无"中怎能生出"有"？为此鲍威尔不得不陷入诡辩。他把非我的世界变成幻觉，宣布它们是幻影，再从贬低幻影中宣告自我的真实性。但事实上，这只是一种思维所构造出来的绝对的否定，离开了被它贬低的内容它便不可能独立存在。马克思的批判同本章第二节第二目所引述的《1844 年经济学哲学手稿》的批判是一致的：绝对的"无"只是人们基于在场事物而对其不在场性的逆向推理。自我意识只是人的自我意识。在本体论的意义上，不是自我创造了非我，而是先有非我的内容，后有自我的形式。按照这个视域，鲍威尔把自我意识的运动当作宇宙运动的说法完全是颠倒的。

那么，从鲍威尔倒退回黑格尔，亦即重新引入斯宾诺莎的实体，又存在着什么问题呢？在马克思的用语里，斯宾诺莎的实体意味着"形而上学地改了装的、同人分离的自然"。当然，这并不是说斯宾诺莎本人的《伦理学》不谈论人，而是指黑格尔所理解的斯宾诺莎的实体，亦即黑格尔本人的哲学体系脱离了人。我们在本章第二节第一目中曾说过，黑格尔不满足于从人的主观性里建立哲学，他力图去把握真理自身。这同洛克以降的唯物主义有着根本分歧——离开了"健全人的感觉和以这种感觉为依据的理智"，哲学是根本不可能的。马克思更为赞同 18 世纪唯物主义的观点，任何哲学都只是经过人类以其特有的感觉和理智所中介的哲学。黑格尔哲学所谓超出该主观

---

① 中共中央马克思恩格斯列宁斯大林著作编译局．马克思恩格斯文集：第 1 卷 [M]．北京：人民出版社，2009：341-342.

性而把握到的"绝对",只不过是人类主观性活动的内部的产物。斯宾诺莎称"神即自然"是不够完整的,正确的说法应当是"神即人化的自然"。

从黑格尔的"绝对"回到主观性的地基,看似回到了开启认识论转向的康德主义。马克思没有否认康德的贡献。在评价作为康德主义继承者的费希特时,马克思的用语只是"脱离自然"而非"脱离人"。但马克思并没有声称回到康德。康德冷酷的认识主体同法国唯物主义鲜活的、有血有肉的人是截然不同的。康德试图规定人类普遍具有的认识结构,而法国唯物主义则从人与其生活环境的关系、从教育等实证科学的角度来理解人具体的认识世界的方式。在康德处主观性的形式与事物自身是截然分离的,而对于法国唯物主义来说两者是统一的。法国唯物主义虽然带着一些普遍的哲学规定,但其立足点都是物质对精神、环境对意识的第一性,这意味着不同的环境便有可能产生出不同的哲学意识。这种哲学指向一种具体的普遍性。换言之,要把握真理,同特定历史环境中的实践活动的深入是须臾不可分离的。即便像康德、黑格尔那样力图在思辨中排除生活环境的干扰,环境还是以铁一样的必然性规定着思辨。换言之,康德和黑格尔的普遍主体、绝对精神,实则只是相对于特定环境、特定历史时代的主观精神。借用马克思揶揄拉萨尔的话,德国唯心论者认为是普遍的东西和实际上构成它的基石的东西是完全不同的。

三、主宾颠倒论的无名始祖

按照(f)小节所勾勒的哲学史线索,17 世纪形而上学曾在德国唯心论里得到复辟,随即屈服于 19 世纪最新的人道主义的唯物主义。费尔巴哈是新哲学的代表,《神圣家族》里称赞他:

> 费尔巴哈消解了形而上学的绝对精神,使之变为"以自然为基础的现实的人";费尔巴哈完成了对宗教的批判,因为他同时也为批判黑格尔的思辨以及全部形而上学拟定了博大恢宏、堪称典范的纲要。①

马克思对费尔巴哈并非毫无保留的。1843 年 10 月 3 日一封写给卢格的

---

① 中共中央马克思恩格斯列宁斯大林著作编译局. 马克思恩格斯文集:第 1 卷 [M]. 北京:人民出版社,2009:342.

信里马克思就提道：费尔巴哈"过多地强调自然而过少地强调政治。然而这一联盟是现代哲学能够借以成为真理的唯一联盟"①，意思就是费尔巴哈尚且不能最终把握住真理。《神圣家族》侧重于对费尔巴哈的功绩予以肯定：完成了"对宗教的批判"，也制定了批判黑格尔形而上学的伟大纲要。这些都是马克思赞同费尔巴哈的地方。到 1845 年春天《关于费尔巴哈的提纲》，马克思写道：费尔巴哈"把宗教世界归结为它的世俗基础"，他的工作还没有完成，仍需要深入研究"世俗基础的自我分裂和自我矛盾"。② 可以看出，马克思始终赞成费尔巴哈对宗教的批判，尤其赞成他对于宗教与世俗基础两者关系的颠倒，只在往前更进一步的时候马克思才与费尔巴哈产生分歧。

上文第二节曾谈到，费尔巴哈对黑格尔哲学的颠倒，是基于对斯宾诺莎之解释而推演出来的实体与属性间关系的颠倒。按照传统形而上学的观点，实体是永恒的、必然的，而属性是暂时的、偶然的。但费尔巴哈认为斯宾诺莎破天荒地提出，实体离开了属性便得不到任何规定，便因其缺乏现实性而有违实体自身的规定，因此是属性决定实体而非实体决定属性。颠倒过来的逻辑是把世俗基础作为上帝本质的哲学前提。《神圣家族》没有像费尔巴哈那样点名赞赏斯宾诺莎的"颠倒"，而是把斯宾诺莎理解为一个实体第一性的哲学家。马克思跟费尔巴哈关于斯宾诺莎学说的判断是相反的。但这并不妨碍马克思吸收费尔巴哈的颠倒说，也不妨碍他用费尔巴哈批判黑格尔和斯宾诺莎。简言之，马克思是一个以真理为最高标准的哲学家，而不是埋头故纸堆力图还原具体学说原初面貌的思想史研究者。《神圣家族》更偏向于黑格尔对斯宾诺莎的诠释，费尔巴哈对斯宾诺莎的读解在马克思看来恐怕只是一种牵强附会的解释。基于思想史时间序列的观察而得出的"斯宾诺莎经由费尔巴哈对马克思所产生的中介性影响"的结论，并不是一个马克思自觉地认可的结论。

这样一来，《神圣家族》实则蕴含着一明一暗两条关于斯宾诺莎的线索。一条是明文示意的，把斯宾诺莎当作"17 世纪形而上学"之代表和黑格尔哲

---

① 中共中央马克思恩格斯列宁斯大林著作编译局．马克思恩格斯全集：第 29 卷 [M]．北京：人民出版社，1972：443.

② 中共中央马克思恩格斯列宁斯大林著作编译局．马克思恩格斯文集：第 1 卷 [M]．北京：人民出版社，2009：500.

学中“实体”环节的线索。另一条是经由费尔巴哈所中介的，把斯宾诺莎视为主词与宾词颠倒论之鼻祖的线索。一方面，普列汉诺夫受到费尔巴哈中介论的影响，把斯宾诺莎视为现代唯物主义的鼻祖。这是完全同《神圣家族》的明线对立的。另一方面，普列汉诺夫因循的又不是严格的费尔巴哈谈论斯宾诺莎的线索。费尔巴哈认为斯宾诺莎的自然界还是思辨的范畴，亦即斯宾诺莎还只是从思辨中推导出主客颠倒，同费尔巴哈本人破除思辨走向感性直观的立场还有较大距离。普列汉诺夫则直接把斯宾诺莎和费尔巴哈两人的立场等同起来，亦即把唯理论者变成了唯物主义者。可问题恰恰在于，马克思只是赞同“颠倒说”，而没有赞同费尔巴哈感性直观的立场。《关于费尔巴哈的提纲》指出，费尔巴哈只从感性直观去理解世界，没有把它当成人的感性的“活动”亦即“实践”去理解。这个“实践”的观点，同《神圣家族》从法国唯物主义里引申出来的结论——人必须依其人性“安排周围的世界”是一致的。普列汉诺夫对斯宾诺莎的回溯，既受益于第二条线索又在根本关节上偏离了它，最终在斯宾诺莎的哲学史地位的问题上倒退回第一条线索所批判过的结论，在哲学世界观的问题上则陷入费尔巴哈的直观的唯物主义。

第三章

马克思对斯宾诺莎学说的间接吸收

《神圣家族》是我们目前唯一掌握的马克思"述论结合"地研究斯宾诺莎学说的文本。首先，马克思谈论斯宾诺莎的直接目的是回应鲍威尔对法国唯物主义的曲解。随后，马克思指出鲍威尔的曲解来源于黑格尔哲学史，进而把批判的矛头转向黑格尔哲学。而马克思自己对法国唯物主义、斯宾诺莎主义、鲍威尔、黑格尔的批判尺度，则是与费尔巴哈名字相联系的"和人道主义相吻合的唯物主义"。我们将三条中介性渠道里的斯宾诺莎要素、三位思想家本人对于各自的斯宾诺莎要素的态度以及《神圣家族》里马克思对待三种斯宾诺莎要素的态度罗列如下（见表3-1）：

表3-1　鲍威尔、黑格尔、费尔巴哈与《神圣家族》论斯宾诺莎

类型	鲍威尔	黑格尔	费尔巴哈
斯宾诺莎要素	斯宾诺莎实体是法国唯物主义的鼻祖	同左	斯宾诺莎颠倒属性与实体关系
三人各自的态度	站在自我意识的立场上批判之	站在自我意识和实体统一的立场上吸收之	吸收之演绎出唯物主义，又基于感性直观批判之
马克思的态度	澄清法国唯物主义在斯宾诺莎主义以外的思想来源	指明黑格尔哲学中的实体环节及其形而上学性质	赞赏并运用费尔巴哈的颠倒

第一节　鲍威尔对"法国斯宾诺莎学派"的诘难

一、"绝对批判"的哲学立场

《神圣家族》第六章第（3）节（d）小目肇始于引用布鲁诺·鲍威尔发表在 1844 年 7 月第 8 期《文学总汇报》上的文章：

> 18 世纪，斯宾诺莎主义不仅在他那以物质为实体的法国后续发展中占统治地位，而且也在赋予物质一个更具精神性的名称的自然神论中占统治地位……法国的斯宾诺莎学派和自然神论的信徒只不过是在斯宾诺莎体系的真谛这个问题上互相争辩的两个流派……在这一启蒙不得不从法国运动兴起就开始出现的反动势力投降以后，这一启蒙的简单命运就是在浪漫主义中灭亡。①

鲍威尔不似费尔巴哈把斯宾诺莎主义视为物质第一性的本体论，而是指出它对于法国唯物主义（以物质为实体）和法国自然神论（以精神为实体）两者都有影响。也就是说，斯宾诺莎主义归根结底还是关于实体的学说，而不论该实体是物质的还是精神的。鲍威尔没有给出严格的哲学论证。在该引文所出自的《目前什么是批判的对象?》（以下简称《对象》）一文里，主要的篇幅都在谈论政治解放的问题。从《神圣家族》第六章第（3）节的目次来看，马克思对鲍威尔的批判同其《对象》的论述次序是一致的。那么，谈论法国唯物主义和斯宾诺莎学说的（f）小目就不是一种纯粹哲学的辩论，而是哲学与政治的结合，是廓清法国唯物主义哲学同社会主义、共产主义政治学说之内在联系的尝试。为此，把握《对象》的总体思路是十分必要的。

《对象》一文的主题词是"批判"。《神圣家族》将其称为"批判的批判"或者"绝对的批判"是十分准确的。"批判"的第一个含义是不满足于现状、力图改变现状的运动。鲍威尔开篇先指出，德国人过去的批判方式是

---

① 中共中央马克思恩格斯列宁斯大林著作编译局．马克思恩格斯文集：第 1 卷 [M]．北京：人民出版社，2009：326.

一种"文学批判"。这里所讲的文学不是作为学科的文学，而是出版物的意思，也就是说，过去的批判以写文章、著述的方式来拓宽人们的阅读面。鲍威尔认为文学批判是一种错误的批判方式。其一，文学只能让大众领略新观念，不能使得观念深入人心；其二，人们热爱文学批判，是希望让自己摆脱深入研究的理论的枯燥。① 在鲍威尔心目中，只有理论思维才能把握真理，也只有理论批判才是真正的批判。在民族启蒙的初期，观念固然可以通过文学批判的方式予以普及，两种批判之间是同盟关系；但理论批判或绝对批判势必要反对文学批判的肤浅，乃至于同那些只停留在观念表象层面的群众对立起来。

鲍威尔同斯宾诺莎的群众观有一定的相似性。《神学政治论》所提出的作为国家治理策略的宗教观，与鲍威尔所谓的文学批判有异曲同工之妙。两者都是以非理论的、欠反思的方式来促进观念在群众间的传播。鲍威尔和斯宾诺莎一样把群众看成与哲学无缘的群氓。不要指望群氓有什么深邃的哲学思考，真正的哲学家必定是超凡入圣，甚至可能是遭受群氓的迫害的。这种来自苏格拉底之死的精英主义思维深深地支配着鲍威尔和斯宾诺莎。

但论及群众与真理的关系，鲍威尔比斯宾诺莎表现出更强的精英主义色彩。斯宾诺莎好歹还承认宗教与哲学一样能够通达真理，群众与哲学家只是掌握真理的方式和途径不同。鲍威尔则直接把文学贬斥为粗浅的表象，认为只有理论批判才能掌握真理，这样一来，群众就完全站到了真理的对立面。说到底，鲍威尔不满意斯宾诺莎的地方也在此处。斯宾诺莎的实体指向平等地将其真理性寓居于万物之中的上帝，而鲍威尔则主张非经自我意识之艰辛探索不可求得真理。按照自我意识的要求，就必须批判一切现存的表象以及关于最高存在物的幻想。鲍威尔对犹太教以及法国革命的批判，都是从自我意识的立场出发的。

二、从哲学批判转向政治特权批判

自我意识来源于我与非我的区分。在黑格尔历史进步论的引导下，鲍威尔把这一区分演绎为自身与自身之欠完善性的区分。历史被视为一个"把自

---

① 聂锦芳，李彬彬. 马克思思想发展历程中的"犹太人问题" [M] // 鲍威尔. 目前什么是批判的对象？北京：中国人民大学出版社，2017：197-198.

身的不完善性作为自身内在的不足来斗争"① 的过程。按照这个逻辑，政治生活中的种种不公平和阴暗面，只是人类尚未发展到至善阶段的产物。政治的本质与人类的本质就其发展的终点来说是一致的。哲学家凭借理论思维所把握人的本质，也应当作为政治的本质，并据此对现存的政治制度提出批判。

鲍威尔之所以特意谈及人类本质与政治本质的问题，主要是为了回应马克思《德法年鉴》中的批评。马克思的《论犹太人问题》认为鲍威尔混淆了两种本质，进而区分出政治解放与人类解放。推翻封建君主和宗教神权，把国家建立在市民社会的基础上，这只是一种政治上的解放。此时人们还拘囿于利己主义个人的实践和意识形态之中，远未达到人类普遍解放的高度。鲍威尔首先声明，过去使用"本质"一词仅仅是沿用传统的措辞；就他的自我意识哲学而言，根本上是反本质（实体）论的。紧接着，鲍威尔转换了问题的提法。不要谈人的本质或政治的本质是什么，而应当把目光集中到自我意识要解决什么问题、克服什么障碍上。鲍威尔把一切的问题归结为"犹太人问题"。犹太教要求安息日、要求各种特殊的仪式，要求维护其特殊的律法。鲍威尔对此表达了强烈的不满：同样身为国家公民，凭什么犹太人可以要求种种特权。他的一贯的观点是，只有基督教才是真正的以普遍利益为目标的宗教。犹太人要谋求解放，就必须基督徒化。② "犹太人问题"只是一个隐喻。马克思十分清楚地意识到，鲍威尔所考察的根本不是犹太人或基督徒现实的生活状况。他不过借着犹太人问题的名义来批判特权利益，又反过来把人们对特权的追求片面地归结为某种宗教精神在作怪。

《神学政治论》同鲍威尔对待犹太教的态度是完全相反的。前者充分肯定了犹太教在摩西立国以及后来诸犹太国王治理国家中的历史作用。斯宾诺莎认为，基督教虽然是一种致力于面向全世界全人类的智慧，却不能无条件地应用于所有民族，为此需要以犹太教为代表的、因时利势的政治灵活性。斯宾诺莎所谋求的恰是一条具有民族特色的发展之路。鲍威尔所批判的谋求

---

① 聂锦芳，李彬彬. 马克思思想发展历程中的"犹太人问题"［M］//鲍威尔. 目前什么是批判的对象? 北京：中国人民大学出版社，2017：200.

② 聂锦芳，李彬彬. 马克思思想发展历程中的"犹太人问题"［M］//鲍威尔. 目前什么是批判的对象? 北京：中国人民大学出版社，2017：132.

个人私利的犹太教，只是同现代市民社会所格格不入的民族传统。从表面上看，基督教对犹太教的扬弃是普遍性对特殊性的扬弃，其实质则是市民社会对地域或民族特殊性的吸纳。当鲍威尔把"犹太人问题"作为社会的主要矛盾时，他代表的是上升资产阶级的立场以及把西方资产阶级社会的自我意识上升为普遍意识的霸权主义话语。

在这里我们发现了一个有意思的问题。为什么崇拜"自我意识"的鲍威尔高举起普遍性的大旗，而从"实体"出发的斯宾诺莎却强调特殊性呢？其实，鲍威尔的自我意识是一种普遍的否定，是一种虚无的结构。早从笛卡尔的我思故我在开始，自我就是一个怀疑一切的空集，其出发点恰恰是抽象的普遍性。斯宾诺莎的实体观是对笛卡尔主义的完成，它要求把抽象的普遍性化作具有广延和思维属性的、具体的普遍性。如此一来，具体就不再只从被否定的、被"批判"的意义上去理解，而具有其肯定的、作为独立个体的意义。恩格斯因此称赞斯宾诺莎"从世界本身说明世界"，把他和笛卡尔都看作近代哲学"辩证法的卓越代表"①。《神学政治论》深厚的民族情怀不仅因为斯宾诺莎自身就是犹太人，而且同他的实体哲学是内在一致的。

三、法国大革命局限性的哲学源头

鲍威尔对法国大革命的批判也是基于批评特殊利益与普遍利益相冲突的思路。在他看来，普遍利益是尚未实现的思想的存在，而特殊利益是把持着议会机关的现实的存在。法国以代议制取代君主专制，可是特权的势力依旧可以通过议会论辩的方式来影响公共立法，从而把私利上升为国家的利益。应当说，鲍威尔的论述抓住了法国大革命在实践中的不足，也触及了代议制的先天不足。尽管鲍威尔没有具体展开，但他已经看到法国大革命以及代议制带来的仅仅是一种形式上的平等，在此基础上的论辩、协商的方式是不可能改变社会实质不平等的面目的。这是他思想进步的方面。

但鲍威尔就此止步，而只是试图直接用思辨的结论来扬弃现实政治的不足。他轻率地认为，法国大革命之所以失败，是因为它"所产生的思想并没

---

① 中共中央马克思恩格斯列宁斯大林著作编译局．马克思恩格斯文集：第 9 卷 [M]．北京：人民出版社，2009：22.

有超出革命想用暴力来推翻的那个秩序的范围"①，也就是法国思想发展水平的不足。人民生活中的封建特权虽然被消灭，但是个人的利己主义思想却未能根除。革命一方面以煽动个人的利己性以驱逐王公贵族，另一方面又要对它予以克制，以建立起普遍的国家秩序。这两方面是如何共存的呢？答案就是承认最高的存在物。借助着最高存在物的名义，人们充分肯定了自己的私欲、也据此废除了国王凌驾于他们之上的特权。可事实上，最高存在物只是利己主义个人的幻想，全部的法国启蒙哲学都不过要为利己主义个人确立天然合法的地基。在这里，鲍威尔终于揭示出他的自我意识哲学所批判的真正对象，即实体，即最高存在物。

鲍威尔的结论是，法国革命只不过是"实体"内部的革命。法国哲学关于世界之本质的幻想（不论它是物质还是精神）都只是为了利己主义个人备书。鲍威尔对于"法国斯宾诺莎主义"的批判，实质是对利己主义意识形态的批判。在试图克服利己主义的愿景上，鲍威尔同马克思是相近的。那么，马克思为什么要反过来替法国哲学辩护呢？

在表述更为精炼的《德意志意识形态》里，马克思对鲍威尔有一个总的反驳：

> 意识的一切形式和产物不是可以用精神的批判来消灭的，也不是可以通过把它们消融在"自我意识"中或化为"幽灵"、"怪影"、"怪想"等等来消灭的，而只有实际地推翻这一切唯心主义谬论所由产生的现实的社会关系，才能把它们消灭；历史的动力以及宗教、哲学和任何其他理论的动力是革命，而不是批判。②

鲍威尔的短视同其哲学立场是紧密相关的。他只抓住自我意识的抽象的否定性，并把它凌驾于一切"实体"之上。他的哲学固然可以给人提供一种摧枯拉朽、不崇拜任何东西的"批判"力量，但这种批判本身反倒变成不受批判的东西。鲍威尔驱逐了最高存在者、杀死了上帝，其最终目的是要让自

① 聂锦芳，李彬彬.马克思思想发展历程中的"犹太人问题"［M］//鲍威尔.目前什么是批判的对象.北京：中国人民大学出版社，2017：202.

② 中共中央马克思恩格斯列宁斯大林著作编译局.马克思恩格斯全集：第1卷［M］.北京：人民出版社，2009：544.

已坐到上帝的位置。他一没有客观地评价以往意识形态在历史发展中的地位和作用，二没有考察先进的思想如何真正从群众中来又到群众中去，亦即关注现实的社会关系的变革问题。马克思对法国唯物主义哲学史意义的再发现，正是重提"实体"的重要性，以纠正鲍威尔"自我意识"的僭越。但是这一实际上受教于斯宾诺莎学说的过程，与批判斯宾诺莎实体的表述是并行不悖的。

第二节 从批评鲍威尔到批判黑格尔哲学的"实体"环节

一、黑格尔的哲学观与哲学史叙述方式

1816 年黑格尔应邀到海德堡大学讲授哲学史课程，在"近代哲学"部分专题性地研究了斯宾诺莎的学说。从《神圣家族》的相关文字来看，马克思对该部分内容是十分熟悉的。马克思眼光独到地指出两个事实：第一，鲍威尔把法国唯物主义当成"法国的斯宾诺莎学派"，实则抄袭了黑格尔"法国唯物主义是斯宾诺莎实体的实现"的观点；第二，"在黑格尔的体系中有三个要素：斯宾诺莎的实体，费希特的自我意识以及前两个要素在黑格尔那里的必然充满矛盾的统一，即绝对精神"①。这两个事实指向两个问题，一是斯宾诺莎学说在近代哲学史上的地位问题，二是斯宾诺莎学说与黑格尔自身哲学体系的构建问题。但在黑格尔的语境里，它们是同一个问题。《哲学史讲演录》开篇明义，称作者对哲学史的梳理绝非整理"纷繁意见之堆积"，也非谈论哲学家们的生活的历史环境，而是着力于把握真理自身发展的历程。黑格尔假定：

> 历史上的那些哲学系统的次序，与理念里的那些概念规定的逻辑推演的次序是相同的。……如果我们能够对哲学史里面出现的各个系统的基本概念，完全剥掉它们的外在形态和特殊应用，我们就可以得到理念

---

① 中共中央马克思恩格斯列宁斯大林著作编译局. 马克思恩格斯全集：第 1 卷 [M]. 北京：人民出版社，2009：341-342.

自身发展的各个不同的阶段的逻辑概念了。反之,如果掌握了逻辑的进程,我们亦可从它里面的各主要环节得到历史现象的进程。①

基于以上假设,黑格尔把自己的哲学体系视为哲学史的终点或真理自身,把从古希腊以来的哲学学说按照历史时间予以编排,再把它们之间的"演绎"视为真理从低级向高级的发展过程。于是斯宾诺莎学说在哲学史上的地位实则相当于它在黑格尔哲学体系内部的地位。

黑格尔认为,思想的自由是哲学和哲学史发端的前提。"思想必须独立,必须达到自由的存在,必须从自然事物里摆脱出来,并且必须从感性直观里超拔出来。"② 把思想发展到理念的希腊世界是哲学史的第一个时期,它在新柏拉图派那里达到了最高形态。它虽认识到理念相对于现实世界的普遍性,却缺少个别性的环节。也就是说,希腊哲学的巅峰充其量是现实与理念的机械对立。用我们惯常能接受的知性的语言来说,两者之间的联结是人,两者都是我们的对象。我们一边现实地劳作着,一边试图把握世界运作的普遍规律。但黑格尔显然不能满足这个说法。因为从人的主观性中抽象而得的普遍观念只适用于局部经验事实,唯有从真理自身演绎出来的普遍性才是真理的普遍性,或者更确切地说,真理的普遍性就是真理道成肉身地演绎出整个世界的过程。只有一切都受造于真理,真理才具有普遍性。黑格尔把这个能动的、有别于理念的真理称之为"精神"。

黑格尔毫不避讳地把哲学史上有关精神的学说的萌芽归诸"信基督教的日耳曼世界":

> 上帝被了解成精神,这个精神自为地自己二元化自己,不过它同样要扬弃这个分别,自为地、自在地存在于这个分别中。整个世界的责任,是使它自身与精神取得协调,并在精神中认识自己。这种责任是日耳曼世界所要担负的。③

---

① 黑格尔.哲学史讲演录:第一卷 [M].贺麟,王太庆,译.北京:商务印书馆,1983:34.

② 黑格尔.哲学史讲演录:第一卷 [M].贺麟,王太庆,译.北京:商务印书馆,1983:93.

③ 黑格尔.哲学史讲演录:第一卷 [M].贺麟,王太庆,译.北京:商务印书馆,1983:104-105.

黑格尔所谓的"精神"并不像他所说的萌发于基督教的上帝。基督神学并不天然地认为上帝与世界的关系是不可分离的，更不会"大逆不道"地把世界等同于上帝的全部现实性。"精神"概念的底色更接近于斯宾诺莎的"神即自然"，它是理念与现实的同一。黑格尔对斯宾诺莎主义的吸纳，远比他自己字面指认的要多。不仅近代哲学必须在是否斯宾诺莎主义里二择其一，而且整个哲学史都在受到斯宾诺莎实体学说的"质询"。因此本书认为，《神圣家族》对斯宾诺莎主义的批判实质上就是对黑格尔哲学体系总的批判，它的理论意义远不止于马克思对斯宾诺莎或鲍威尔本人思想的评判。

二、斯宾诺莎学说在哲学史中的地位

我们万不可忘记马克思论述的另一方面：黑格尔的体系还吸收了费希特的自我意识哲学，单单把黑格尔哲学等同于斯宾诺莎的实体观也是不对的。现在我们来看黑格尔是如何具体扬弃斯宾诺莎学说的。

黑格尔指出，斯宾诺莎彻底发挥了笛卡尔所开启的近代哲学的原则。笛卡尔通过普遍的怀疑确立了思维的确定性，也因此把思维与广延分离而使得两者对峙。笛卡尔通过第三者上帝来确保两者的统一。斯宾诺莎则是从这个扬弃了思维与广延之对立的上帝出发的。他没有把神看作第三者，而是把神看作唯一的实体，把思维与广延视为上帝的属性。那么反过来说，无论思维还是广延，这些确定性的东西在上帝面前都是不值一提的。上帝是对所有确定性的事物的否定。由此黑格尔推出了斯宾诺莎著名的论题：

> 一切规定都是一种否定。确定的东西就是有限的东西：对于任何东西，包括思维（与广延相对立在内），都可以说，这是一个确定的东西，所以自身中包含着否定；它的本质是建立在否定上的。①

我们在前一节提到过，以往的观点要么把斯宾诺莎看作无神论者，要么把他视为泛神论者，而黑格尔则别出心裁地提出斯宾诺莎学说应该叫作"无世界论"："斯宾诺莎主张，我们所谓的世界是根本没有的；世界只不过是神

---

① 黑格尔．哲学史讲演录：第四卷［M］．贺麟，王太庆，译．北京：商务印书馆，1983：100.

的一个形式而已，并不是自在自为的东西。"① 指出一切现存事物的有限性，是黑格尔的伟大历史功绩。这叫我们很容易联想到马克思、恩格斯关于辩证法的若干著名的论断："辩证法不崇拜任何东西"②，"凡是现存的，都一定要灭亡"③。辩证法的革命性和批判性，是通过黑格尔所转译的斯宾诺莎学说而得来的。

黑格尔就他转译的这个斯宾诺莎学说提出两点不满。④ 第一，斯宾诺莎只是在形式上把思维与广延统一于上帝，而不能说明上帝如何现实地造化万物展开自身，亦即其上帝此时还不是一个能动的精神。应当说黑格尔的这点批评是正确的。斯宾诺莎学说的确缺乏历史感。其中各人各物因凭上帝的法则各守其位各尽其事，世界便构成一幅和谐图景了，自由也完全被理解为顺从规律的自由。他没有看到世界是不断发展的，规律也会因世界的发展而不断演化，所谓世界的统一性也应在动态的意义上把握。

第二，斯宾诺莎只看到了规定即否定，没有看到否定也是规定。上帝作为自在自为的普遍存在者否定了个别者的规定，但与此同时它又在这种普遍的否定中规定了个别者的存在，亦即否定了之前的否定。上帝不仅仅是超越性的、孤寂地凌驾于万物之上的，还是在其生命历程里既造化此物他物，又因造化此物他物而使其自身不局限于此物他物，其规定与否定是辩证统一的。黑格尔这个批评是建立在他自己把斯宾诺莎学说当成"无世界论"的基础之上的。而在泛神论的斯宾诺莎主义看来，个别者与上帝本身就是对立统一的范畴。上帝就是诸个别者的总和，任何个别者的"生命力"都是神性的体现，上帝与个别者的关系本就不是黑格尔所以为的只是片面的否定的关系。也就是说，黑格尔本人的哲学同泛神论的斯宾诺莎主义有所契合，但黑格尔对于斯宾诺莎学说的理解又与后者不同。这种复杂关系直接影响到马克

---

① 黑格尔. 哲学史讲演录：第四卷 [M]. 贺麟，王太庆，译. 北京：商务印书馆，1983：129.

② 中共中央马克思恩格斯列宁斯大林著作编译局. 马克思恩格斯文集：第 5 卷 [M]. 北京：人民出版社，2009：22.

③ 中共中央马克思恩格斯列宁斯大林著作编译局. 马克思恩格斯文集：第 4 卷 [M]. 北京：人民出版社，2009：307.

④ 黑格尔. 哲学史讲演录：第四卷 [M]. 贺麟，王太庆，译. 北京：商务印书馆，1983：101.

思与斯宾诺莎的思想关系问题。在下一节我们将阐明，马克思一方面延续了黑格尔对斯宾诺莎学说的理解并将它明文写出，另一方面又吸收了泛神论的斯宾诺莎主义与黑格尔哲学体系的合理成分，但第二个方面却是在不提及斯宾诺莎名字的过程里进行的。

三、斯宾诺莎学说与英法哲学的联系

《神圣家族》的一大功绩是，它把先被黑格尔、后被鲍威尔所禁锢在斯宾诺莎学说里的法国唯物主义给释放了出来，并释明其上承英国经验论、下启费尔巴哈人道主义的重要历史地位。在此我们先研究黑格尔的错误观点。

黑格尔把英国经验论视为斯宾诺莎学说的对立面。① 英国经验论的代表洛克认为，理念是个体思维的结果，实体只是人们总结经验所主观抽象的共相，它绝不像斯宾诺莎所假定的是什么永恒不变、自在自为的东西。单就对实体的由来的认识来讲，经验论比斯宾诺莎主义更接近于唯物主义世界观。黑格尔对洛克学说的转述也是恰如其分的。但是黑格尔看不起经验论。他批评洛克只局限于从感性存在抽出真理的阶段，实在非常浅薄。洛克没有办法保障知性所创造的共相是真的，完全抹煞了自在自为的真理。② 黑格尔的评价有其合理之处。经验主义的极端便是休谟的怀疑论和不可知论，在那里哲学丧失了求真的意志，降格为总结特定领域经验现象之规律的"实验科学"。

黑格尔把法国唯物主义视为"完成了的斯宾诺莎的实体"③。也就是说，英国经验论站在斯宾诺莎的对立面，法国唯物主义站在斯宾诺莎的相同面，英国经验论和法国唯物主义是相对立的。黑格尔的判断显然跟《神圣家族》把法国唯物主义上溯到英国经验论的做法不同。黑格尔首先对18世纪的法国哲学有一个总的判断："它是绝对的概念，反对一切现存观念和固定思想，

---

① 黑格尔．哲学史讲演录：第四卷［M］．贺麟，王太庆，译．北京：商务印书馆，1983：138.

② 黑格尔．哲学史讲演录：第四卷［M］．贺麟，王太庆，译．北京：商务印书馆，1983：143.

③ 黑格尔．哲学史讲演录：第四卷［M］．贺麟，王太庆，译．北京：商务印书馆，1983：217.

摧毁一切固定的东西，自命为纯粹自由的意识。"① 对现存意识形态的纯粹否定是法国哲学的核心，至于否定了以后去寻求何种地基，则分出两派。一派是把不可知的绝对主体说成意识形态之彼岸的启蒙思想，另一派则是把现实的东西的总和即物质、自然说成意识形态之彼岸的无神论或唯物论。换言之，唯物论不是一种肯定的哲学，而是一种否定的哲学。如同无世界论的斯宾诺莎主义否定一切有限事物，法国唯物主义否定一切业已存在的观念物。黑格尔抓住了法国唯物主义革命的、批判的一面，这是十分不错的。并且我们看到，一些借着"唯物主义"之名复兴的后现代思想强调一种不可被有限的知识或语言所把握的实在，实则是把黑格尔所揭示的法国唯物主义的批判性原则推向极致。②

　　但是法国唯物主义仅仅只有批判的一面或者只能从无世界论的角度来理解吗？恩格斯对英国经验论、法国唯物主义和斯宾诺莎学说三者的关系论断可以为我们开拓另一条思路。恩格斯认为，在自然科学发展的早期，人们把自然界分解为诸多不同部分，而后分门别类地对其解剖形态加以研究。这种实验科学的研究方法利在为人们认识自然界积累了大量的素材，奠定了进一步发展的条件，弊在把自然界的事物和过程孤立、隔绝，撇开他们总的联系且不以运动发展的观点来予以把握。在同时期哲学家的眼中，实验科学或者经验论是受到鄙视的。哲学以避免被自然知识的狭隘状况引入迷途为荣，"它——从斯宾诺莎一直到伟大的法国唯物主义者——坚持从世界本身说明世界，而把细节方面的证明留给未来的自然科学"③。在恩格斯心目中，斯宾诺莎学说和法国唯物主义代表的是总体性的思维方式，它力图把世界描述成一个规律性的体系。它有否定性的一面，即避免自身受到形形色色的经验论片面结论的影响；但它更多是肯定性的，是一个虚怀若谷的、有待持续推进的自然科学丰富其细节的总体。当然，这个关于斯宾诺莎个人历史地位的判

---

① 黑格尔. 哲学史讲演录：第四卷［M］. 贺麟，王太庆，译. 北京：商务印书馆，1983：215.

② 蓝江. 辩证唯物主义如何可能？——当代欧洲新辩证唯物主义的问题［J］. 南京政治学院学报，2016（2）：16-24，140.

③ 中共中央马克思恩格斯列宁斯大林著作编译局. 马克思恩格斯文集：第9卷［M］. 北京：人民出版社，2009：413.

断，跟《神圣家族》的判断是有差异的。这种差异只是基于马克思和恩格斯两人对具体哲学流派的理解不同，而不代表马克思和恩格斯两人根本观点的差异。

第三节　阐发彻底战胜黑格尔思辨体系的19 世纪唯物主义

一、"和人道主义相吻合的唯物主义"

我们曾在前一目中说过，《神圣家族》对斯宾诺莎学说的哲学史定位参照了黑格尔的《哲学史讲演录》。可是与此同时，另一位对马克思产生重大影响的哲学家费尔巴哈，也以自己的方式把斯宾诺莎学说吸收到其哲学体系里面。简言之，马克思指名道姓地反对黑格尔所诠释的斯宾诺莎形而上学，同不点名地吸收经由费尔巴哈中介的斯宾诺莎学说是并行不悖的。

《神圣家族》勾勒出一条 17—19 世纪的哲学史线索。18 世纪法国唯物主义击败了 17 世纪"笛卡尔、马勒伯朗士、斯宾诺莎和莱布尼茨"的形而上学。但这些形而上学的残余到 19 世纪德国思辨哲学中"有过胜利和富有内容的复辟"。直到以费尔巴哈为代表的人道主义重新对形而上学发起进攻，并使其"永远屈服于现在为思辨本身的活动所完善化并和人道主义相吻合的唯物主义"[①]。从这里我们可以看到《神圣家族》把费尔巴哈与斯宾诺莎定位为理论上的对手，即斯宾诺莎与黑格尔站在形而上学一边，费尔巴哈站在反形而上学一边。费尔巴哈以其人道主义的唯物主义彻底击败了 17 世纪的形而上学。

然而不到一年时间，马克思就对费尔巴哈从赞赏转为不满，并制定出针对性的批判提纲。恩格斯在出版《费尔巴哈论》时曾将这个提纲附录发表。恩格斯认为，费尔巴哈"直截了当地使唯物主义重新登上王座"，他让进步的知识分子们认识到自然界相对于人类来说是第一性的，对最高存在物或者

---

① 中共中央马克思恩格斯列宁斯大林著作编译局 . 马克思恩格斯文集：第 1 卷 [M]. 北京：人民出版社，2009：327.

说超世界造物主的信仰只不过是人类本质的虚幻反映。① 随即恩格斯又指出费尔巴哈的不足。费尔巴哈只把人们引向唯物主义的视域，而他自己不能真正唯物主义地剖析人的现实性。他在自然之于精神、人之于观念何者为第一性的问题上是唯物主义的，但是当他试图探讨人的社会性、历史性活动时，它就陷入唯心主义历史观了。为此必须以"关于现实的人及其历史发展的科学"来予以纠正。"这个超出费尔巴哈而进一步发展费尔巴哈观点的工作，是由马克思于1845年在《神圣家族》中开始的。"② 恩格斯是《神圣家族》创作的合作者。即便他事先不了解马克思把该书从半个印张扩充为二十个印张的做法，在收到马克思寄来的书稿以后也是做过详细阅读的。③ 恩格斯应当知道《神圣家族》的文本里，马克思非但没有点名批评过费尔巴哈，反而把他视为当前时代最高哲学代表。那么，恩格斯何以言之凿凿地断定马克思就在《神圣家族》"超出"费尔巴哈呢？

阿尔都塞不同意恩格斯的判断。阿尔都塞把马克思从博士论文到《神圣家族》的著作归为马克思"青年时期"或者说"断裂"之前的著作。④ 他认为，1842—1845年，马克思先受康德和费希特总问题的支配，后受费尔巴哈人本学总问题的支配，《神圣家族》正是后一个阶段的产物。如此一来，《神圣家族》所提及的"和人道主义相吻合的唯物主义"实则唯心主义的总问题，同"断裂"以后的科学世界观背道而驰。本书反对阿尔都塞的判断。《神圣家族》虽没有像《德意志意识形态》那样具体地探讨人类不同的历史阶段的实践状况，但通过与鲍威尔兄弟的辩论，马克思已经明确表达了群众史观的基本立场和基本观点。这里的群众，指的是同占人口少数的统治阶级相对立的占人口大多数的居民，尤其是同资产阶级相对立的贫苦大众，它同费尔巴哈"自然的、感性的人"有着根本不同。马克思甚至借着批判鲍威尔的机会讽刺了忽略历史具体性而悬设人性的做法：

① 中共中央马克思恩格斯列宁斯大林著作编译局. 马克思恩格斯文集：第4卷[M]. 北京：人民出版社，2009：275.
② 中共中央马克思恩格斯列宁斯大林著作编译局. 马克思恩格斯文集：第4卷[M]. 北京：人民出版社，2009：295.
③ 姜海波. 马克思恩格斯《神圣家族》研究读本[M]. 北京：中央编译出版社，2017：40.
④ 阿尔都塞. 保卫马克思[M]. 顾良，译. 北京：商务印书馆，1984：14.

绝对的批判谈的是"一开始就是不言而喻的真理"。它凭着自己的批判的天真想法，臆造出了绝对的"一开始"和抽象的不变的"群众"。在绝对的批判的心目中，16世纪群众的"一开始"和19世纪群众的"一开始"，就像这两个世纪的群众本身一样，是很少有什么差别的。一种已经成为真实和明显的、不言而喻的真理的特点，正在于它"一开始就是不言而喻的"。绝对的批判对一开始就是不言而喻的真理的抨击，就是对完全"不言而喻"的真理的抨击。①

可见，不能因为马克思明文赞扬费尔巴哈且没有明文批评费尔巴哈，就把《神圣家族》划定为"费尔巴哈阶段"的唯心主义著作。本书认为，所谓费尔巴哈阶段，只是马克思不公开批判费尔巴哈的阶段。《神圣家族》对费尔巴哈个人的评判，无损于马克思科学世界观的表达，也无碍于马克思"超出"又"进一步发展"费尔巴哈学说的工作。在某种意义上可以说，就像当年雅各比托莱辛之名提出"斯宾诺莎主义"，马克思托费尔巴哈之名提出了自己心目中的"人道主义的唯物主义"。当我们具体地去探讨费尔巴哈，以及由费尔巴哈中介的斯宾诺莎对马克思成熟哲学的影响时，应当遵循恩格斯而非阿尔都塞所提示的道路。按照恩格斯的批评，我们将依次考察费尔巴哈进步与落后之处分别在何种程度上受到斯宾诺莎学说的影响。

二、实体与属性关系的颠倒

费尔巴哈的表述与海涅相近，他们两人都把斯宾诺莎视为泛神论者。但两人对泛神论一词的理解有细微差别。诗人更倾向于把泛神论等同于古希腊的多神论，一神教的上帝不是其必要的内容。但费尔巴哈则认为："泛神论是带着多神教的宾词的一神教。"② 例如古希腊有雷神、月神、战争女神、铁匠神等多个神灵，每一个神灵都代表着一个事物的实体（下称"实体Ⅰ"）。实体Ⅰ之间是彼此独立的。又如在古希腊神话之中，各神虽有法力之高低，却因形势之不同而胜负不定，并且各自都是永生不朽的。但是一神教把实体

---

① 中共中央马克思恩格斯列宁斯大林著作编译局．马克思恩格斯文集：第1卷［M］．北京：人民出版社，2009：285.
② 费尔巴哈．费尔巴哈哲学著作选：上卷［M］．荣震华，李金山，等译．北京：商务印书馆，1984：101.

Ⅰ归结为上帝的宾词和属性，也就是在原来的诸实体之上再确立一个终极实体（下称"实体Ⅱ"）。斯宾诺莎之所以是泛神论者，是因为他将作为思维之物的总体的"思维"，以及作为广延物的总体的"物质"都当作实体Ⅱ的属性；然后斯宾诺莎再倒过来，把实体Ⅰ当作实体Ⅱ自身。费尔巴哈醉翁之意不在酒，斯宾诺莎只是他批判黑格尔的工具。他提出，斯宾诺莎开创了泛神论式的思辨哲学，黑格尔则是它的完成者。同斯宾诺莎一样，黑格尔也把自我意识当成实体Ⅱ的属性，又反过来把属性即自我意识的运动当作实体Ⅱ自身。但黑格尔没有斯宾诺莎的理论自觉。黑格尔颠倒的思维掩盖了真实的进程，他没有意识到最初他便是从自我意识，亦即实体Ⅰ出发的。相对于实体Ⅱ，实体Ⅰ只是一种有限的事物，"黑格尔的绝对精神不是别的，只是抽象的、与自己分离了的所谓有限精神"①。费尔巴哈提出一个破天荒的结论：绝对者真正根源是有限者。绝对者的内涵明明大于有限者，后者怎么可能先于前者呢？费尔巴哈指出，绝对只是语词自我规定的绝对，但语词上的绝对并不意味着现实的绝对。离开有限者，绝对者就是一个空集，它没有任何确定性；而有限者离开绝对者仍旧有自身的规定。由此可见，有限者比绝对者更具有第一性，可朽的人是不可朽的神灵的本质。

费尔巴哈推论的核心是"现实性"。没有现实性的绝对不是真的绝对，而为了使绝对获得现实性就必须引入有限者、引入"物质"、引入感性。可见费尔巴哈同经验主义者有着明显的不同。经验主义者是认为先有客观的物质的存在，后有经验表象和抽象观念；费尔巴哈则从绝对者包含现实性之规定的逻辑起点来推演出有限者第一性原则。以理性的名义，费尔巴哈把有神论分为三个阶段：古代自然神论、中世纪思辨神学、近代泛神论。第一阶段强调感性，第二阶段强调理性，第三阶段因理性自身的要求使得感性重新被引入。第三阶段是前两个阶段的综合，也最终否定了上帝的第一性而找到了物质的第一性。斯宾诺莎开创性地把宗教的事务看作了人类的义务，他是"现代无神论者和唯物主义者的摩西"。②

---

① 费尔巴哈. 费尔巴哈哲学著作选：上卷 [M]. 荣震华，李金山，等译. 北京：商务印书馆，1984：104.

② 费尔巴哈. 费尔巴哈哲学著作选：上卷 [M]. 荣震华，李金山，等译. 北京：商务印书馆，1984：140.

　　费尔巴哈对斯宾诺莎具体文本的读解，其根据也是这个理性内在要求的
"现实性"规定。费尔巴哈引用了《伦理学》中的两处论断。一是第一部分
的界说三，即实体是"在自身内并通过自身而被认识的东西"；二是第一部
分的命题十，即"实体的每一个属性必然是通过自身而被认识的"。① 费尔
巴哈认为斯宾诺莎这两处论断的意思是说"实体的属性或宾词乃是实体自
身"，进而才推出斯宾诺莎把实体 I 当作实体 II 自身的结论。这是一种刻意
的误读。斯宾诺莎的两处论断只说属性需要通过实体来被认识，而没反过来
说实体需要通过属性被认识。费尔巴哈刻意抹去了实体之独立于属性的规
定，从而把斯宾诺莎打扮成一个彻底的泛神论者。费尔巴哈对斯宾诺莎学说
的挪用和发挥，存在着把理性演绎之结论同事物本身混同起来的弊端，也为
其唯心主义历史观埋下了伏笔。

三、唯理论以外的感性直观

　　在承认费尔巴哈哲学以及由费尔巴哈所转译的泛神论版本的斯宾诺莎学
说的进步意义时，也应当看到其中不证自明的前提。为什么理性"自身"会
提出现实性的要求呢？又何以根据理性自身的要求而证得现实性作为绝对者
自身的必要规定呢？费尔巴哈擅长用"美文学的"（恩格斯语）词句来掩盖
其不证自明的前提："如果对实体概念提出它是否具有现实性的问题，这就
无异于一个人处于灿烂夺目的光明之中却还询问：难道我所看见的是现实的
光明而不是黑暗？"② 费尔巴哈缺乏辩证思维，他不知道黑暗是光明的欠缺，
更不知道理性之所以要求实体有现实性，是因为实体在现实中就是缺乏现实
性的。最终费尔巴哈只能落于直观而得的、前反思的主客体同一的实体概
念。由于把直观凌驾于反思之上，斯宾诺莎学说里广延和思维这两个原本相
互平行的属性，就有了层次上的差别。费尔巴哈认为斯宾诺莎把广延视为更
根本的属性："特定的、有广延的事物只有在广延中或通过广延才能得到理

---

① 费尔巴哈．费尔巴哈哲学著作选：上卷［M］．荣震华，李金山，等译．北京：商务
　　印书馆，1984：102；斯宾诺莎．伦理学［M］．贺麟，译．北京：商务印书馆，
　　1986：3，9.

② 费尔巴哈．费尔巴哈哲学史著作选：第一卷［M］．涂纪亮，译．北京：商务印书
　　馆，1978：286-287.

解；可是广延本身却不能通过它假定为自己的本质的他物得到理解。……广延概念是一个纯粹直接的、自在自为地存在着、原始的、绝对肯定的概念。"① 费尔巴哈所谓的理性的内在要求，恰恰是一种排斥理性反思而诉诸理智直观的结果。这种对反思的排斥，恰恰又是通过哲学家的反思活动所作出的。马克思在《1844 年经济学哲学手稿》中对这种借助反思倒退到直观，从而把假直观当成真本体的做法作出了批判：

> 你应该不是仅仅注意一个方面即无限的过程，由于这个过程你会进一步发问：谁生出了我的父亲？谁生出了他的祖父？
>
> ……这过程驱使我不断追问，直到我提出问题：谁生出了第一个人和整个自然界？
>
> 我只能对你作如下的回答：你的问题本身就是抽象的产物。……你设定它们是不存在的，你却希望我向你证明它们是存在的。②

我们对自然的一切知识，都是经由人类思维中介的认识，无视这个中介过程而宣称自己把握了无人身的自然本体显然是一种谬误。任何被宣布为"直观"的内容都是第二性的，都是反思的产物。主客体的同一不是前反思的，而恰恰是高度反思的结果。当然对于马克思来说，纯粹的思维进程中的反思活动也还不是其自身的本质，人与世界的自反性关系亦即实践才是第一性的。想要求得真理，单讲究一个言语道断、心行处灭是走不通的，非心即万物、知行合一不可。

由理性反思而得的主客体同一是费尔巴哈哲学的内核与实质，强调感性直观相对于理性反思的第一性则是它的外形与旗号。在 1847 年所作的结论性评论里，斯宾诺莎的学说成为费尔巴哈树立的稻草人靶子。"神即自然"被解读为"神即自然界"，并且这一自然界是同人相对立的自然界："斯宾诺莎的历史意义和价值恰恰在于，与基督教的宗教和哲学相对立，他把自然界奉为神灵，把自然界看作上帝和人的泉源，而基督教的宗教和哲学却把人的本

---

① 费尔巴哈. 费尔巴哈哲学史著作选：第一卷［M］. 涂纪亮，译. 北京：商务印书馆，1978：271.

② 中共中央马克思恩格斯列宁斯大林著作编译局. 马克思恩格斯文集：第 1 卷［M］. 北京：人民出版社，2009：195-196.

质看作上帝和自然界的泉源。"① 其实，斯宾诺莎的自然是广延和思维的统一体，是构成上帝又表现上帝的广延存在和思维存在的总和。费尔巴哈在把斯宾诺莎的自然观解读为非人的、形而上学的自然界以后，又调转枪口批判该自然界不过表示抽象的，与感觉、知觉、直觉对立的理性的本质，进而呼吁一种建立在感性直观基础上的人与世界的同一性。费尔巴哈完全没有抓住斯宾诺莎学说致命的要害：问题不是以感性直观或是以理性反思作为同一的基础，而在于是否应当把主客体同一当成历史的起点。在斯宾诺莎处，这种直接同一性是上帝完满的概念所演绎出来的；在费尔巴哈处，则是由感性直观来予以担保的。费尔巴哈的感性直观本质上是思维不断否定自身无限逆推的产物，因此他的新哲学实际上是在斯宾诺莎学说内部打转，甚至不客气地说，斯宾诺莎好歹十分明确地表明其理性主义的色彩，费尔巴哈反而有意地把自己伪装成反理性主义的姿态，以至于真理的光芒被掩藏得更深了。马克思虽然后来认清了费尔巴哈的真面目，并将其正确判定为只从"直观的形式"理解世界的唯物主义者，但《神圣家族》对费尔巴哈的误判影响到了普列汉诺夫的哲学建构，以至于苏俄马克思主义长期以来把费尔巴哈的，以及由费尔巴哈所回溯的斯宾诺莎的"唯物主义"同马克思的唯物主义混为一谈。

---

① 费尔巴哈. 费尔巴哈哲学史著作选：第一卷［M］. 涂纪亮，译. 北京：商务印书馆，1978：329.

02

第二篇

苏俄马克思主义哲学对
"斯宾诺莎因素"的回溯

第四章

反对唯心论的唯物论

第一节　普列汉诺夫关注斯宾诺莎因素的历史语境

一、伯恩施坦修正主义公开化

恩格斯晚年曾遭遇了一批教条主义地运用唯物史观的青年作家，对他们来说，"'唯物主义的'这个词只是一个套语，他们把这个套语当作标签贴到各种事物上去，再不作进一步的研究"。为此恩格斯在 1890 年 8 月 5 日给康拉德·施米特的信中批评道："我们的历史观首先是进行研究工作的指南，并不是按照黑格尔学派的方式构造体系的方法。"① 恩格斯是否绝对地摒弃了黑格尔的哲学呢？答案是否定的。从 1859 年为马克思《政治经济学批判·第一分册》作书评起，恩格斯就开始有意识地指明唯物史观中所吸收的、来自黑格尔辩证法的合理因素。② 恩格斯给施米特的信件只是批判了黑格尔哲学中的不合理因素，亦即"构造体系"脱离现实机械地套用哲学教条的做法。这种诘难并非首次出现。早在 1886 年《费尔巴哈论》里，恩格斯就提出，黑格尔痴迷于"体系"，是出于"满足人类精神的永恒的需要，即

---

① 中共中央马克思恩格斯列宁斯大林著作编译局．马克思恩格斯全集：第 37 卷 [M]．北京：人民出版社，1971：432.

② 苏振源．"巨大的历史感"：恩格斯对唯物辩证法根本特征的阐发 [J]．河北学刊，2021，41（2）：70-76.

克服一切矛盾的需要"。但与此同时，黑格尔哲学内部也蕴含着冲破其自身体系的合理因素：

> 依次更替的历史状态都只是人类社会由低级到高级的无穷发展进程中的暂时阶段。每一个阶段都是必然的，因此对它发生的那个时代和那些条件说来，都有它存在的理由，但是对它自己内部逐渐发展起来的新的、更高的条件来说，它就变成过时的和没有存在的理由了；它不得不让位于更高的阶段，而这个更高的阶段也要走向衰落和灭亡。①

实际上恩格斯肯定了黑格尔哲学里三个重要的因素。其一，凡是现存的必然是合理的。应当仔细研究其"存在的理由"，方能透视其"内部发展起来的"更先进的因素。其二，凡是现存的必然是灭亡的。应当正视促成其灭亡的更高条件。其三，即便让位于最高阶段，历史的发展也并未就此到达至善完美的状态，仍旧要仔细研究其存在的理由和内在的矛盾。

1895年恩格斯逝世，曾经被恩格斯批评的青年们将其修正主义的观点系统化公开化。伯恩施坦只接受了恩格斯否定黑格尔体系的方面，拒绝承认黑格尔辩证法对科学社会主义的正面意义，并反过来斥责迷恋黑格尔辩证法正是马克思、恩格斯两人思想中"不够科学""自我欺骗"的地方。他说，由于套用了黑格尔辩证法扬弃对立面的公式，马克思与恩格斯对经济社会的发展作出了纯粹思辨的预测，把建立社会主义的希望奠基在"一次政治革命"上面。② 伯恩施坦紧接着把马克思与恩格斯的革命学说视为"布朗基主义"的延续。他这里所谓的"布朗基主义"，指的是本质上以破坏为目的、以政治剥夺为手段取得解放的革命策略，同和平进化的、通过经济组织取得解放的社会主义运动是完全对立的。③ 伯恩施坦认为，马克思与恩格斯虽然也强调经济解放的方面，但从根本上来说他们依旧把无产阶级解放视为消灭资产阶级的暴力斗争。

那么，伯恩施坦为什么如此激烈地反对消灭资产阶级的暴力斗争呢？首

---

① 中共中央马克思恩格斯列宁斯大林著作编译局. 马克思恩格斯文集：第4卷 [M]. 北京：人民出版社，2009：272.

② 殷叙彝. 伯恩施坦文选 [M]. 北京：人民出版社，2008：160.

③ 殷叙彝. 伯恩施坦文选 [M]. 北京：人民出版社，2008：168.

先，他觉得"无产阶级"这个概念是抽象的，或者说只是运用辩证法对立统一教条虚构出来的东西。现代雇佣工人根本不构成一个统一阶级，而只是财产和家庭方面不受约束、又为现代工业等级制度分化的群众。也就是说，马克思与恩格斯所期冀的革命主体是可疑的。① 这种观点预示了后来西方马克思主义关于"工人阶级的消亡"的种种论调。其次，伯恩施坦又站在当时德国现实发展的水平上指出，当前最大的障碍仍在于摆脱阻碍市民社会发展的封建主义，而非解散市民社会；正确的做法是使得市民地位普遍化，而非把它的成员全部无产阶级化。② 最后，工人阶级就其知识、文化以及经济实践而言，都承担不起接管独占政权的程度；此时所谓的"无产阶级专政"，只能沦落为"俱乐部演说家和文人的专政"。③ 为此，伯恩施坦主张放弃暴力革命，经济上采取工人合作社的形式，在政治上则采取议会民主的形式，走一条改良主义的、同资产阶级和平共处的渐进道路。

伯恩施坦修正主义给社会主义运动带来了极为消极的影响。第一，对于马克思、恩格斯来说，无产阶级绝不是一个直接套用辩证法公式而得出来的哲学规定，而是对雇佣工人现实生活状况的理论表述。由于时代的局限性，马克思、恩格斯的确对于无产阶级内部的差异谈论不多，但这并不意味着它的概念是脱离事实性地基的。伯恩施坦不去思考无产阶级得以联合的条件，而是从哲学规定上去根本否定无产阶级概念成立的可能性，也就从事实上否定了"否认大众日益贫困、日益无产阶级化以及资本主义矛盾日益尖锐化的事实"④。第二，伯恩施坦之所以否认这一基本事实，是因为他的目光主要集中在英国、德国等向着垄断资本主义过渡的发达国家，他所观察并援引的种种"事实"、材料、数据并不能代表资本主义在世界范围内发展的真实面貌。他的观察视角的狭隘性，又是其刻意抹煞黑格尔辩证法的合理性导致的。他满足于垄断资本主义国家所获取的超额利润以及国内阶级矛盾缓和的现状，而不能透视其中帝国主义的剥削实质。第三，他寄希望于表达国民直接意志

---

① 殷叙彝. 伯恩施坦文选 [M]. 北京：人民出版社，2008：231.

② 殷叙彝. 伯恩施坦文选 [M]. 北京：人民出版社，2008：273.

③ 殷叙彝. 伯恩施坦文选 [M]. 北京：人民出版社，2008：331.

④ 中共中央马克思恩格斯列宁斯大林著作编译局. 列宁全集：第6卷 [M]. 北京：人民出版社，1984：6.

的民主，却忽略这种建立在原子式个体上的自由恰恰是最易为资本所收买、为资本拜物教所俘获的自由，这种建立在异化了的日常生活表象的基础上的意识形态根本不能代表工人阶级的根本利益。

可惜，第二国际的主要理论家李卜克内西、梅林、拉法格等人都未对其中的危害予以足够重视，例如梅林就错误地下判断说，这种修正主义思潮丝毫不能影响群众实际运动。考茨基手握《新时代》主编大权，竟然放任伯恩施坦在杂志上刊登修正主义论文，却不刊登批判伯恩施坦的文章。① 从 1898 年开始，普列汉诺夫积极给考茨基写信要求发表自己同修正主义者论战的文章，并先后在日内瓦和罗马作了"论所谓马克思主义的危机"的讲演。在讲演当中，普列汉诺夫主要对伯恩施坦 1898 年 5 月发表于《新时代》的《社会主义的现实和思想因素》一文，对影响了伯恩施坦观念形成的康拉德·施米特《康德生平和学说》一文进行了批判。后来根据讲演第一部分写成的《伯恩施坦与唯物主义》一文，发表于 1898 年 7 月的《新时代》。根据讲演第二部分写成的《康拉德·施米特反对卡尔·马克思和弗里德里希·恩格斯》，发表于 1899 年 2 月的《新时代》。正是在这一篇讲演和两篇论文里，普列汉诺夫第一次正式提出了"马克思主义是现代斯宾诺莎主义"的观点。

二、修正主义者卖弄斯宾诺莎的学说

普列汉诺夫并未自始至终地关注斯宾诺莎哲学。在 1898 年以前的谈论唯物主义发展史的著作里，普列汉诺夫对斯宾诺莎着墨不多。1892 年竣稿的《唯物主义史论丛》里，斯宾诺莎借着雅各比和莱辛的轶事而被提及。雅各比曾说，斯宾诺莎在他看来是够好的，就是名声差了些。莱辛反问难道还有更好的吗？② 普列汉诺夫在此援引的这件轶事不涉及任何对斯宾诺莎学说的分析，只是出于行文生动的目的用莱辛那句"有什么更好的吗"反诘唯物主义的反对者。第二处是谈及爱尔维修的哲学缺陷时，普列汉诺夫又借喻性地提及了斯宾诺莎的名字。普列汉诺夫的大意是说，爱尔维修虽是唯物主义者，但他犯错误的地方恰恰是唯心主义或二元论的。正如同斯宾诺莎和莱布

---

① 高放，高敬增. 普列汉诺夫评传 [M]. 北京：中国人民大学出版社，1985：178.
② 普列汉诺夫. 普列汉诺夫哲学著作选集：第二卷 [M]. 北京：生活·读书·新知三联书店，1961：36.

尼茨有时也运用辩证法的武器，但他们整体观点还是形而上学的。① 我们可以从《唯物主义史论丛》的这些引用里得出两点基本结论。第一，斯宾诺莎学说在该书里并不具有显著地位，只扮演着哲学史典故的角色。第二，透过第二处引用可以看出，普列汉诺夫把斯宾诺莎当作偶尔才使用辩证法的形而上学家看待。这个判断，同《神圣家族》的判断是一致的。普列汉诺夫早在1885年就摘译过其中的"对法国唯物主义的批判的战斗"小节。1892年他翻译的《费尔巴哈论》出版时，该小节被附录在后。此时普列汉诺夫是完全知悉并赞同马克思对斯宾诺莎的看法的。

同年，普列汉诺夫开始写作《论一元论历史观之发展》。该书于1895年出版。在这本更为系统地阐述唯物主义发展史的著作里，斯宾诺莎被提及的地方是谈论德国客观唯心主义哲学的第四章，并且是同莱布尼茨一齐被提及的。可见此时普列汉诺夫还是小心翼翼地追随着《神圣家族》所勾勒的"明线"——辩证法史的线索前进，亦即把斯宾诺莎和莱布尼茨学说视为德国客观唯心辩证法的史前史。但普列汉诺夫对待德国唯心辩证法的态度却和《神圣家族》完全颠倒。《神圣家族》的目的在于揭示唯心辩证法的颠倒特征，而《一元论历史观之发展》在批判唯心辩证法的同时，也肯定了它对于辩证唯物主义的正面作用。普列汉诺夫对辩证法的理解是粗浅的，它把辩证法等同于关于规律性的学说："每个现象由于制约他的生存的力量的本身的作用，或早或晚，但必然地要转化为它本身的对立物。"② 对辩证法的推崇，吸收把诸现象统一于规律体系的"一元论"，是19世纪唯物主义最终战胜18世纪唯物主义的关键。这里就带来一个疑难：既然世界的运动有其必然的规律性，那么人的自由在哪里呢？莱布尼茨和斯宾诺莎提供了一种解决的思路。莱布尼茨有个关于磁针的比喻。磁针指北，依赖物质规律；但是它自己不知道物质规律，以为自己指北不依赖任何外在原因。"物质的必然性，对于磁针表象为它本身的自由的精神活动的形态"。普列汉诺夫又补充说，莱布尼

---

① 普列汉诺夫. 普列汉诺夫哲学著作选集：第二卷 [M]. 北京：生活·读书·新知三联书店，1961：102.

② 普列汉诺夫. 普列汉诺夫哲学著作选集：第一卷 [M]. 北京：生活·读书·新知三联书店，1962：631.

茨想用该例子来说明自己和斯宾诺莎完全相同的观点①——斯宾诺莎在 1674 年 10 月给 G. H. 席勒的信件中写道，神既是必然地存在着，又是自由地存在着，它只按照自身本性的必然而自由地存在着。② 在斯宾诺莎和莱布尼茨看来，自由是一种因循必然性、规律性、顺势而为的自由，而非纯粹否定性的自由。《一元论历史观之发展》虽然正面谈及斯宾诺莎的观点，总体而言还是把它放到边缘位置，行文篇幅甚至远不及莱布尼茨。

到 1898 年，《论所谓马克思的危机》《伯恩施坦与唯物主义》等文章里，普列汉诺夫忽然开始不厌其烦地证明"斯宾诺莎是一个唯物主义者"。按常理来说，他大可不必如此，只消说明修正主义的唯心主义观点同《唯物主义史论丛》《一元论历史观之发展》业已诠释过的唯物主义观点的不同便是了。为什么他要凭空再引入一条斯宾诺莎与唯物主义哲学关联的线索呢？

1901 年，伯恩施坦名为《历史唯物主义》小册子的新译本在圣彼得堡出版。普列汉诺夫随之发表《Cant 反对康德，或伯恩施坦先生的精神遗嘱》的评论。在这篇论文里，普列汉诺夫系统回顾了当初写作《伯恩施坦与唯物主义》的思路：

> 一个比伯恩施坦先生在哲学上高明得多的德国同志，在《新时代》上发表了如下的思想：自然科学的唯物主义经不起批评；把马克思、恩格斯的理论与它联系起来是徒劳的，我们很容易把这一理论和有道理得多的哲学学说联系起来。因为伯恩施坦先生引证了这一同志的论文，那么我们也认为有回答它的必要。③

普列汉诺夫说得很清楚。之所以要"把马克思主义回溯至斯宾诺莎"，是因为伯恩施坦所引证的某位同志已经率先这么做了。为了能够从源头上指出伯恩施坦的谬误，于是普列汉诺夫才开始讨论斯宾诺莎问题。普列汉诺夫 1901 年论文给出的对付伯恩斯坦主义的思路，同他 1898 年 5 月 20 日写给考

---

① 普列汉诺夫. 普列汉诺夫哲学著作选集：第一卷 [M]. 北京：生活·读书·新知三联书店，1962：656-657.

② 斯宾诺莎. 斯宾诺莎书信集 [M]. 洪汉鼎，译. 北京：商务印书馆，1996：231-232.

③ 普列汉诺夫. 普列汉诺夫哲学著作选集：第二卷 [M]. 北京：生活·读书·新知三联书店，1961：433.

茨基的信中提到的批判方案是一致的。在信件里，普列汉诺夫指出，他对该文的不满集中于两点。其一，伯恩施坦公然宣称社会主义理论应当"回到康德去"；其二，伯恩施坦在论证过程里，正面引用了是施泰恩《经济唯物主义和自然哲学唯物主义》的观点，为此"答复伯恩施坦正应从批评这篇论文开始"。①

　　在此介绍一下雅各布·施泰恩（Jakob Stern，1843—1911）的履历。此人曾是信奉正统犹太教的德国拉比，后转向自由社会主义，并担任德国社会民主党在符腾堡州的理论发言人。施泰恩是德语世界的斯宾诺莎研究专家。他于1887年翻译了斯宾诺莎的《伦理学》（*Die Ethik von B. Spinoza*）②。值得一提的是，普列汉诺夫阐释斯宾诺莎思想时引用的正是该译本的内容。③ 施泰恩1890年出版的《斯宾诺莎的哲学》（*Die Philosophie Spinoza's：Erstmals Gründlich Aufgestellt und Populär Dargestellt*）④ 是德语世界较早地系统介绍斯宾诺莎哲学体系的书籍之一。

　　在《伯恩施坦与唯物主义》的结尾，普列汉诺夫搬出了恩格斯与自己会面时的耳提面命，以便专门指出施泰恩的错误：

　　　　1889年，当我参观了巴黎的国际博览会以后，我曾到伦敦去拜访恩格斯。我很高兴我能在几乎整整一个星期中和他就各种实际和理论的问题作长时间的谈话。有一次我们谈到哲学。恩格斯严厉地斥责施泰恩，说他所用的"自然哲学的唯物主义"一词是极不精确的。我问道："那末（么），依您的意思，斯宾诺莎老人把思维与广延说成无非是同一实体的两个属性，该是对的了？"恩格斯回答说："当然，斯宾诺莎老人是完全对的。"⑤

普列汉诺夫之所以要谈到施泰恩，则是由于伯恩施坦正面引述了施泰恩

① 中共中央马克思恩格斯列宁斯大林著作编译局．德国社会民主党关于伯恩施坦问题的争论［M］．北京：生活·读书·新知三联书店，1981：5-6.
② 该译本2016年由德国"联合书系"出版社（hansebooks）再版。
③ 普列汉诺夫．普列汉诺夫哲学著作选集：第二卷［M］．北京：生活·读书·新知三联书店，1961：435.
④ 该译于2019年为德国"旧纸堆"出版社（Forgotten Books）再版。
⑤ 普列汉诺夫．普列汉诺夫哲学著作选集：第二卷［M］．北京：生活·读书·新知三联书店，1961：404.

的论文。因此我们发现，在驳斥康拉德·施米特的文本里，普列汉诺夫对斯宾诺莎保持缄默；而在驳斥伯恩施坦的文章里，斯宾诺莎总是座上宾。可以说，"斯宾诺莎问题"是为批评伯恩施坦而量身定制的。

三、斯宾诺莎一元论是修正主义的哲学内核

伯恩施坦引证的不止施泰恩一人。为什么普列汉诺夫单独将施泰恩拎出来批评呢？更为根本的原因是，伯恩施坦在引证施泰恩时也表露了自己观点真正的哲学基础。伯恩施坦写道：

> 在近代首先由（如果我没有弄错）赫克尔使用的"一元论"这个名词……胜过"唯物主义"和"不可知论"这两个词：无论我们把宇宙的最后本体叫做物质也好，或者别的什么也好，一切合乎逻辑的思考都迫使我们不得不承认它就广延性和生命（"灵魂"）来说是具有单一性的，而且凭经验获得的任何认识与此也不违背。离开这个假定，意识的发生恐怕只有借助超自然的作用才可以想象了。①

冒号之后粗体部分的观点，伯恩施坦声称引自施泰恩。从上述引文可以看出，伯恩施坦实则赞同"一元论"。这种赞同，同他在深层哲学框架上回到"否定物质与意识的同一性"②的二元论是并行不悖的。就深层的哲学逻辑而言，伯恩施坦否定人们所经验到的现象的背后有更本质的存在。因此他索性悬置本质，只承认现象的唯一可靠性。他自己语境中的"一元论"，正是这个只相信经验现象的一元论。但是从更为广阔的哲学视域来看，他是不可知论和二元论。

由此可见，伯恩施坦所谓"回到康德"，同"回到斯宾诺莎"是并行不悖的。伯恩施坦后来承认，他的"回到康德"也可叫作"回到朗格"。③ 朗格不承认"物自体"的存在，只把它当作一个"可疑的事物的概念"，当作

---

① 伯恩施坦. 社会主义的历史和理论［M］. 马元德，等译. 北京：东方出版社，1989：229.

② 陈爱萍. 第二国际马克思主义哲学［M］. 北京：中国社会科学出版社，2017：141.

③ 殷叙彝. 伯恩施坦文选［M］. 北京：人民出版社，2008：335；石倬英. 析"回到康德去"：兼谈现代外国资产阶级哲学搞"借尸还魂术"的特点［J］. 宁夏大学学报（哲学社会科学版），1980（2）：14-19.

一种假定出来的现象的原因。他反对把事物回溯到不可认识的物自体，主张把经验世界是知识的唯一来源。在认知实践中若脱离经验世界，便是超自然地、无根据地进行玄学妄想，同真正的科学背道而驰。康德的二元论认识结构被朗格一元化了。① 伯恩施坦把朗格的哲学认识论批判推进为社会意识形态的批判。按照伯恩施坦的逻辑，群众在社会生活中形成了"观念"，社会观念是人们进行社会实践的前提。社会主义没有任何本体论上的必然保障，而是一种"纯粹空想上的东西"，是人们的道德感、正义感促使群众争取社会主义。紧接着，伯恩施坦不仅从马克思、恩格斯的著作中搜集有关"观念力量"的正面言论，而且把资产阶级对工人剩余价值的"剥削"视为一个掺杂着伦理色彩的规定。最后，伯恩施坦再拿出他的数据与"事实"，主张按照当今西欧各国的发展状况，工人们已经不会因为赤贫等因素而形成对资本家极度憎恨的观念了，因而他们也不可能参与到暴力革命的实践当中去。

不宜小看伯恩施坦主义带给马克思主义哲学的挑战。在伯恩施坦看来，"观念"是"一种完全确定的认识"，它有着实在的内容，是从人们的日常生活实践中产生的。伯恩施坦举例道，英国工作日的缩短、小屋住宅制的改良，大大妨碍了工人群体集体主义感的形成；相反，赛马、板球、足球、游艇竞赛等全社会参与观赏的体育赛事，又模糊了不同阶级的自我认同的观念的界限。② 实际上，伯恩施坦早已开启了后来西方马克思主义所推崇备至的文化研究领域的阀门，修正主义的一元论在后现代"文化""符号""社会空间""话语实践"等各式各样新的一元论里"借尸还魂"，并同伯恩施坦那样号称要在"经济决定论"以外修补、捍卫马克思、恩格斯的学说精髓。当然，论起对马克思主义革命学说的忠诚，伯恩施坦是远远不如后来的西方马克思主义中的文化研究派别的。前者想方设法地搜罗材料论证推动革命的观念力量已然消亡，后者虽然也谈论革命观念被消弭的问题，始终不放弃绞尽脑汁地探索可能的革命道路。后者在自我理论表述上也是反对伯恩施坦修正主义的，但这并不能掩饰他们身上的修正主义血脉。

---

① 朗格．朗格唯物论史：下卷［M］. 郭大力，译．郑州：河南人民出版社，2016：50-51.

② 伯恩施坦．社会主义的历史和理论［M］. 马元德，等译．北京：东方出版社，1989：235-236.

有的西方"马克思学"由于没有"主义"的负担，公开地表达了对伯恩施坦和施泰恩的赞赏。例如诺曼·莱文把马克思的学说看作"历史唯物主义"——所谓"历史"，就是把一切实体加以人化的过程，使得一切依附于思想的力量的过程。马克思的研究对象不包括非人化的自在自然。在人化自然的领域里显然是"依附于思想的力量优先独立于思想之外的力量"①。按照这个尺度，莱文把伯恩施坦等人对恩格斯的批评看作对马克思学说本来面目的澄清，看作一条把马克思学说从被恩格斯"神学化"了的自然唯物主义里解救出来的有效路径。②

普列汉诺夫的独到之处在于看到：单单把伯恩施坦、施泰恩、朗格以及其后的经验批判主义者视为二元论、不可知论是不够的。应当把他们视为力图摆脱却最终无法摆脱二元论哲学构架的"经验一元论者"③，这也是普列汉诺夫所谓"主观唯心主义者"的确切含义。争论的焦点也不仅包括思维与存在是否有同一性的问题，而且还包括何者为第一性的问题。在自然观上，斯宾诺莎那个作为思维与广延之实体的"上帝"，到底是什么？是经验现象，还是经验现象以外的自然界的本质性规律？

普列汉诺夫同修正主义者伯恩施坦、同新康德主义者朗格的争论，是一元论世界观内部的论战，是"经验一元论"与"唯物主义一元论"的交锋。施泰恩关于斯宾诺莎《伦理学》译介深刻地影响了普列汉诺夫对斯宾诺莎核心观点的把握：把广延和思维视为同一实体之属性。但是无论施泰恩还是朗格，都把斯宾诺莎学说同唯物主义对立起来。普列汉诺夫不仅要纠正他们对

---

① 莱文. 辩证法的内部对话［M］. 张翼星，等译. 昆明：云南人民出版社，1997：12.

② 莱文. 辩证法的内部对话［M］. 张翼星，等译. 昆明：云南人民出版社，1997：38-39.

③ 普列汉诺夫. 普列汉诺夫哲学著作选集：第一卷［M］. 北京：生活·读书·新知三联书店，1962：544.

于唯物主义的误解，还要把斯宾诺莎争取到唯物主义这一边来。① 这既关乎如何理解马克思的唯物主义以反驳修正主义对唯物主义的误解，也关于如何理解斯宾诺莎哲学以反驳修正主义对斯宾诺莎哲学的误用。澄清唯物主义的基本内涵是根本目的，考察斯宾诺莎与唯物主义的关系是论战策略。前者是"道"，是其论证的内核；后者是"术"，是其论辩的手段。《Cant 反对康德》记载着普列汉诺夫十分明晰的批判思路：

> （1）我们指出过，马克思和恩格斯从没有信仰过这一同志兼斯宾诺莎主义者所称为自然科学的唯物主义的那种唯物主义，即伏格特和摩莱萧特的唯物主义。（2）再者，根据拉美特利和狄德罗的著作，我们指出过，18 世纪法国唯物主义实质上不过是斯宾诺莎主义的变形。（3）关于费尔巴哈，我们指出的也是这一点。（4）只有在这以后，在说到科学社会主义的奠基人马克思和恩格斯时，我们才在指出他们的哲学观点与费尔巴哈哲学观点的接近之后，说出他们的唯物主义也是斯宾诺莎主义的一个分支这个信念。（5）而最后，作为这一信念的理由之一，我们引证了恩格斯的一次谈话。②

可见：当施泰恩、伯恩施坦在制造马克思唯物主义同斯宾诺莎主义的对立时，普列汉诺夫捍卫了（4）斯宾诺莎主义与马克思唯物主义的一致性。（5）引证恩格斯的话只是援引名人名言权威说法的修辞式运用，其真假性不是哲学争论的真正焦点。事实上，（1）普列汉诺夫对于"斯宾诺莎问题"的探究，来源于回应修正主义对于马克思唯物主义世界观的误读。如何正确把握马克思的哲学世界观呢？普列汉诺夫干起了《唯物主义史论丛》《一元论

---

① 朗格认为："斯宾诺莎常被算在唯物论里面，以致我们更须指明的是，他的世界观和唯物主义论者的世界观的异点，不是二者的同点。二者的异点，亦即在这一点显出：机械世界观引导我们所得的世界全图，只是事象本质的一面。"（朗格 . 朗格唯物论史：下卷 [M]. 郭大力，译 . 郑州：河南人民出版社，2016：153.）可见，朗格以前的哲学史往往是把斯宾诺莎算作唯物论者的。正是朗格力图把斯宾诺莎拉到主观唯心主义的阵营。普列汉诺夫因此不点名地批评道："斯宾诺莎是一个无可怀疑的唯物主义者，但是哲学家们却不承认他是唯物主义者。"（普列汉诺夫 . 普列汉诺夫哲学著作选集：第一卷 [M]. 北京：生活·读书·新知三联书店，1962.）

② 序号为笔者所加。普列汉诺夫 . 普列汉诺夫哲学著作选集：第二卷 [M]. 北京：生活·读书·新知三联书店，1961：433.

历史观之发展》的老本行，即从回到唯物主义发展史的脉络中把握马克思的唯物主义。其中，（2）是普列汉诺夫在前述两本书里已经系统梳理过的，他的工作是把它们同斯宾诺莎主义关联起来。至于（3）费尔巴哈与马克思的关联，直接来自恩格斯《费尔巴哈论》的提示。

第二节　普列汉诺夫回溯斯宾诺莎因素时的哲学逻辑

一、恩格斯《费尔巴哈论》对新康德主义的批判

恩格斯 1888 年单行本的序言中谈到了《费尔巴哈论》的写作语境。① 该书总的问题是要说清楚马克思《政治经济学批判·第一分册》所言的"批判黑格尔以后的哲学""与德国哲学的意识形态的见解的对立"是什么意思。该问题细分为两个环节。一是说清楚自己和马克思到底与黑格尔哲学是什么关系；二是回顾费尔巴哈究竟如何作为黑格尔哲学与他们二人观点之间的"中间环节"。这两个环节都有其直接的现实意义。一方面，德国古典哲学在英国、北欧乃至于德国有所复活，有必要对此提出批判；另一方面，《费尔巴哈论》是为回应施达克《路德维希·费尔巴哈》中的错误观点所作。这里被复活的德国古典哲学，主要指的是新康德主义。两方面的逻辑关系是这样的：新康德主义者否定唯物主义，施达克为了替费尔巴哈辩护而把费尔巴哈的哲学曲解成唯心主义。② 于是《费尔巴哈论》相应地采取双重批判逻辑。第一重逻辑是通过廓清唯物主义与唯心主义的界限来批判施达克对费尔巴哈的误解，第二重逻辑是站在辩证唯物主义的立场上批判新康德主义的局限。

吴猛教授眼光独到地发问，作为一本应对新康德主义挑战的著作，为什么《费尔巴哈论》不从批判康德开始着笔，而是以赞扬黑格尔为开端呢？他的回答是，恩格斯意在先阐发哲学革命与政治革命的关系，这通过《费尔巴

---

① 中共中央马克思恩格斯列宁斯大林著作编译局. 马克思恩格斯文集：第 4 卷 [M]. 北京：人民出版社，2009：265-266.
② 田毅松. 恩格斯《路德维希·费尔巴哈和德国古典哲学的终结》研究读本 [M]. 北京：中央编译出版社，2016：18.

哈论》第一部分开头几段文字以及对海涅的肯定可以推出。在海涅心目中，哲学革命是宗教改革的产物，其开端是斯宾诺莎泛神论对抗自然神论的尝试，其完成也在于黑格尔自然哲学中的泛神论因素。吴猛教授由此把恩格斯的唯物主义认定为"泛神论的唯物主义"，把《费尔巴哈论》认定为海涅《论德国宗教和哲学的历史》的续篇。因为海涅已经批评过康德了，只是对黑格尔谈论不多，因此恩格斯是接着海涅"往下讲"的。① 这种把《费尔巴哈论》回溯到海涅的做法是有一定道理的，也间接地为研究斯宾诺莎与辩证唯物主义的关系提供了一条有益的线索。

但是以上研究也产生了"灯下黑"的效应。其实，恩格斯要批判新康德主义，直接把新康德主义作为贯穿全文的批判主题即可，不一定非要以哲学史回顾的方式先谈康德本人的哲学呢？诚然，《费尔巴哈论》第一部分谈的确乎是哲学与革命的关系，但恩格斯的主要目的并非为了把哲学政治化。对于直接参与革命的恩格斯以及《新时代》杂志的读者来说，"哲学直接就是政治"这一命题根本不是问题，根本不需要大费周章地予以回顾。问题恰好反过来。自 1848 年革命以后，德国人太热衷于谈论革命与实践，而不谈哲学方法论了！所以，《费尔巴哈论》的第一部分以"1848 年的革命毫不客气地把全部哲学都撇在一旁"收尾，给人的感觉好似是在批评费尔巴哈跟不上时代。实则不然。到第四部分的结尾的最后两段，恩格斯重新回到了对待 1848 年革命以后哲学的态度。恩格斯写道：

> 随着 1848 年革命而来的是"有教养的"德国抛弃了理论，转入了实践的领域……如美国《科学》杂志已经公正地指出的，在研究单个事实之间的重大联系方面的决定性进步，即把这些联系概括为规律，现在更多的是出在英国，而不像从前那样出在德国。而在包括哲学在内的历史科学的领域内，那种旧有的在理论上毫无顾忌的精神已随着古典哲学完全消失了；起而代之的是没有头脑的折中主义，是对职位和收入的担忧，直到极其卑劣的向上爬的思想。②

---

① 吴猛. 历史的肉身：《路德维希·费尔巴哈和德国古典哲学的终结》当代解读 [M]. 上海：复旦大学出版社，2018：12-13.

② 中共中央马克思恩格斯列宁斯大林著作编译局. 马克思恩格斯文集：第 4 卷 [M]. 北京：人民出版社，2009：312-313.

　　新康德主义只谈经验、现象、"事实",否认现象背后更为本质的、不以人的意志为转移的客观联系。他们集中关注认知主体与认识对象之间的构成关系,对经验的、观念的世界予以反思,看起来有一定的批判性,但这种批判性是带着浓厚的主观任意性的,是一种以自我为中心的资产阶级折中主义、实用主义学说。它是对德国古典哲学彻头彻尾的背叛。只有在"对职位、牟利,对上司的恩典没有任何考虑"的工人阶级当中,德国古典哲学的火种才得以留存。"德国的工人运动是德国古典哲学的继承者。"马克思、恩格斯的哲学是重视实践不假,但绝不是无条件地支持一切实践,尤其要反对被错误理论所误导的实践。1848 年以后,德国国内已缺少政治革命、自然科学研究等具体的实践,相反,它缺少能够真正指导实践并使其具有革命意义的科学理论。列宁后来说"没有革命的理论,就不会有革命的运动"①,便十分深刻地抓住了《费尔巴哈论》的精髓。

　　当然,恩格斯若是能以哲学史回溯的方式写作,把新康德主义与康德哲学的关系梳厘清楚便更好了。《费尔巴哈论》只有一次正面提及了康德本人的哲学。在第二部分论及"否认认识世界"的可能性时,恩格斯提到了康德和休谟两位代表人物,并对康德的"自在之物"进行了反驳。随后恩格斯说:

　　　　如果新康德主义者企图在德国复活康德的观点,而不可知论者企图在英国复活休谟的观点(在那里休谟的观点从来没有绝迹),那么,鉴于这两种观点在理论上和实践上早已被驳倒,这种企图在科学上就是开倒车,而在实践上只是一种暗中接受唯物主义而当众又加以拒绝的羞羞答答的做法。②

　　此处的表述指向很明确,新康德主义是一种不可知论。但是恩格斯并没有说清楚,新康德主义到底复活了康德学说的哪一个因素。以至于给后人留下这样一种印象:不谈"物自体",用实验、工业等实践手段就能完全驳倒

① 中共中央马克思恩格斯列宁斯大林著作编译局.列宁全集:第 2 卷 [M].北京:人民出版社,1984:442.

② 中共中央马克思恩格斯列宁斯大林著作编译局.马克思恩格斯文集:第 4 卷 [M].北京:人民出版社,2009:280.

新康德主义的"不可知论"。可是问题在于，以朗格为代表的新康德主义者恰恰是通过舍弃"物自体"才建立其学说的。其实，恩格斯通过把"新康德主义"和"不可知论"并列，既说出了新康德主义在归根结底的意义上是不可知论，也暗含着新康德主义同一般不可知论的差异性。

二、普列汉诺夫译注对新康德主义谬误的揭示

1892 年《费尔巴哈论》第一个俄文译本问世，普列汉诺夫为其加了小序，并添加了若干注释。1905 年俄译本第二版出版，普列汉诺夫再作长序，并在旧注释的基础上作了若干修改。其中第七个注释跟在上文所引的"……只是一种暗中接受唯物主义而当众又加以拒绝的羞羞答答的做法"之后。普列汉诺夫接续恩格斯完成了从哲学史上考察康德与新康德主义之关系，并揭示其逻辑谬误的理论工作。

1892 年初版的注释主要解释康德不可知论的内涵并对其作出批判。普列汉诺夫认为，康德现象学存在两个因素。一是主观唯心主义的因素，例如直观形式、一般认识形式等；二是实在论的因素，即物自体。可是，你凭什么相信引起感觉的原因是在你之外、而不是在你自身之内呢？凭什么这种把感觉分为两类的习惯不是"自我"的特性呢？普列汉诺夫并不赞同此种来自主观唯心主义者的诘难，只是转述他们的批判话语。从普列汉诺夫自己的立场来看，康德的致命弱点是其学说的"二重性（二元论）"。康德认为，既然"自然必然性"等概念只是我们的主观认知范畴，那么本体世界便未必要受到规律性的束缚，那么上帝、灵魂不死、意志自由等同规律性势不两立的怪影便能拥有容身之地。康德曾在"纯粹理性批判"中同它们作斗争，可是"实践理性批判"又重新拥抱了它们。① 这是康德哲学批判不彻底的地方。普列汉诺夫还运用"象形文字论"试图证伪自在之物不可知的难题，不过这一尝试在 1905 年的版本中被删去了。

1905 年俄译本再版时，普列汉诺夫大篇幅地增加了该注释的内容，把对于康德学说的批判引向了对新康德主义的批判。普列汉诺夫首先明确地指出了康德哲学的内在矛盾。康德一方面认为，自在之物是现象的原因；另一方

---

① 普列汉诺夫. 普列汉诺夫哲学著作选集：第一卷［M］. 北京：生活·读书·新知三联书店，1962：532.

面又认为，因果范畴只适用于现象世界而不适用于物自体。到底应该听哪一个康德的话呢？若坚持第一方面，则走向唯物主义的道路；若坚持第二方面，则走向主观唯心主义的道路。但是反过来，并不是每一个唯物主义者都能够摆脱康德二元论的阴影。例如霍尔巴赫就认为物质的本质是不可知的，人们只能知道物质的特性；而朗格则据此批评说"唯物主义固执地把感性假象的世界当作现实对象的世界"。普列汉诺夫的看法反过来，他认为物的本性正是表现在物的特性之中，不宜将两者割裂看待。那么，到底该如何证伪"特性之外尚有本性"的二元论呢？普列汉诺夫在此运用了黑格尔"扬弃问题本身"的思考方式：

> 黑格尔异常明确地揭露了作为我们不能认识自在之物这一切认识之基础的那种逻辑（如果愿意的话，也可以说认识论的）错误。的确，我们没有任何可能来回答自在之物是什么的问题。其原因也很简单，因为"是什么？"这一问题的前提是该物具有应当加以指出的那些特性；这一问题只有在这一前提下才有某种意义。但是，那些讲着自在之物不可认识的"高谈哲理的人"，却预先把物的一切特性抽去，这样就使这个问题成为荒唐的问题，因而也不可能加以回答。①

普列汉诺夫虽未读过马克思未发表的《1844年经济学哲学手稿》，但此处的思路与马克思对"自在自然"的批判不谋而合：

> 你应该不是仅仅注意一个方面即无限的过程，由于这个过程你会进一步发问：谁生出了我的父亲？谁生出了他的祖父？
>
> ……这过程驱使我不断追问，直到我提出问题：谁生出了第一个人和整个自然界？
>
> 我只能对你作如下的回答：你的问题本身就是抽象的产物。……你设定它们是不存在的，你却希望我向你证明它们是存在的。②

马克思认为，我们关于自然界的一切知识，都是经由人类思维所中介的

---

① 普列汉诺夫. 普列汉诺夫哲学著作选集：第一卷 [M]. 北京：生活·读书·新知三联书店，1962：533-534.

② 中共中央马克思恩格斯列宁斯大林著作编译局. 马克思恩格斯文集：第1卷 [M]. 北京：人民出版社，2009：195-196.

认识,无视这个中介过程、宣称自己把握了无人身的自然本体,显然是一种谬误。主客体的二元对立不是前反思的,而恰恰是高度反思的结果。对物自体、对自在自然等超越人类可知世界的概念的把握,本就是以人类可知世界的实在内容作为前提的。譬如当我们谈论一个椅子的时候,必是根据它的形状、颜色等特性才将此断定为一个椅子;离开这些特性我们便不会形成作为"椅子"的对象,更遑论追问其背后的"物自体"是什么。单凭思辨中的外部性,不可能超越思辨本身。要真正地走出思辨,就要弄清楚我们何以如此这般地思辨!在这一点上,普列汉诺夫和马克思都继承了黑格尔"扬弃问题本身"的批判方式。

言及于此,仿佛普列汉诺夫在主张我们离不开现象世界去认识世界本身,仿佛他跟取消"物自体"的新康德主义的"经验一元论"又没有分别了。普列汉诺夫对读者的困惑早有预料,因此他接着发问:物的特性是纯粹主观的东西吗?答案是否定的。物的特性虽然是我们观察所得的结果,但引起这些结果的原因却是来自我们以外的客观实在的。这似乎又回到了康德的内外有别的二元论。其实不然。普列汉诺夫的关键一招在于对"我们",亦即认知的主体作出批判:"不仅人们是主体,而所有那些由于自身结构的某些特殊性而有可能这样或那样地'看见'外部世界的有机体都是主体。但这些有机体的结构是不一样的,所以外部世界对他们来说也有不一样的'形态'。"① 这里的"结构""有机体"等术语都是在生物学的意义上来运用的。譬如,人和蜗牛拥有不同的生理结构,因而也就拥有不同的看待世界的方式。

三、在捍卫唯物主义内涵中联想到斯宾诺莎哲学

普列汉诺夫的上述观点仿佛又使得普列汉诺夫偏向于朗格的"感官生理学"。朗格认为:"世界不单是表象,而且是我们的表象;它在一般的必然的经验原理上,是人类的组织的产物,在自由处分对象的综合上,是个人的组

---

① 普列汉诺夫. 普列汉诺夫哲学著作选集:第一卷 [M]. 北京:生活·读书·新知三联书店,1962:536.

织的产物。"① 朗格由此推出：每个人所认识的世界的内容都是不同的，我们绝对无法摆脱各自独特的生理组织所赋予我们的"先验"认识结构，以及由此所干预的具体的经验世界。因此，客观的、普遍的、公共的真理是不可被认知的。普列汉诺夫则只承认不同生物体认识世界的方式的不同，并不认为认识的内容所对应的客观世界的内容是不同的。人和蜗牛虽然看待世界的方式不同，但他们所看到的是同一个世界。此外，普列汉诺夫进一步指出，生物的机体结构本身，也应当被看作对"我"发生作用的外部世界的一个部分。我的感觉、经验、意识、思维，是物质作用于物质、有机体以外的物质作用于有机体的结果。"主体也是客体，物质在某些条件下赋有意识。"② 普列汉诺夫认为，这才是彻底的唯物主义的内容。它的源头可追溯至斯宾诺莎哲学：

> 如18世纪所创立的、而为科学社会主义的创始人所接受的唯物主义，正是主张"除广延性的实体外，我们不能知道有其他能思维的实体，而且思想和运动同为物质的功能"的学说。但是这是对哲学二元论的否定，这使我们直回到斯宾诺莎老人同他的只具有广延性与思想两属性的单一实体。③

从广延的视角来看，只存在着物质之间的相互作用，意识是物质运动的结果并通过物质运动而表现出来。相反，"自我""主体"，只是思维世界的一个组成部分。它不能把任何必然性的规律强加于广延的世界。至此，普列汉诺夫笔下斯宾诺莎哲学的核心内容已经廓清：世界的真正统一性在于斯宾诺莎所说的广延或物质世界；意识既是物质世界机械运动的客观结果，也作为人们用以描述物质世界的方式而从属于斯宾诺莎所说的思维。

普列汉诺夫绝非原汁原味地引注斯宾诺莎的文本。普列汉诺夫的逻辑是，先说明唯物主义如此这般，后提出该观点"使我们直回到"斯宾诺莎。

---

① 朗格. 朗格唯物论史：下卷［M］. 郭大力，译. 郑州：河南人民出版社，2016：560.

② 普列汉诺夫. 普列汉诺夫哲学著作选集：第一卷［M］. 北京：生活·读书·新知三联书店，1962：543.

③ 普列汉诺夫. 普列汉诺夫哲学著作选集：第二卷［M］. 北京：生活·读书·新知三联书店，1961：381.

也就是说，斯宾诺莎的学说是由已经揭示了的唯物主义的内涵中联想出来的。换言之，这种联想是基于唯物主义的内涵而从斯宾诺莎全部学说里刻意筛选出来的。譬如普列汉诺夫讲，斯宾诺莎认为实体只有广延和思想两种属性，这是不符合斯宾诺莎原意的。斯宾诺莎说的是，在全部的属性里，我们只能知道广延和思想两种。① 如果读者去考较斯宾诺莎本来的命题，只怕要提出种种诘难。但即便坦率地承认普列汉诺夫误读了斯宾诺莎，也无损于普列汉诺夫的核心观点的提出。在普列汉诺夫的逻辑构架里，先有"唯物主义是什么"的一般规定，后有"斯宾诺莎是唯物主义者"的具体判断。

普列汉诺夫之所以要竭力阐明唯物主义的内涵，是由于当时许多人误解了唯物主义。1905 年《费尔巴哈论》俄译本长序对此作了总结："和唯物主义的反对者说的相反，唯物主义者绝不企图把一切心理现象归结为物质的运动。在唯物主义者看来，感觉和思想、意识都是运动着的物质的内部状态。"② 包括伯恩施坦、施泰恩、朗格等人都把唯物主义视作意识向物质的还原论。例如伯恩施坦认为，唯物主义就是"只相信原子"。③ 施泰恩则提出："自然哲学的唯物主义的基本思想是，物质是一种绝对的、永恒存在的东西；一切精神的东西（心理的：感情、感觉、意志、思维）都是物质的产物。"④ 这些观点同普列汉诺夫所说的把"意识"看作"运动着的物质的内部状态"有什么不同呢？两者分歧在于认识起点究竟从何处开端。按照还原论式的理解，唯物主义认识论从意识开端，随后再根据意识的内容或形式去寻找其物质性的原型，如此一来所寻得的原型自然不可能超越意识主体自身的界限。为此朗格才提出，康德、休谟等人的贡献在于看到了以往唯物主义认识论的内在矛盾，亦即是说，还原所得的"物质"实则意识的产物。而在普列汉诺夫看来，唯物主义者实则强调直接从物质出发，尤其是从物质的运动亦即身体与世界的相互作用出发。普列汉诺夫认为，只有后一种唯物主义

---

① 参见本书第一章第三节第一目。

② 普列汉诺夫. 普列汉诺夫哲学著作选集：第三卷［M］. 北京：生活·读书·新知三联书店，1962：78.

③ 普列汉诺夫. 普列汉诺夫哲学著作选集：第二卷［M］. 北京：生活·读书·新知三联书店，1961：389.

④ 普列汉诺夫. 普列汉诺夫哲学著作选集：第二卷［M］. 北京：生活·读书·新知三联书店，1961：394.

才能克服新康德主义"既从物的特性出发又抽去物的特性"的逻辑矛盾。

综上所述，笔者将普列汉诺夫揭露伯恩施坦主义哲学谬误的主导思路总结如下（见表4-1）。应当把普列汉诺夫著作中的两个问题分开。第一个问题是唯物主义的内涵是什么？第二个问题是斯宾诺莎与唯物主义是什么关系？第一个问题是从《唯物主义史论丛》《一元论历史观之发展》就开始的老问题，第二个问题是从1898年公开批判修正主义开始提出的新问题。带着第二个问题，普列汉诺夫重新激活了《费尔巴哈论》的文本意义，也从《神圣家族》中挖掘出潜藏的、从斯宾诺莎泛神论到费尔巴哈唯物主义再到马克思唯物主义的哲学史"暗线"。

表 4-1　普列汉诺夫批判伯恩施坦修正主义的主导思路

伯恩施坦的观点		普列汉诺夫的批评	
伯恩施坦的修正主义立场	朗格、施米特论康德哲学	主观唯心主义。把康德二元论一元化的失败尝试①	揭示新康德主义的逻辑构架及其内在矛盾
伯恩施坦所认为的唯物主义	朗格论唯物主义	哲学史分期上有错误，无视最新的辩证唯物主义②	捍卫唯物主义的基本内涵，并据此反驳新康德主义不可知论
	施泰恩论唯物主义	唯物主义与斯宾诺莎学说没有根本分别。从斯宾诺莎到现代唯物主义有不变内核③	
	施泰恩论斯宾诺莎		

① 参见《康拉德·施米特反对卡尔·马克思和弗里德里希·恩格斯》以及普列汉诺夫为第一、第二版《费尔巴哈论》俄译本所作的序言与注释7。
② 参见《唯物主义史论丛》第（三）部分。
③ 参见《伯恩施坦与唯物主义》的后半部分。

第三节　以斯宾诺莎主义为源头的唯物主义谱系建构

普列汉诺夫在论战中越陷越深。一方面，为了论证斯宾诺莎与马克思的唯物主义的关联，普列汉诺夫引入了费尔巴哈这一中介渠道。另一方面，借助于费尔巴哈把斯宾诺莎实体看作"自然界"的论断，普列汉诺夫又建立起了受斯宾诺莎泛神论全盘支配的唯物主义发展史。他作为《神圣家族》的译者，本该对书中明文揭示的斯宾诺莎作为 17 世纪形而上学的代表、同 18 世纪法国唯物主义和 19 世纪费尔巴哈的唯物主义根本对立的观点心知肚明。出于论战需要，普列汉诺夫刻意掩盖了这条"明线"，因而未能完全掌握唯物辩证法的要义。再者，单就他所挖掘的"暗线"来说，普列汉诺夫也忽略了斯宾诺莎泛神论、费尔巴哈唯物主义与马克思唯物主义间的质的差别，因而把马克思的实践唯物主义理解为物活论。

一、引入费尔巴哈唯物论作为中介

在普列汉诺夫的哲学文本里，费尔巴哈的命运与斯宾诺莎的高度相似。《唯物主义史论丛》和《一元论历史观之发展》的阐述思路都是先谈 18 世纪唯物主义，再谈 19 世纪德国客观唯心主义辩证法，最后把辩证唯物主义视为两者的综合。费尔巴哈的观点被湮没在 18 世纪唯物主义的观点里，亦即遵从《关于费尔巴哈的提纲》所言，把它当成旧唯物主义的代表。普列汉诺夫肯定旧唯物主义努力地用唯物主义解释自然的可能，同时又指责他们漠视了人的社会"实践"，没有像马克思的唯物主义那样回答了"人的'具体活动'怎样发展起来的，怎样由于它发展了人的自我意识，怎样形成了历史的主观方面这一问题"①。因此，法国唯物主义在自然观上是唯物主义的，在历史观上却往往陷入意见支配历史的唯心主义。他们不去考察历史的主观方面如何建立，而是把它们看作决定历史发展的、永恒不变的动力。其观点沿袭了《费尔巴哈论》的评价："旧唯物主义在历史领域内自己背叛了自己，因

---

① 普列汉诺夫. 普列汉诺夫哲学著作选集：第一卷 [M]. 北京：生活·读书·新知三联书店，1962：747.

为它认为在历史领域中起作用的精神的动力是最终原因。"① 可以说,普列汉诺夫完全根据《费尔巴哈论》的论点来反向注解马克思青年时期的《神圣家族》和《关于费尔巴哈的提纲》,甚至该反注也是由于《费尔巴哈论》的明文提示。这使得普列汉诺夫在面对马克思指责旧唯物主义缺乏"能动的方面"时,采取了与恩格斯一致的叙述重点,即侧重于考察人类历史活动如何奠基于唯物主义的基础上,考察实践如何同旧唯物主义的体系相统一。而不是考察何以旧唯物主义"不是从主体方面去理解"②。

要理解《费尔巴哈论》与《关于费尔巴哈的提纲》在表述上的差异,就必须正视这样一个问题:马克思所谓的"能动的方面""实践""主体方面"指的是同自然界相对应的社会历史领域吗? 答案是否定的。马克思没有刻意划分出自然界和社会历史两个领域,而是在一般的、主客体辩证关系的哲学视野下作出了评价。恩格斯则基于自然科学与历史科学不同学科分工的视野作出了评价。在恩格斯的视域下,费尔巴哈和 18 世纪法国唯物主义者被判定为历史唯心主义者。这个判断是正确的。除此以外,费尔巴哈在自然科学方面的唯物主义也不太高明。恩格斯指责他"在乡间过着孤寂生活"而不能对"最近 15 年"所涌现的三个决定性的自然科学的发现保持关注,以至于他心目中的唯物主义还停留于 18 世纪唯物主义所赖以建立的自然科学地基上。③ 如此一来,费尔巴哈同 18 世纪法国唯物主义就没有本质区别了。单单从恩格斯学科分工的视域出发来写作唯物主义史,详细谈论了 18 世纪法国唯物主义以后的确没必要再专门谈论费尔巴哈了。普列汉诺夫对费尔巴哈的"冷漠"也充分体现在他 1892 年为《费尔巴哈论》俄译本写作的关于费尔巴哈的注释(注释 5)里。普列汉诺夫只介绍了《基督教的本质》里宗教批判以及人道主义的观点,对其观点同唯物主义的关联只字不提。

可见,普列汉诺夫并不赞同《神圣家族》里对于费尔巴哈"人道主义相

---

① 中共中央马克思恩格斯列宁斯大林著作编译局. 马克思恩格斯文集:第 4 卷 [M]. 北京:人民出版社,2009:303.
② 中共中央马克思恩格斯列宁斯大林著作编译局. 马克思恩格斯文集:第 1 卷 [M]. 北京:人民出版社,2009:499.
③ 中共中央马克思恩格斯列宁斯大林著作编译局. 马克思恩格斯文集:第 4 卷 [M]. 北京:人民出版社,2009:283-284.

吻合的唯物主义"的赞誉，也完全不想在人道主义与唯物主义间画上等号。其原因或是出于同米海洛夫斯基论战的需要——《一元论历史观之发展》再版序言明确地把该书定位为一本论战性的著作，并点出了对手的名字。① 这场论战同样通过两部分来完成。其一，指出米海洛夫斯基把辩证唯物主义片面地理解为"经济唯物主义"的谬误，亦即澄清辩证唯物主义的内涵；其二，由于米海洛夫斯基在批判"经济唯物主义"的同时提出了"主观社会学"方法，普列汉诺夫还要指出米海洛夫斯基本人所赞同的观点的错误。主观社会学认为社会应当以全体成员的利益谋取和正义实现作为其根据，这是"合乎心愿"、合乎"人的本性"的。按照普列汉诺夫所勾勒出的思想谱系，主观社会学是鲍威尔所代表的自我意识哲学在当代俄国思想界的重演，而鲍威尔兄弟的观点又是法国启蒙派"意见支配着世界"的观点的重复。② 因此，当普列汉诺夫批判法国唯物主义未能摆脱当时流行的唯心史观的时候，他实际上在借古喻今地批判主观社会学的人性论。既然要指出人性论的谬误，就必须指出辩证唯物主义如何摆脱旧唯物主义中的唯心史观。在这种情况下，被马克思判定为"人道主义"、被恩格斯判定为"历史唯心主义"的费尔巴哈是无助于解决这一问题的。可以说，普列汉诺夫原原本本地坚持了《神圣家族》对于费尔巴哈当作人道主义的唯物主义者的判断，但是暗中否认了该书对人道主义本身的肯定。马克思的观点恰好反过来。《神圣家族》肯定了人道主义的唯物主义，却过高地评价费尔巴哈与人道主义的唯物主义的关系。

普列汉诺夫同《费尔巴哈论》的哲学史逻辑也不完全一致。按照恩格斯的看法，费尔巴哈炸毁了黑格尔体系，马克思是同时吸收费尔巴哈与黑格尔的长处而成长起来的。而按照普列汉诺夫的唯物主义史，费尔巴哈与法国唯物主义水平相当，黑格尔唯心辩证法是对法国唯物主义的否定，辩证唯物主义又是对唯心辩证法的否定，那么从费尔巴哈到黑格尔再到马克思就是一个"否定之否定"的低级向高级的发展过程。如此一来，恩格斯所谓马克思

---

① 普列汉诺夫. 普列汉诺夫哲学著作选集：第一卷［M］. 北京：生活·读书·新知三联书店，1962：567.

② 普列汉诺夫. 普列汉诺夫哲学著作选集：第一卷［M］. 北京：生活·读书·新知三联书店，1962：671-674.

"超出费尔巴哈而进一步发展费尔巴哈观点的工作"① 的内容便被普列汉诺夫误解了。普列汉诺夫的观点是,"超出费尔巴哈"的工作,通过从黑格尔对法国唯物主义的批判就已经完成;接下来马克思再把唯心辩证法所发现的规律的、必然的一元论体系头足倒置,亦即"进一步发展费尔巴哈观点"就可以了。普列汉诺夫把费尔巴哈完全拉回了法国唯物主义的水平。哪怕当他开始密集地谈论费尔巴哈的时候,他还坚持认为:"费尔巴哈不知道,他是18世纪的唯物主义在19世纪的真正恢复者;他是这一唯物主义的一切长处和一切短处的代表。"② 费尔巴哈的名字之所以有必要被提及,完全是为了论证"19世纪唯物主义者也是斯宾诺莎主义者"的观点。

在过去的著作里,19世纪的唯物主义的代表是马克思和恩格斯。可是普列汉诺夫却根本无法从两位经典作家笔下找到直接性的证据。《神圣家族》十分严厉地谴责了斯宾诺莎的形而上学,《反杜林论》则把斯宾诺莎当作辩证法家。到哪里寻找相关的依据呢?事实上《伯恩施坦与唯物主义》除了引用恩格斯伦敦面授的轶闻,全部的马克思、恩格斯与斯宾诺莎的关系都建立在"两个作家有一个短时期曾是费尔巴哈的狂热信徒……马克思和恩格斯的批判并不涉及费尔巴哈唯物主义的基本观点"③ 的中介性联系上。斯宾诺莎作为论证伯恩施坦唯物主义观之谬误的策略而出现,费尔巴哈又作为论证斯宾诺莎与唯物主义之一致的策略被质询而来。这种论证策略是丝毫不会影响普列汉诺夫对唯物主义的核心观点的。随后,通过费尔巴哈对斯宾诺莎的阅读,普列汉诺夫强化了自己原本唯物主义观点中的自然界第一性的表述。

二、转译费尔巴哈笔下的斯宾诺莎

费尔巴哈在1847年为《近代哲学史》补充的结论性评论里认为,斯宾

① 中共中央马克思恩格斯列宁斯大林著作编译局. 马克思恩格斯文集:第4卷[M]. 北京:人民出版社,2009:295.
② 普列汉诺夫. 普列汉诺夫哲学著作选集:第二卷[M]. 北京:生活·读书·新知三联书店,1961:400.
③ 普列汉诺夫. 普列汉诺夫哲学著作选集:第二卷[M]. 北京:生活·读书·新知三联书店,1961:402-403.

诺莎的上帝其实就是"自然界"。① 普列汉诺夫《伯恩施坦与唯物主义》引用了这处"证据",以说明费尔巴哈的确是一个斯宾诺莎主义者。普列汉诺夫指出,费尔巴哈同斯宾诺莎的区别只是纠正了后者的神学装饰品,也就是把上帝这个不必要的说法取消掉了,从而更坚定地站到了唯物主义的立场上。真实的情况果真如此吗?

我们先来看普列汉诺夫是如何理解这个"自然界"的。普列汉诺夫后来对它进行了明确的诠释:按照唯物主义者的看法,自然界就是"构成我们感性知觉的对象的物之总和";按照康德的说法,自然界就是物的"定有",是现象的总和,但由于康德也承认自在之物是现象的必要条件,所以康德的自然界归根结底也由物自体的总和所规定。② 因此无论如何,自然界都是一个规定着我们知觉的物质世界的总和。在此我们感觉到普列汉诺夫理论上的一丝犹疑。他似乎想说,自然界不是一个能够跟我们的感觉完全脱离的世界。可是这样一来,仿佛又同经验一元论的新康德主义没有区别了。普列汉诺夫没有再回到这个问题上面来。在他毕生的辩论里,他总是更为强调决定感觉的物质世界的第一性,而极少强调感觉与物质世界的不可分离。

我们再来看看费尔巴哈评论的斯宾诺莎的"自然界"是什么意思。费尔巴哈讲道:"在斯宾诺莎看来,自然界不是感性的事物,而是非感性的、抽象的、形而上学的本质,因此,在他那里,自然界的本质无非表示理性的本质,而且是那种只能与感觉、知觉、直观相矛盾或对立中被理解的理性的本质。"③ 费尔巴哈的意思恰好同普列汉诺夫相反。自然界不是前感性的、决定感性的客观自然,而是由理性所把握了的世界总体。换言之,斯宾诺莎反宗教的地方不在于他是一个唯物主义者,而在于他是一个理性主义者,他把人格化的上帝转化为非人格化的客观理性。费尔巴哈把斯宾诺莎的上帝归结为自然界,也不是为了赞同斯宾诺莎的观点,而是为了反驳这种理性主义认

---

① 费尔巴哈. 费尔巴哈哲学史著作选:第一卷 [M]. 涂纪亮,译. 北京:商务印书馆,1978:329.

② 普列汉诺夫. 普列汉诺夫哲学著作选集:第二卷 [M]. 北京:生活·读书·新知三联书店,1961:491-492.

③ 费尔巴哈. 费尔巴哈哲学史著作选:第一卷 [M]. 涂纪亮,译. 北京:商务印书馆,1978:332.

识论。

可见，费尔巴哈是在黑格尔客观唯心主义的框架内阐释斯宾诺莎，而不是基于唯物主义史的视角。因此费尔巴哈又说："斯宾诺莎是近代思辨哲学的真正创始者，谢林是它的复兴者，黑格尔是它的完成者。"① 普列汉诺夫同样引用了这句话。在这一瞬间，在他对这句话只引述而不释义的缄默里，普列汉诺夫同费尔巴哈真正的哲学史地位擦肩而过。在马克思、恩格斯的视域中，费尔巴哈是黑格尔哲学的"颠倒"，这指的是对于扬弃了法国唯物主义的黑格尔哲学体系的总体性颠倒，而不是把黑格尔的体系拆开，再回到其中的某一个要素。普列汉诺夫始终把费尔巴哈当成"回到"法国唯物主义的主张者，这是不对的。再者，抛开哲学史复杂的关系不讲，单从论证的角度来看，此处引用费尔巴哈的这句话也是不合时宜的。费尔巴哈认为斯宾诺莎是现代思辨哲学的始祖，是唯心主义者谢林和黑格尔的先驱，岂不是在说斯宾诺莎是一个唯心主义者？或许某个时刻，普列汉诺夫又想到了过去他把黑格尔辩证法当作法国唯物主义到现代唯物主义必经环节的唯物主义史专题著作。可是这样一来，斯宾诺莎还是作为唯心主义者、作为辩证法家发挥作用，又怎能用来证明"费尔巴哈和斯宾诺莎都是唯物主义者"的论题呢？于是到后来更为系统阐发斯宾诺莎、费尔巴哈与辩证唯物主义三者关系的《马克思主义的基本问题》（1907）里，这句话干脆不被引用了。

普列汉诺夫还引用了费尔巴哈一句表明自己唯物主义立场的话："存在是主体；思维是宾词。思维是从存在而来的，然而存在并不来自思维。"② 普列汉诺夫注意到这句话跟他所谓的"斯宾诺莎主义"不一样。按照斯宾诺莎的观点，思维应该是存在内部运动的状态才对，怎能把思维还原为存在呢？因此普列汉诺夫指出，这句话严格来说跟斯宾诺莎的学说是不符合的。不过他试图替费尔巴哈打圆场。他说，费尔巴哈这里所说的思维是人的意识，是"思维"的最高形式，费尔巴哈绝不排斥"物质的灵性"，亦即物质运动内部

① 费尔巴哈. 费尔巴哈哲学著作选：上卷［M］. 荣震华，李金山，等译. 北京：商务印书馆，1984：101.
② 费尔巴哈. 费尔巴哈哲学著作选：上卷［M］. 荣震华，李金山，等译. 北京：商务印书馆，1984：115.

会产生思维的状态、不否认其他物种也有意识的观点。① 普列汉诺夫根本揣着明白装糊涂。他刻意令费尔巴哈的原文戛然而止。如果他把上述引文的接下来一句也摘抄出来,费尔巴哈的意图就明显得多了。费尔巴哈接下来说:"存在是从自身、通过自身而来的。"② 如果对应斯宾诺莎的术语体系,费尔巴哈的存在概念应当对应自化自存的"上帝",而非作为属性的"广延"。当费尔巴哈说思维的前提是存在时,他不外说上帝拥有思维这种属性。单单从这个命题,是看不出任何"唯物主义"的印记的。费尔巴哈固然不是一个还原论者,但也绝不承认普列汉诺夫认为的物质运动必然会产生思维的状态的观点。在费尔巴哈看来,存在第一性意味着存在是必然的、思维是偶然的,以偶然之思维把握必然的存在是徒劳的。为此应当超脱思维走向感性直观,亦即从人与世界的反思的统一性走向直接的同一性。因此,费尔巴哈才竭力地抨击斯宾诺莎的理性主义并转向晚期谢林式的神秘主义。总的来说,费尔巴哈同意的唯物主义的观点是极其有限的,而不像普列汉诺夫所说的"一双脚都站在法国唯物主义的立场上"。

值得探讨的是,为什么普列汉诺夫要把费尔巴哈神秘主义的一面遮蔽起来?为什么费尔巴哈对不依赖于思维的"存在"的推崇反而遭到普列汉诺夫的掩饰呢?这同普列汉诺夫一闪而过的犹疑是内在相通的。康德哲学和新康德主义把问题逼到了死角:思维之外有着不可为它所把握的自在之物,由此思维与存在永远不具有同一性。康德保留了这个问题。而新康德主义则取消了这个问题,干脆只把经验的世界看作唯一的世界。普列汉诺夫绝不承认这种不可知论的、二元论的观点,哪怕他承认康德的"物自体"的确是唯物主义的先驱。要解决这种二元论,就必须使得现象界、"思维"同事物本身隶属于同一个世界,把前者看作后者内部运动必然产生的状态。如此一来,通过前者,就必然能够把握后者,尽管思维所把握的观念的序列同事物本身运动的序列不一定在全部时候都完全一致。这是普列汉诺夫大费周章地要回到斯宾诺莎"一个实体、两种属性"的根本考量。

---

① 普列汉诺夫. 普列汉诺夫哲学著作选集:第二卷 [M]. 北京:生活·读书·新知三联书店,1961:403.

② 费尔巴哈. 费尔巴哈哲学著作选:上卷 [M]. 荣震华,李金山,等译. 北京:商务印书馆,1984:115.

普列汉诺夫专注于搜罗费尔巴哈的语句，却忽略了费尔巴哈承继的德国古典哲学血脉，因而压抑了《神圣家族》原有的辩证法史的明线。黑格尔和费尔巴哈都正确地看到，斯宾诺莎的实体，或者普列汉诺夫所寄希望的克服二元论那个实体，是思辨的产物。也就是说，普列汉诺夫毕生所倾尽全力来探求的一元论、"实体"只有在反思的层面才能得以呈现。但普列汉诺夫不能接受这个"唯心主义"式的判断。在更晚的《马克思主义的基本问题》里，普列汉诺夫摆脱了过去自己那些有可能引向正确理解马克思思想的犹疑，建立起了彻底的"唯物主义"的思想史谱系。

三、缺乏实践观点的唯物主义谱系

普列汉诺夫经过反复的迂回，以"神即自然界"的泛神论观点把费尔巴哈和斯宾诺莎联系起来。随后从这个观点出发，把辩证唯物主义判定为"思维是物质性身体与物质世界相互作用之运动的内部状态"的物活论。这个观点不是严格地阅读费尔巴哈或者斯宾诺莎本身的著作而来的，而是围绕着普列汉诺夫自己的唯物主义观点的中轴去寻找相关文本证据"拼贴"而成的。在《马克思主义的基本问题》里，普列汉诺夫在材料引用上更为"忠实"于前人的原文表述。

首先，马克思、恩格斯青年时期站在费尔巴哈"人道主义"立场上这一事实不再避而不谈。但是，普列汉诺夫又认为，费尔巴哈的人道主义就是"人类学"，是关于"人的头脑"的学说，更准确来说是"构成人脑的物质"的学说。① 于是，费尔巴哈的人道主义就被诠释成了严格的唯物主义的学说。普列汉诺夫的引文出自费尔巴哈《论唯灵主义和唯物主义》一文的第九节"医学系与哲学系"的争论。这是该文章当中最受普列汉诺夫青睐的一节。在《伯恩施坦与唯物主义》里。普列汉诺夫也引用过该节，以便证明费尔巴哈与拉美特利《人是机器》观点的相近。② 按照费尔巴哈的观点，人通过身体器官来认识世界。器官的健康程度如何决定了他对世界的感知方式如何。

① 普列汉诺夫. 普列汉诺夫哲学著作选集：第三卷［M］. 北京：生活·读书·新知三联书店，1962：140.
② 普列汉诺夫. 普列汉诺夫哲学著作选集：第二卷［M］. 北京：生活·读书·新知三联书店，1961：399.

"只要我们阐明了这个绝妙的和最难理解的思维物质,亦即大脑物质,那么我们便能迅速地阐明其他物质和一般物质。"① 这确实是彻底的唯物主义观点,可是这同把唯物主义等同于医学、生理学的庸俗还原论有什么不一样呢? 其实,把思维还原为人脑不是费尔巴哈的本意。医学事实在此仅仅作为思辨哲学的对照物而出现,并不意味着费尔巴哈完全赞同了医学的意见。为此费尔巴哈跟着说,解剖学所发现的真理是"僵死的、因而也是不完善的"。其存在的意义只是为了给哲学批判带来一种"视差"。我们的生命、感觉、思维是绝对本原、不可摹仿、不能异化的,这也意味着它不能完全为具体科学所复现。普列汉诺夫力图证明的结论,与费尔巴哈的人道主义是两回事,与《神圣家族》里奠基于实践的人道主义就差得更远了。

其次,普列汉诺夫还不加引述地提示他的读者们,这段关于费尔巴哈"人脑"的论述,是为马克思、恩格斯所明文认可的。恩格斯的《费尔巴哈论》的确概述过费尔巴哈的观点:"我们的意识和思维,不论它看起来是多么超感觉的,总是物质的、肉体的器官即人脑的产物……这自然是纯粹的唯物主义。"② 但恩格斯并没有把费尔巴哈的人道主义和唯物主义等同起来,更没有像普列汉诺夫所说的把"人脑"决定论作为辩证唯物主义的基础。在《反杜林论》里,恩格斯则说,思维是人脑的产物不假,可是"人本身是自然界的产物,是在自己所处的环境中并且和这个环境一起发展起来的;这里不言而喻,归根结底也是自然界产物的人脑的产物,并不同自然界的其他联系相矛盾,而是相适应的"③。也就是说,所谓的人脑决定思维只是自然界总体运动过程的一个局部缩影,要真正把握人脑和思维的秘密,就必须对整个自然界的联系作出研究。这便不是单单一门医学所能完全概括的。

最后,普列汉诺夫更完整地引述了费尔巴哈关于思维与存在的论述,包括过去被刻意隐去的"存在是从自身、通过自身而来的"观点。普列汉诺夫延续人脑决定论的思路,把"存在"理解为"身体"。身体是决定思维的原

---

① 费尔巴哈. 费尔巴哈哲学著作选: 上卷 [M]. 荣震华, 李金山, 等译. 北京: 商务印书馆, 1984: 479.

② 中共中央马克思恩格斯列宁斯大林著作编译局. 马克思恩格斯文集: 第 4 卷 [M]. 北京: 人民出版社, 2009: 281.

③ 中共中央马克思恩格斯列宁斯大林著作编译局. 马克思恩格斯文集: 第 9 卷 [M]. 北京: 人民出版社, 2009: 39.

因，思维是反映身体运动的结果。这就回到了过去普列汉诺夫所反复主张的"思维是物质运动的内部状态"的论点。此时普列汉诺夫才把斯宾诺莎抬出来，并引述了费尔巴哈声称"泛神主义是神学的唯物主义"的说法。现在，斯宾诺莎与费尔巴哈的联结点已经不是过去的统一的自然界的总体了，"神即自然"的命题被直接颠倒为"身内自然亦即身体拥有思维属性"的命题："我的身体属于我的实体，而且我的身体作为一个整体，是我的'我'，是我的真正的实体……会思想的不是抽象的实体，而正是这个现实的实体，即身体。"① 身体是生活在自然界当中的身体，因而反映身体运动状况的思维同时也反映了自然界本身的运动。身体与自然界相互作用的规律也就是思维的规律。

总的说来，普列汉诺夫机缘巧合地抓住了马克思、恩格斯科学世界观的局部要素。他探索辩证唯物主义真理的历程经过了两次"迂回"。第一，费尔巴哈神秘的人道主义本身就是同辩证唯物主义相悖的，因而曲解它反而找到了正确的道路。第二，在把费尔巴哈错解为身体或人脑的还原论的同时，普列汉诺夫也看到了身体并不是孤立地存在着的，而是处于广泛的自然联系之中的，这就为破除生理学还原论找到了方向，从而紧紧扣住了恩格斯《反杜林论》的表述。在普列汉诺夫没有阅读过的《德意志意识形态》里，马克思、恩格斯写道："意识起初只是对直接的可感知的环境的一种意识，是对处于开始意识到自身的个人之外的其他人和其他物的狭隘联系的一种意识。"② 可见，就意识的起源来说，人的身体能同周遭世界产生多少联系，他的意识便是怎样的。这是辩证唯物主义的一个基本前提，也是它同主观唯心主义真正能够分庭抗礼的地方。单单以第三人称的视角谈论物质世界的第一性是无法驳倒主观唯心主义的，无论谈论什么，康德所发现的意识主体的中介始终必然地发挥着作用，单单把它放到一边声称自己达到了主客体直接同一的状态只能通向神秘主义。意识主体的自我批判才是科学认识的必经之路。问题在于自我批判最根本的依据是什么？是拘囿于既定的概念体系的思

---

① 普列汉诺夫. 普列汉诺夫哲学著作选集：第三卷 [M]. 北京：生活·读书·新知三联书店，1962：142.

② 中共中央马克思恩格斯列宁斯大林著作编译局. 马克思恩格斯文集：第1卷 [M]. 北京：人民出版社，2009：533-534.

辨演绎，还是随着身体与外部世界的不断产生联系而反复进行的理论与实践的辩证过程？

　　但普列汉诺夫对于作为实践唯物主义的马克思主义哲学的总体面貌是完全不清楚的。他把从费尔巴哈阐发出来的关于辩证唯物主义的论点当作"唯物主义历史观的基础"①。也就是说，马克思、恩格斯的历史科学只是辩证唯物主义的运用，而不影响其哲学世界观的根本。普列汉诺夫心目中的辩证唯物主义（或者说身体与世界的相互作用的学说）可以借助自然科学而充分说明。但问题绝非这样简单！当恩格斯把对于人脑的研究扩展到对自然界整体联系的研究时，他指的是包含人类历史在内的、发展着的自然界。人脑不仅仅是一种生理结构，随着自然界发展而发展的人脑也不只经历了量的改变。人脑的质的发展，人和猿的区别是从"手的专业化"、从"人对自然界进行改造的反作用"、从"生产"开始的。恩格斯还特别说明，手脚的分化不单单是从个体的生物发生学的意义来说的，"而且从历史方面来说也是如此"。② 可见，要对人脑形成真正的认识，或者说要对恩格斯那种发展着的自然界形成总体的认识，单单依靠实证科学意义上的、与历史科学泾渭分明的"自然科学"是绝不够的。

　　在德国古典哲学的意义上，真正的"科学"始终指的是囊括全部知识在内的哲学体系。马克思主义的科学世界观是内在统一的不可分割的总体，它可以由具体科学来佐证或者举例，但不能被单一学科代替。身体与世界的相互作用并非自然科学所能描述的"事实"，而就是人历史地同自然界发生关系的实践活动。无论像原本的费尔巴哈那样以形而上学的直观来把握两者的同一性，还是像普列汉诺夫那样主张利用特定历史时期的自然科学成果来予以描述，都远远偏离了实践唯物主义的真正内涵。

---

① 普列汉诺夫. 普列汉诺夫哲学著作选集：第二卷［M］. 北京：生活·读书·新知三联书店，1961：141.

② 中共中央马克思恩格斯列宁斯大林著作编译局. 马克思恩格斯文集：第9卷［M］. 北京：人民出版社，2009：421.

第五章

学习辩证法的借力点

第一节　列宁对斯宾诺莎哲学的定位

一、列宁对普列汉诺夫的回溯工作长期保持沉默

从现存的《列宁全集》中文第二版的收录情况来看，出现斯宾诺莎名字的文献不多。列宁主动提及斯宾诺莎的地方更加少。原因在于，列宁对于哲学唯物主义内涵的兴趣大于对它的历史的考究，更不似普列汉诺夫那样非得"回到斯宾诺莎"以展示高超的辩论技巧。列宁阅读过普列汉诺夫《马克思主义的基本问题》一书，并肯定它是关于马克思主义哲学与历史唯物主义的"最好的论述"① 之一。列宁直接跳过该书谈论斯宾诺莎、费尔巴哈与辩证唯物主义三者关系的第一、二、三小节，从正面谈论唯物主义基本内涵的第四节开始作批注。比起斯宾诺莎，列宁似乎对该书当中提到的"费尔巴哈的哲学比约·狄慈根的哲学要明确得多"的判断更感兴趣，在全书末尾还特意补充了"费尔巴哈和狄慈根"的批注。②

同时期的许多作家都被普列汉诺夫放出的"斯宾诺莎"烟雾弹给迷住

---

① 中共中央马克思恩格斯列宁斯大林著作编译局.列宁全集：第 26 卷［M］.北京：人民出版社，1998：89.

② 中共中央马克思恩格斯列宁斯大林著作编译局.列宁全集：第 55 卷［M］.北京：人民出版社，1990：445，448.

了。1908 年前后,《新时代》杂志刊出文章,称布尔什维克与孟什维克的分歧因为如是的争论而加剧了,该争论的要点是,马克思主义在理论认识上是同斯宾诺莎和霍尔巴赫的学说相吻合,还是同马赫和阿芬那留斯的学说相吻合?把马克思主义哲学视为霍尔巴赫与斯宾诺莎唯物主义的延续,正是普列汉诺夫一手炮制出来的论断。列宁如何看待这个论断呢?列宁以布尔什维克喉舌《无产者报》编辑部的名义发出声明:"这种哲学上的争论实际上并不是派别的争论,而且照编辑部的意见,这也不应当成为派别的争论;任何想把这种分歧当作派别分歧的企图,都是根本错误的。无论在这个或那个派别里,都有两种哲学流派的拥护者。"① 这段声明有两层意思。第一,无论孟什维克还是布尔什维克,其内部都存在着对于哲学唯物主义的不同理解。第二,这两种不同的哲学见解本身不应该上升为政治派系的分歧。列宁只是指出了普列汉诺夫论断的现实存在及其政治影响,没有肯定或者否定该论断本身。

列宁对斯宾诺莎到底是否唯物主义者的态度是暧昧的。《唯物主义和经验批判主义》引用了帕·尤什凯维奇的一句话:"有趣的是,冯特认为经验批判主义是最新型的唯物主义的最科学形式。"列宁解释道,"最新型的唯物主义",即是"认为精神是肉体过程之机能的唯物主义",或者"冯特称之为站在斯宾诺莎主义和绝对唯物主义之间"的唯物主义。② 笔者认为,这里的"斯宾诺莎主义"其实指的是唯心主义。理由有二。第一,冯特的文章发表于 1897 年,早于普列汉诺夫与伯恩施坦的论战。当时哲学界,包括普列汉诺夫所援引的施泰恩,普遍认为斯宾诺莎属于唯心主义阵营。第二,从列宁引征处的上下文也能推出斯宾诺莎主义是唯心主义的结论。列宁谈到冯特,是为了批判尤什凯维奇这个马赫主义者。列宁在这里也卖弄起了辩论的技巧。他发出疑问,为什么尤什凯维奇认为冯特的判断"有趣"呢——既不说冯特是对的还是错的,只说他"有趣"是什么意思呢?列宁继而道出了对尤什凯维奇的诘难:"闭口不谈冯特认为经验批判主义的一些方面是唯物主义,另

---

① 中共中央马克思恩格斯列宁斯大林著作编译局. 列宁全集:第 16 卷 [M]. 北京:人民出版社,1988:405.

② 中共中央马克思恩格斯列宁斯大林著作编译局. 列宁全集:第 18 卷 [M]. 北京:人民出版社,2007:56.

一些方面是唯心主义。"① 也就是说，冯特暴露了经验批判主义的真相，尤什凯维奇则在掩饰这个真相。这个真相就是，经验批判主义是唯物主义与唯心主义的混合，是"折中主义残羹剩汁"。回到列宁所引用的冯特的话：冯特认为，经验批判主义是最新的唯物主义的最科学的形式，而最新的唯物主义又处于斯宾诺莎主义和绝对唯物主义的中间。那么也就是说，经验批判主义便处于斯宾诺莎主义和绝对唯物主义的中间了。可见，这里的斯宾诺莎主义是等同于唯心主义的。

列宁委婉地指出，普列汉诺夫的诠释有倒向唯心主义的嫌疑。这暗含于列宁对普列汉诺夫"象形文字论"的明文否定上。

普列汉诺夫曾在1892年《费尔巴哈论》俄译本第一版的注释里提出，人的感觉不是现实的物和自然过程的复写、摹写，而是其记号、符号："象形文字不同于它们所传达的那些事件。但是，它们能够完全正确地传达事件本身以及它们之间的关系。"② 同样的论断还出现在1899年为回击康拉德·施米特所作的《再论唯物主义》。这回普列汉诺夫拿翻译来举例。普列汉诺夫首先有意把马克思的一句话往对他有利的方向去翻译："观念的东西不是别的，正是在人头脑中被反映和翻译的物质的东西。"③ 随后普列汉诺夫开始解释说，马克思讲"翻译"意味着观念的东西和物质的东西不是同一的，而只是总体上相符合的。作为象形文字论或翻译论之基础的，恰是令普列汉诺夫魂牵梦萦的"一个实体、两种属性"的斯宾诺莎的观点。两种属性对应着两种语言，一个实体对应着客观真实。尽管语言不同，但只要它们所翻译的内容是相同的，它们总体上表达的意义也就是相同的。可是普列汉诺夫最后又承认，翻译正确与否的标准是"经验"。那么按照他的说法，我们用以判断认识真理性的唯一标准只有经验，离开了经验便无从得知观念是否

---

① 中共中央马克思恩格斯列宁斯大林著作编译局.列宁全集：第18卷［M］.北京：人民出版社，2007：56.
② 普列汉诺夫.普列汉诺夫哲学著作选集：第一卷［M］.北京：生活·读书·新知三联书店，1962：560.
③ 普列汉诺夫.普列汉诺夫哲学著作选集：第二卷［M］.北京：生活·读书·新知三联书店，1961：499.国内学界通常译为"观念的东西不外是移入人的头脑并在人的头脑中改造过的物质的东西而已"。（中共中央马克思恩格斯列宁斯大林著作编译局.马克思恩格斯文集：第5卷［M］.北京：人民出版社，2009：22.）

正确反映了物质。难怪后来普列汉诺夫要删去1892年注释里提到的象形文字论，因为这个说法最终还是绕回了经验一元论。但在1905年《费尔巴哈论》俄译本长序里，普列汉诺夫仍保留了他对于还原论的唯物主义的批判态度，以及把意识看作物质内部运动状态的基本观点。①

列宁认为，坚定的哲学唯物主义立场应当看到恩格斯说的就是"复写、摄影、模写、镜像"，简言之就是反映论，而不是普列汉诺夫"一个实体、两种属性"的论调。《唯物主义和经验批判主义》的唯物主义反映论立场根本不是《马克思主义的基本问题》的物活论。这是列宁反对普列汉诺夫回溯斯宾诺莎泛神论，并在书中把"斯宾诺莎主义"等同于"唯心主义"的深层原因。普列汉诺夫的主要对手朗格，主要是从哲学史上来误释唯物主义；列宁的主要对手马赫主义者，则从"最新的""现代的"实证论、自然科学来驳斥唯物主义。因此，比起回溯到斯宾诺莎，或者专门批评普列汉诺夫吸收最新的、自然科学的成果来捍卫唯物主义，对列宁来说是更为直接的论辩策略。这也意味着，列宁不再像普列汉诺夫那样拘泥于从斯宾诺莎泛神论到马克思唯物主义的哲学史"暗线"。在后续的分析里我们将看到，列宁绕过斯宾诺莎泛神论，为实践唯物主义找到了其他源头。

二、"哲学笔记"是列宁邂逅斯宾诺莎的主要文本

根据对中文第二版《列宁全集》的词频检索，第二个密集出现"斯宾诺莎"名字的"文本"是通称"哲学笔记"的第五十五卷。"哲学笔记"涵盖了列宁从1895年到1916年研读哲学著作所写的摘要、短文、札记和批注。严格来说，它不是一个"文本"，而是多个文本或者说多种文本形态②的集合。按照斯宾诺莎名字出现的场合，本书将其分为三类情形。为了方便后续文本分析工作的开展，笔者以阿拉伯数字对它们依次编号。

第一类是列宁只抄不论或未形成带有明确判断之批注的情形。本书在谈

---

① 参见本书第二篇第四章第二节第二目。
② 张一兵教授将此细分为"生成性文本""亚文本"和"拟文本"三类。"生成性文本"指的是列宁未成品的手稿；"亚文本"指的是摘录性笔记和思想理论提纲；"拟文本"指的是读书批注。张一兵.回到列宁：关于"哲学笔记"的一种后文本学解读［M］.南京：江苏人民出版社，2008：53.

论马克思《神学政治论》的摘抄笔记时曾说过，此类文本不能直接反映作者是否赞同被摘抄的观点，只能表明作者当时知道某事。在此情形下，斯宾诺莎仅仅是列宁读书中的一个"过客"。对待此类文本，应谨慎诠释以免意义过载。

1. 1895 年，列宁摘录了马克思恩格斯《神圣家族》一书。其中摘录了第 6 章第 3 节（d）目，也就是谈及法国唯物主义历史的部分。后来列宁又摘录了"往后的各节"中的内容。其中关于斯宾诺莎的有：

（1）"18 世纪的法国启蒙运动和法国唯物主义不仅是反对现存政治制度的斗争，而且还是反对 17 世纪的形而上学，即反对笛卡尔、马勒伯朗士、斯宾诺莎和莱布尼茨的形而上学的公开斗争。"[1]

（2）"皮埃尔·培尔用自己的怀疑论武器从理论上摧毁了 17 世纪的形而上学。他主要驳斥了斯宾诺莎和莱布尼茨。"[2]

（3）"孔狄亚克用洛克的感觉论去反对 17 世纪的形而上学，他公开驳斥了笛卡儿、斯宾诺莎、莱布尼茨、马勒伯朗士的体系。"[3]

（4）"在黑格尔的体系中有三个要素：斯宾诺莎的实体、费希特的自我意识以及这两个要素在黑格尔那里必然的矛盾的统一。"[4]

（5）"施特劳斯从斯宾诺莎主义的观点出发，鲍威尔从费希特主义的观点出发，在神学范围内彻底地贯彻黑格尔体系。"[5]

2. 1908 年写作《唯物主义和经验批判主义》期间，列宁阅读了约·狄慈根的《短篇哲学著作集》并留下批注。其中，关于斯宾诺莎的地方集中于《一个社会主义者在认识论领域中的漫游》。具体包括：

（1）狄慈根在文中概括了斯宾诺莎的实体观，对此持批判态度。第一，

---

① 中共中央马克思恩格斯列宁斯大林著作编译局 . 列宁全集：第 55 卷［M］. 北京：人民出版社，1990：25.

② 中共中央马克思恩格斯列宁斯大林著作编译局 . 列宁全集：第 55 卷［M］. 北京：人民出版社，1990：27.

③ 中共中央马克思恩格斯列宁斯大林著作编译局 . 列宁全集：第 55 卷［M］. 北京：人民出版社，1990：28.

④ 中共中央马克思恩格斯列宁斯大林著作编译局 . 列宁全集：第 55 卷［M］. 北京：人民出版社，1990：29.

⑤ 中共中央马克思恩格斯列宁斯大林著作编译局 . 列宁全集：第 55 卷［M］. 北京：人民出版社，1990：29.

他不赞同"有限的事物是无限的实体的样式"的观点。第二，他认为斯宾诺莎把思维和广延看作实体两个属性是错误的，尤其是绝对思维"纯属无稽之谈"。第三，他认为绝对真理不过是一般化的真理，它不存在于精神而是存在于精神的客体之中。列宁画出一些重点词句，在这些观点旁边都打上了"注意"，以及留下了"纠正斯宾诺莎""客体中的绝对真理"两组简要的提示语。①

（2）狄慈根批判"狭隘的唯物主义把人类精神看作头脑的特性"，并提出辩证唯物主义应当"按照斯宾诺莎的指点从宇宙的角度，从永恒性的角度考虑问题"。列宁画出一些重点词句，并在旁边打上了"注意"。②

（3）狄慈根引述莱辛把斯宾诺莎称作"死狗"的比喻，并称黑格尔也遭受同样命运。列宁画出一些重点词句，并在旁边打上了"注意"。③

3. 1908 年 10 月以后④，列宁批注了弗·米·舒利亚季科夫《西欧哲学（从笛卡尔到恩·马赫）对资本主义的辩护》一书。该书认为，资产阶级体系一般都是二元论的。诚然从斯宾诺莎的哲学体系开始二元论遭到批判，但资产阶级的唯物主义体系没有证实自己战胜了二元论观点。列宁在"斯宾诺莎的"几个字下面画了双横线，在其他一些字句上画了单横线，在旁边批注"注意"。⑤

4. 1914 年，列宁摘抄了费尔巴哈《对莱布尼茨哲学的叙述、阐发和批判》一书。其中谈到了费尔巴哈引用的《斯宾诺莎与赫尔巴特》一书，并概括费尔巴哈的语境："保护斯宾诺莎，反驳'道德论者'赫尔巴特的庸俗的抨

---

① 中共中央马克思恩格斯列宁斯大林著作编译局. 列宁全集：第 55 卷 [M]. 北京：人民出版社，1990：419.

② 中共中央马克思恩格斯列宁斯大林著作编译局. 列宁全集：第 55 卷 [M]. 北京：人民出版社，1990：428-429.

③ 中共中央马克思恩格斯列宁斯大林著作编译局. 列宁全集：第 55 卷 [M]. 北京：人民出版社，1990：432.

④ 这份批注的成稿时间也没有标明。舒利亚季科夫的书目出版于 1908 年。《列宁全集》中文第二版第 55 卷的编者认为，从列宁所作的批注内容可以看出，批注是在《唯物主义和经验批判主义》快完稿或完稿以后所作。

⑤ 中共中央马克思恩格斯列宁斯大林著作编译局. 列宁全集：第 55 卷 [M]. 北京：人民出版社，1990：453.

击。"列宁又另起一段说:"强调指出斯宾诺莎的客观主义等等。注意。"① 虽然列宁留下许多文字,但他仍然只是概述,未留下任何评价。因此本书仍将此归为第一类。

5. 1914 年,列宁摘抄了黑格尔《逻辑学》一书。其中只抄不论,或者只是含糊地评价黑格尔"含糊""模糊"而未说出任何确切判断的地方有:

(1)"导言"部分,黑格尔批判了斯宾诺莎、沃尔夫把"数学的方法"当作"哲学的方法"的错误。②

(2)"存在论"部分,黑格尔谈论规定性时,运用了斯宾诺莎"一切规定即否定"的命题并展开分析。列宁指出,"这里的叙述断断续续,而且非常模糊","抽象而费解的黑格尔主义——恩格斯语"。③ 可见列宁此处自己都十分迷茫,更不要提作出确切评价了。

(3)"本质论"部分,列宁先提到,黑格尔注释"过分一般地、含糊地"谈到斯宾诺莎和莱布尼茨的缺点。具体缺点是什么,列宁没有摘录。黑格尔在注释里谈及斯宾诺莎与莱布尼茨互补,突发感慨地把这种互补上升到哲学高度。列宁"顺便"摘抄了这个逻辑论断:"一种哲学原理的片面性通常都是跟相反的片面性对立起来,并且历来总体至少是作为一种分散的完整性出现的。"列宁在旁边留下两则注解,"通常:从一个极端到另一个极端""总体=(作为)分散的完整性。"④ 这里只是对文意的概述,仍不涉及任何确切评价。

(4)"概念论"部分,列宁概述性地抄下了黑格尔对斯宾诺莎哲学的评价:斯宾诺莎的实体哲学是很高的,但不完全,不是最高的。他的体系里缺乏自由的、独立的、有意识的主体,然而斯宾诺莎也认为思维是实体的一个

---

① 中共中央马克思恩格斯列宁斯大林著作编译局 . 列宁全集:第 55 卷 [M]. 北京:人民出版社,1990:69.

② 中共中央马克思恩格斯列宁斯大林著作编译局 . 列宁全集:第 55 卷 [M]. 北京:人民出版社,1990:81.

③ 中共中央马克思恩格斯列宁斯大林著作编译局 . 列宁全集:第 55 卷 [M]. 北京:人民出版社,1990:89.

④ 中共中央马克思恩格斯列宁斯大林著作编译局 . 列宁全集:第 55 卷 [M]. 北京:人民出版社,1990:131.

属性。①

第二类是列宁边抄边论但其论并不直接提及斯宾诺莎的情形。此类文本除了表明列宁"知道"某事，还夹带着列宁的判断。对于这类文本，须要审慎地甄别列宁所论的问题同其所摘录的斯宾诺莎之间是否存在着内在关联。

6. 1909 年以后②，列宁摘抄了费尔巴哈的《宗教本质演讲录》。其中费尔巴哈给自然界下了定义："我把自然界理解为一切感性的力量、事物和存在物的总和，人把这些东西当作非人的东西而和自己区别开来……"列宁关于这段摘抄批注有二③：

（1）列宁在摘抄旁边批注说："可见，自然界=超自然的东西以外的一切。费尔巴哈是杰出的，但不深刻。恩格斯更深刻地确定了唯物主义和唯心主义的区别。"该批注未提及斯宾诺莎的名字，但充分表明了列宁对该段摘抄的态度。

（2）列宁在摘抄末尾用括号括起来称："上面所讲的是同斯宾诺莎的区别。"乍看起来列宁主动提到了斯宾诺莎，似乎该归入下文所讲的第三类情形。其实不然。费尔巴哈的原文就是先谈论了斯宾诺莎"自然界或神"的观点，随后对此作出批判。④ 列宁只是概述了原文。因此该批注宜归为上述第一类情形。

7. 1914 年，列宁摘抄了费尔巴哈《对莱布尼茨哲学的叙述、阐发和批判》一书。列宁关注了该书谈及莱布尼茨与斯宾诺莎差异的内容。具体包括：

（1）费尔巴哈称，莱布尼茨不同于斯宾诺莎的地方在于给实体增添了"力的概念""自己活动"的原则。列宁摘抄后评价道："因此，莱布尼茨通

---

① 中共中央马克思恩格斯列宁斯大林著作编译局. 列宁全集：第 55 卷［M］. 北京：人民出版社，1990：139.

② 该摘抄笔记的写作时间尚无确切材料佐证。《列宁全集》中文第二版标注的时间是"不早于 1909 年"。原因是，列宁于 1909 年 1—6 月曾在巴黎国立图书馆从事研究工作，但是一直在巴黎住到 1912 年 6 月，1914 年 1 月又访问了巴黎。这几个时间点都有可能写作。

③ 中共中央马克思恩格斯列宁斯大林著作编译局. 列宁全集：第 55 卷［M］. 北京：人民出版社，1990：41—42.

④ 费尔巴哈. 费尔巴哈哲学著作选：下卷［M］. 荣震华，李金山，等译. 北京：商务印书馆，1984：591.

过神学而接近于物质和运动的不可分割的（并且是普遍的、绝对的）联系的原则。似乎应当这样去理解费尔巴哈?"①

（2）费尔巴哈称，斯宾诺莎的本质是单一，莱布尼茨的本质是差异、区别。随后费尔巴哈以美文学语句叙述了两者的不同，又谈到莱布尼茨的实体也不是笛卡尔的僵死实体，而是活动的实体。列宁摘抄完这些论述后评价道："大概马克思就是因为这一点而重视莱布尼茨，虽然莱布尼茨在政治上和宗教上有'拉萨尔的'特点和调和的趋向。"② 以上两处显然都是对莱布尼茨的肯定性评价。

8. 1914年12月17日摘抄完《逻辑学》一书后，列宁又补充阅读和摘抄了《小逻辑》277节的内容。此处重点是分析与综合两种方法的运用。黑格尔赞赏斯宾诺莎和谢林在定义中提出许多"思辨的东西"，又批评他们"以断言的形式"提出。列宁接着说："哲学则应当证明和推论一切，而不应当局限于下定义。"③ 这句话是仅仅复述黑格尔的观点，还是表明了自己的观点呢? 本书认为是后一种情况。因为列宁在这则摘抄笔记里，始终对黑格尔保持着赞赏的态度。在不涉及世界观而只涉及哲学方法的地方，他同黑格尔的观点是高度一致的。

9. 1915年，列宁摘抄了在法国唯心主义哲学家乔治·诺埃尔《黑格尔的逻辑学》一书。这种评价支配着整个摘抄笔记。诺埃尔曾把黑格尔与斯宾诺莎作比较：两人都赞同使自然界服从于逻辑，但黑格尔强调矛盾逻辑而非数理逻辑；同斯宾诺莎在一起会成为唯心主义的反对者；发展观念对黑格尔主义来说十分典型但对斯宾诺莎而言毫无意义。诺埃尔反对人们指责黑格尔是泛神论者。列宁在此留下了评价："诺埃尔的'保护'就在于（反复说明）黑格尔是唯心主义者。"④ 这个评价是一个负面评价，同摘抄开篇把诺

---

① 中共中央马克思恩格斯列宁斯大林著作编译局. 列宁全集：第55卷［M］. 北京：人民出版社，1990：60.
② 中共中央马克思恩格斯列宁斯大林著作编译局. 列宁全集：第55卷［M］. 北京：人民出版社，1990：61.
③ 中共中央马克思恩格斯列宁斯大林著作编译局. 列宁全集：第55卷［M］. 北京：人民出版社，1990：204.
④ 中共中央马克思恩格斯列宁斯大林著作编译局. 列宁全集：第55卷［M］. 北京：人民出版社，1990：282.

埃尔称为"渺小的唯心主义者",认为其著作"索然无味,毫不深刻"是一致的。因此我们将它归为第二类情形。

第三类情形即列宁专门论及斯宾诺莎的情形。第三类情形下,列宁与斯宾诺莎的关系更为紧密。因为此时列宁已经不只是被动地"看到"斯宾诺莎,而是主动写下了斯宾诺莎的名字,或者对原书作者有关斯宾诺莎的理解作出评价。

10. 1908年10月以后,列宁批注了弗·米·舒利亚季科夫《西欧哲学(从笛卡尔到恩·马赫)对资本主义的辩护》一书。书中提出把斯宾诺莎哲学还原为生产组织形式的观点:"斯宾诺莎的世界观是一首对胜利的资本,对吞噬一切、集中一切的资本的赞歌。在统一的实体之外没有存在,没有物体:在大型工场手工企业以外,生产者就不能存在……"此类把哲学完全还原为经验现实的批判方式,在今天的西欧左翼中又悄悄流行了起来。列宁不留情地批注:"童稚之见。"① 可见列宁对作者此种解读斯宾诺莎实体的做法是不满的。

11. 1915年,列宁写下了《谈谈辩证法问题》。在这里他提到了黑格尔、折中主义者、黑格尔主义的敌人等都把认识看作一串圆圈。随后列出一个有关哲学上"圆圈"的提纲。列宁划分出三个时代:古代、文艺复兴时代和近代。文艺复兴时代写下了"笛卡尔对伽桑狄"。列宁似乎对斯宾诺莎该如何安置并不确定,于是在后面括号补上"斯宾诺莎?"。② 虽然很难直接从中得出列宁的结论,但这毕竟是列宁为数不多的有意识地写下斯宾诺莎名字的地方。

有些研究者恐怕要发问:是否还存在第四类情形呢?第四类情形即,原文作者某段论述本来提到了斯宾诺莎或者针对其问题所作,列宁虽然摘抄、评注了它却没有提及斯宾诺莎的名字。这类情形是不能通过词频检索的方式概括的。例如,列宁在阅读黑格尔《逻辑学》时摘抄下:"因此,上帝在直接的意义上只是自然界。"列宁在其后加括号表示:"这也有特色!"在旁边

① 中共中央马克思恩格斯列宁斯大林著作编译局. 列宁全集:第55卷 [M]. 北京:人民出版社,1990:456.
② 中共中央马克思恩格斯列宁斯大林著作编译局. 列宁全集:第55卷 [M]. 北京:人民出版社,1990:308.

注释补充："费尔巴哈'接受'这一点，打倒上帝，就剩下自然界了。"① 相信阅读过前文的读者定能敏锐地察觉到，此处虽对斯宾诺莎只字未提，却是黑格尔、费尔巴哈与普列汉诺夫谈论斯宾诺莎的多重语境交叠的结果。从此些更为"隐秘"的文本出发，固然是一条还原列宁与斯宾诺莎两个活生生的人的"真实"思想关系的渠道。

本书并不试图探讨此类情形。一方面是技术上的困难。笔者此刻不论是在材料占有还是在研究精力上，都不具备通读列宁所读过的每一本书的条件，因此无法判断哪些原文本就是围绕斯宾诺莎所作。另一方面是研究目的的考量。本书的研究目的不是要正向建立列宁与斯宾诺莎的思想关联，而是要论证"斯宾诺莎问题"在马克思哲学理解史中不是一个必要的问题。也就是说，通过马克思列宁主义反向格义斯宾诺莎哲学的做法诚然有助于部分读者理解马克思列宁主义的内在义理，但即便不如此这般地回溯到斯宾诺莎，通过其他途径——例如通过《费尔巴哈论》所指引的黑格尔与费尔巴哈之关系的主干——也能企及科学世界观的内核。列宁的成功经验恰恰建立在不过高评价斯宾诺莎，并从斯宾诺莎以外的思想资源里找到改造唯心辩证法的有效路径。

本章回顾列宁的成功，除了指出上一章普列汉诺夫的不足，更是为了回击时下西方左翼思潮流行的本末倒置的研究范式。该范式认为应该回到斯宾诺莎本人的著作中去，以此来诠释甚至补充、修正马克思的哲学。所以，本书旨在"拆解"而非"建构"。第四类情形的建构工作应当留给"斯宾诺莎小组"的成员们来做。待得他们建构好了，拆解才更有意义！

三、改造唯心辩证法是"哲学笔记"的主导性线索

通过以上的文献梳理工作，我们得出几点最基本的结论。第一，跟普列汉诺夫有意识地运用、"呼唤"斯宾诺莎的做法不同，列宁与斯宾诺莎的关系更主要地表现为一种被动的"遭逢"。第二，列宁虽然在他人的著作（包括普列汉诺夫的著作）里邂逅斯宾诺莎，但极少就斯宾诺莎本人的学说发表

---

① 中共中央马克思恩格斯列宁斯大林著作编译局. 列宁全集：第 55 卷［M］. 北京：人民出版社，1990：130.

评论,充其量也只是评论他人对斯宾诺莎的理解。第三,在大部分时候,列宁只是就原书作者从斯宾诺莎学说里阐发出来的观点进行评论。当他这么做的时候,斯宾诺莎的名字往往就从他的视野里消失了,只留下被原书作者所中介了的观点或问题。由此看来,列宁和普列汉诺夫一样,都不关心斯宾诺莎"原汁原味"的学说,也不试图成为一个斯宾诺莎专家。

因此,力图在斯宾诺莎与列宁之间建立一种直接关联本身就是非法的诠释。本书只承认两者之间存在一种中介性的关联。这种关联要求把斯宾诺莎丰富多义的哲学文本化约为若干哲学问题,并进一步使它们从属于主导列宁哲学研究的总问题。不了解这个主导性的问题,也就无法回到列宁遭遇斯宾诺莎的真实语境。抛开 1895 年阅读和摘抄《神圣家族》的文本不论,列宁其余邂逅斯宾诺莎的文本都集中于 1908—1915 年,亦即从创作《唯物主义与经验批判主义》① 开始,持续到伯尔尼"哲学笔记本"② 的尾声。为此我们不得不重新面对一个马克思主义哲学史上的经典问题:《唯物主义与经验批判主义》与"伯尔尼笔记"的思想关系是什么?从《唯物主义与经验批判主义》到"伯尔尼笔记",列宁的哲学世界观的发展历程是如何的?

王东教授从五个方面论证了"伯尔尼笔记"是《唯物主义和经验批判主

---

① 按照《列宁全集》中文第二版 55 卷编者的考证,我们上文以阿拉伯数字标注的 2、3、10 都同《唯物主义与经验批判主义》的写作相关。(中共中央马克思恩格斯列宁斯大林著作编译局 . 列宁全集:第 55 卷［M］. 北京:人民出版社,1990:651,653.)

② 按照王东教授的考证,这是八个式样、大小完全一样,封面为淡蓝色的笔记本。它们都写于瑞士伯尔尼图书馆,列宁把它们分出来单独作为一束,并亲手在第一本的封面写下"哲学笔记本(黑格尔,费尔巴哈及其他)"的字样。(王东 . 哲学创新的源头活水:《哲学笔记》中的列宁构想［M］. 北京:北京师范大学出版社,2017:24.)我们上文以阿拉伯数字标注的 4、5、7、8、9、11 都属于这八个笔记本所记载的内容。上文标注的 6 (《费尔巴哈〈宗教本质讲演录〉一书摘要》)的归属存在争议。《列宁全集》中文第二版 55 卷编者认为,它也应当被列入"哲学笔记本"。最主要的根据是,该摘要第一页后来补写了"费尔巴哈。第 8 卷"字样,而写下这些字样的蓝铅笔与后来"哲学笔记本"的笔迹相同。(中共中央马克思恩格斯列宁斯大林著作编译局 . 列宁全集:第 55 卷［M］. 北京:人民出版社,1990:617-618.)张一兵教授则根据其内容推断,该则摘要应当作于 1909 年 1 至 6 月,后来列宁只是重新看过这个笔记。(张一兵 . 回到列宁:关于"哲学笔记"的一种后文本学解读［M］. 南京:江苏人民出版社,2008:20.)

义》的"直接继续和重大发展"。① 就其研究对象来说，列宁从辩证唯物主义认识论研究走向完整的辩证唯物主义体系探索；就其继承的哲学史思想遗产来说，列宁起初主要继承了马克思恩格斯—普列汉诺夫的思想遗产，后来则吸纳了更为广泛意义上的哲学史遗产；从其发展深度来说，列宁坚持了辩证唯物主义的基本观点，又克服了其中的某些不足，把反映论的基础与辩证法灵魂融会贯通；从哲学批判的深化来看，列宁从1908年的论战性著作转向了包含论战在内，但以正面探讨重大哲学问题为主的建构性著作计划，且后者的论敌比前者要更有分量得多；从总结自然科学危机和革命的角度来说，两部著作合在一起才能完整反映列宁的时代省思。总的来说，这一时期支配列宁思考的总的问题是辩证唯物主义尤其是唯物辩证法的体系的制定问题。② 列宁成功改造唯心辩证法的重要标识是从黑格尔逻辑学"肯定—否定—否定之否定"的三段式里提炼出"对立统一"这个辩证法的核心。③

　　张一兵教授明显反对这种"计划构想论"的诠释模式。他认为，"伯尔尼笔记"没有一个贯穿始终的写作计划，只是列宁一般的学习阅读笔记，尽管我们能够从这些亚文本、拟文本中读出列宁的思想变化历程。④ 张教授将列宁在1908—1915年的思想发展分为四个阶段。第一个阶段列宁只是通过普列汉诺夫与第二国际的中介阅读马克思，也不动黑格尔哲学的内在逻辑。随着《逻辑学》阅读的深入，列宁越发接近于马克思唯物辩证法的真实逻辑；但是这第二个阶段还只是量变，旧的"他性镜像"还压抑着新的哲学话语。直到读到《逻辑学》一书的"概念论"部分，列宁才彻底形成了自主性的学术话语，走到了第三个阶段。第四个阶段则开启于《逻辑学》一书研读的最后，以"辩证法十六要素"的形式出现。在张教授看来，列宁最终确认的辩

① 王东. 哲学创新的源头活水：《哲学笔记》中的列宁构想 [M]. 北京：北京师范大学出版社，2017：498-511.
② 凯德洛夫也秉持同样的观点。他认为列宁全部的"哲学笔记"（其内容包含但不限于王东教授识别出的"伯尔尼笔记"的八个笔记本）就是为制定辩证法而写的。（凯德洛夫. 列宁《哲学笔记》研究 [M]. 章云，译. 北京：求实出版社，1984：23.）
③ 王东. 哲学创新的源头活水：《哲学笔记》中的列宁构想 [M]. 北京：北京师范大学出版社，2017：233.
④ 张一兵. 回到列宁：关于"哲学笔记"的一种后文本学解读 [M]. 南京：江苏人民出版社，2008：58.

证法是他所未能读到的《德意志意识形态》所呈现的"实践辩证法"："我们周围的自然是实践的结果，客观的实践辩证法是马克思主义哲学新世界观的真实基础。"①

　　西方"列宁学"的代表人物凯文·安德森提出一种更为彻底的断裂论。他认为《唯物主义与经验批判主义》时期的列宁是机械反映论者。列宁越是阅读黑格尔，就越赞同黑格尔的唯心主义辩证法——"自己运动和自我发展过程中的具体总体的辩证法，一个活生生的、有生气的、人的总体的辩证法"②。到《逻辑学》摘抄笔记的末尾，列宁已经超越了恩格斯把辩证法当作"一切皆变"的狭隘理解，把人类认识视为主客体间永恒的相互作用，反对任何一方的绝对优先性。1908 年的列宁还将自己置于普列汉诺夫的哲学话语中，读完《逻辑学》以后便彻底同普列汉诺夫决裂而成为"黑格尔主义化的马克思主义者"了。但是安德森无法绕过列宁 1915 年以后称赞普列汉诺夫、再版《唯物主义与经验批判主义》等事实，于是将此归因于列宁"哲学上的矛盾心态"以及政治上团结同志的考量。③ 在安德森笔下，列宁没有什么主导性的哲学问题，他先是被动地折服于黑格尔的逻辑，后来又将自己的新世界观掩藏起来了。

　　本书既不同意安德森的被动断裂论，也不同意王东的辩证法专著写作计划论。本书认为，无论是狭义还是广义的"哲学笔记"，都是列宁阶段性阅读哲学著作的思想火花。这并不意味着列宁的阅读历程是漫无目的的。诚如《回到列宁》所言，列宁的哲学研究最终指向现实的无产阶级实践和革命事件。④ 哲学的穿透力最终要服务于重大的时代问题。然而仅从实践辩证法的角度，或者说仅仅把列宁的哲学贡献归结为主体向度——不管这一主体是绝对主体还是处于一定社会关系中的主体——的浮现，不足以真正解决俄国向

---

① 张一兵. 回到列宁：关于"哲学笔记"的一种后文本学解读 [M]. 南京：江苏人民出版社，2008：66.
② 安德森. 列宁、黑格尔和西方马克思主义 [M]. 张传平，译. 南京：南京大学出版社，2012：94.
③ 安德森. 列宁、黑格尔和西方马克思主义 [M]. 张传平，译. 南京：南京大学出版社，2012：146-149.
④ 张一兵. 回到列宁：关于"哲学笔记"的一种后文本解读 [M]. 南京：江苏人民出版社，2008：69.

何处去的问题。我们上文说过，主体向度在普列汉诺夫及其对手经验批判主义者那里，就已经浮现出来了。经验批判主义者走的是主体自我批判的道路，普列汉诺夫则力图把主体视为客观进程的某种表现形式。无论普列汉诺夫还是他的修正主义对手，最终都未能对俄国的历史命运作出正确的判断。1908年列宁的反映论虽然抹煞了主体向度，但他在1915年以后逐步深入的针对帝国主义世界体系以及俄国革命条件的分析，同样是按照严密的客观逻辑而得以呈现的。俄国革命之所以可能，是由于它已经在事实上成为帝国主义矛盾集中爆发的、链条上的"最薄弱环节"。这一科学论断的根本前提不在于发现了实践主体的中介作用，而在于正确地把握了世界历史的客观进程。1908—1915年的哲学阅读为列宁探索客观辩证法提供了必要的"思想实验室"。

第二节　列宁在改造唯心辩证法过程中邂逅斯宾诺莎

一、"规定即否定"：揭示主观唯心论的思维逻辑

列宁没有形成关于斯宾诺莎的独特见解。斯宾诺莎主要通过黑格尔的文本中介而进入列宁视野。上述所引的《逻辑学》"实有"章，正是从斯宾诺莎著名的"一切规定都是否定"的命题开篇，随后一步步引向对自在之物的逻辑剖析。我们先来把握黑格尔的论证思路。

"实有"是比起"有"更高的阶段，它是规定了的有。为了方便说明，我们在思想中暂时地将规定表象为划定界限。譬如在白纸上画出一个正方形，其边界线条便将白纸分为两部分。一部分是我们称为"正方形"的东西，另一部分是其余的白纸。按照黑格尔的说法，此时正方形获得了它的"质"的规定性，亦即有别于其余部分的规定性。但这一规定性的实质是什么呢？它不仅规定了正方形，也规定了其余的白纸部分。没有这些边界线条，这两部分都不会产生。因此，规定即是对正方形的肯定，也是对其余的白纸部分的肯定，而其余的白纸部分则是对正方形的否定，是它的对立面。正如同斯宾诺莎所说：规定即否定。

　　黑格尔接着又反过来思考：既然一切规定都是否定，那么是不是"否定"就是最根本的呢？其实从前面所举的正方形的例子来看，答案是否定的。剩余的白纸部分同正方形部分、否定正方形的部分同肯定正方形的部分是同时出现、一体两面的关系，不存在哪个更为本质的问题。斯宾诺莎忘记了具体的否定是随着具体的规定一同出现的，把"规定即否定"的命题抽象化了。按照斯宾诺莎的推理，既然所有规定都是否定，那么要找到所有规定的实体，就必须找到所有否定的实体。于是，斯宾诺莎的实体就变成了"否定的无限性"①，亦即没有规定的无限性。也正是在这个意义上，黑格尔才在哲学史中把斯宾诺莎的实体判定为反对一切规定性与实有物的"无世界论者"，看成一种本质上是否定的哲学。后世的一些西方学者把斯宾诺莎解释为超越个人主义、崇尚生命之流的先驱，在哲学逻辑上完全没有超出黑格尔对斯宾诺莎哲学的判定。

　　正方形作为"某物"，其质既是由边界所规定的，也是由它的否定物亦即白纸的其余部分所规定的。此时，正方形是对其否定物的否定，因而又回到了自身。在这里，第一次否定只是抽象的否定，只是在形式上提出了"边界以外"的想象。所谓白纸的其余部分，实则没有确切内容。有着确切内容的是正方形，而这一正方形则是对先前否定性想象的再次否定。"某物作为否定之否定，是有的；于是否定之否定是单纯的自身关系之恢复；——但是这样一来，某物也同样是以自身作自己的中介了……自身中介，是在某物中建立起来的，因为某物被规定为单纯同一的东西。"② 黑格尔此处所谓的"否定之否定"，其原意还不是一种进化论式的动态发展观，而是说，当我们把某物作为思想的对象时，我们实则同时包含了三个认识的环节。一是规定的环节，亦即按照一定边界将某物认作某物的环节；二是否定的环节，当我们把某物认作某物时，同时也设定了某物的对立面；三是否定之否定的环节，亦即否定了第二个环节的否定，而把某物视为自身中介的同一的东西。在自然主义的思维形式当中，见物即物，只把握住了某物自身同一的结果。唯有在反思性的思维里，才能把凝结在物的形态中的诸认识环节解剖出来，才能看到"对某物之认识何以可能"的必要前提。

―――――――――――

　　①　黑格尔. 逻辑学：上卷 [M]. 杨一之，译. 北京：商务印书馆，1982：106.
　　②　黑格尔. 逻辑学：上卷 [M]. 杨一之，译. 北京：商务印书馆，1982：109.

现在，以自身为中介的某物看来是"自在"的不以他物为中介了，但实际上这种自在是经历了前两个环节之后的"自在"。它在事实上是通过否定了它自身的否定物才达到的自在。因而它本质上是"为他之有"。在非反思的自然主义态度里，说某物是"自在"的，那就是只看到了结果，忽视了认识过程的丰富环节，也就忽视了某物的实在内容。"自在"只意味着"在某物那里"而已。可是什么"在那里"呢？它无法再前进一步。康德的"自在之物"就是这样一种抽去过程之丰富性而只保留了结果之表象的贫瘠抽象。

张一兵教授指认道，当读到"存在论"第二章关于"实有"的讨论时，列宁对于斯宾诺莎那个著名的作为"规定即否定"的规定性的讨论是保持的漠然的态度，这反映出他阅读黑格尔逻辑学时候的失语。① 我十分赞同这个看法。列宁虽然摘抄了"（斯宾诺莎）任何规定都是否定"和"某物是第一个否定的否定"的论述，同时也留下了"这里的叙述断断续续，而且非常模糊"的评语。可见列宁对于黑格尔具体的推论过程是感到"抽象而费解"的。② 由此可以断定，此时列宁对于斯宾诺莎在黑格尔《逻辑学》中的真实地位尚未明晰。不过我们知道，哲学是奔赴真理的学说，而非奔赴某一个思想家的文本的学说。因此，列宁闪现真理的火花并不以他读懂了黑格尔或斯宾诺莎与否为条件。我们在前文曾对列宁摘抄黑格尔论"自在之物"并予以评论的内容作过分析。我们的结论是，列宁已经正确把握住了此处的要义：所谓自在之物即是为他之物，而辩证法是关注两者如何"对立同一"的学说。③ 这个结论对于列宁解决其批判新康德主义者以及思索俄国发展道路问题都是十分关键的。在纯粹哲学的层面，列宁指出，纯粹否定现实的自在之物的想象只是思维逻辑的环节，而不是说客观上存在着人类实践永远也无法抵达的彼岸。在社会历史的层面，列宁将发现，俄国不仅仅是作为"自在之物"的俄国"自身"，而且是处于与他国关系中的世界历史中的俄国。笔者认为在此处，列宁已经逐步接近了从思考个别事物发展的内因走向它的外

---

① 张一兵. 回到列宁：关于"哲学笔记"的一种后文本学解读 [M]. 南京：江苏人民出版社，2008：284.

② 中共中央马克思恩格斯列宁斯大林著作编译局. 列宁全集：第 55 卷 [M]. 北京：人民出版社，1990：89.

③ 参见本书第二篇第四章第三节第一目。

因、从"个别事物自身的辩证法"走向"世界历史总体辩证法"——亦即走向辩证运动的总体的内因——的真正辩证法。经由黑格尔所转译的"规定即否定"命题,可谓列宁"得鱼而忘筌"的触动点之一。

二、对扬弃"规定即否定"之"否定之否定"的超越

列宁不仅要跟着黑格尔超越斯宾诺莎的"规定即否定",而且还试图超越黑格尔的"否定之否定"。通过阅读《逻辑学》的"实有"章,列宁已经看到掩藏在物的"同一"表象背后的复杂的认识环节,亦即看到"同一"背后是诸环节、诸范畴的"对立",并提出辩证法是"研究对立面怎样才能够同一"的学说。这已经是一个很了不起的洞见了。不过,此语境的辩证法还只是侧重于分析的辩证法。此种辩证法的起点是同一,终点还是同一。正如黑格尔以"否定之否定"的逻辑所揭示出来的,事物又回到了自身。它把同一性的表象的事物或范畴作为解剖对象,以期弄清楚它在认识论上"何以可能"的条件。事物以自身为中介、"自在"而不依赖于他物的同一表象遭到了祛魅。可是,何以将该事物视为"一个"事物的、"规定"的环节尚未得到真正的反思。

唯物辩证法不能满足于跟着黑格尔逻辑学批判"自在之物",还应当真正地"颠倒""炸裂"逻辑学的体系。整个逻辑学表现为对范畴之"规定"、对范畴与范畴间关系的欠反思的联结,亦即表现为对"同一"体系的分析。如果"对立"只是"同一"内部的范畴,辩证法只是研究诸对立范畴"如何同一"的学说,它就不可能真正地超越黑格尔。列宁从摘抄笔记的开始就留下了"思想史=语言史??"① 的疑问。在此处我们尚不能看到列宁对这个问题的明确态度。不过到了摘抄"主观逻辑"的部分,列宁则说:"要倒过来说:人的实践活动必须亿万次地使人的意识去重复不同的逻辑的式,以便这些式能够获得公理的意义。"② 列宁虽然没有再谈论语言与逻辑的问题,却直接地把逻辑归结为实践的产物。这样一来,逻辑就不再是体系化的一成不

---

① 中共中央马克思恩格斯列宁斯大林著作编译局 . 列宁全集:第 55 卷 [M]. 北京:
    人民出版社,1990:74.
② 中共中央马克思恩格斯列宁斯大林著作编译局 . 列宁全集:第 55 卷 [M]. 北京:
    人民出版社,1990:160.

变的东西了，而是需要随着实践的最新进展而不断做出调整的。这又不意味着陷入相对主义或逻辑无用论。毕竟逻辑的公理地位不是通过一两次实践就能确立的，而是亿万次实践的结果，必须要有足以改变此亿万次实践的历史沉淀的、持续而强有力的实践才得以改变。

以实践为基础的认识论上的主客二分，是列宁始终坚持的哲学框架，也是他最终从黑格尔哲学体系突围而出的关键。然而这并不意味着回到康德，回到主客体分别作为形式与内容的抽象对立，或者回到主观唯心主义的自我批判。列宁的认识主体的所指即人类，有时他也称为"人脑"。当黑格尔把存在和本质视为概念的诸环节时，列宁提出："倒过来说：概念是人脑（物质的最高产物）的最高产物。"① 其意思是概念不是天生的，是反映在人脑当中的实践的产物，是会随着历史活动发生变革的东西。人是概念体系的主人。这个命题绝不意味着每个人、每个人脑或者个别人的集合都是概念体系的主人，它只在类的意义上成立。这是列宁人类学同主观唯心论的根本分歧所在。后者错误地把个人看作平等地分有人类一般理智的特殊存在，把"人同此心，心同此理"奉为黄金法则。②

舍弃此人类与个人之间的抽象关系的规定，主体只意味着认识论中独立的、能动的方面，而不能直接把它同具体的个人等同起来。这一点黑格尔也是同意的。黑格尔赞扬主体的地方，也是贬斥斯宾诺莎的地方。③ 列宁在摘抄了黑格尔对斯宾诺莎的批评以后，紧接着摘抄了黑格尔对康德的赞扬："它的伟大功绩（第 15 页）就是提出了关于'统觉的先验统一'（意识的统一，概念是在这个统一中形成的）的思想。"④ 不过，黑格尔紧接着指出，康德只是把概念当成不适用于事物本身的主观的东西："应当把概念看作不是自觉的知性的活动，不是主观的知性，而是自在自为的概念，它构成既是自然的又是精神的阶段。生命或有机界是自然的这样一个阶段，概念就出现

---

① 中共中央马克思恩格斯列宁斯大林著作编译局. 列宁全集：第 55 卷［M］. 北京：人民出版社，1990：139.

② ILYENKOV. *Dialectics of the Ideal*：*Evald Ilyenkov and creative Soviet Marxism* ［M］. LEVANT A，OITTINEN V，eds. Leiden：Brill，2014：30-31.

③ 参见本书第二篇第五章第一节第二目第 5 点第（4）小点。

④ 中共中央马克思恩格斯列宁斯大林著作编译局. 列宁全集：第 55 卷［M］. 北京：人民出版社，1990：140.

在这个阶段上。"列宁十分赞同,在旁边留下了"客观唯心主义转变为唯物主义的'前夜'"①的肯定性评价。可是,这绝不意味着列宁完全赞同了黑格尔,把概念看作自然的"一个阶段"的产物。列宁只承认:"一切科学的(正确的、郑重的、不是荒唐的)抽象,都更深刻、更正确、更完全地反映自然。"②"自然反映在人脑中。人在自己的实践中、在技术中检验这些反映的正确性并运用它们,从而也就达到客观真理。"③列宁始终没有离开康德那种主客体严格区分的认识论框架,他始终把概念当作主体用以认识世界和进行实践的工具。但是从黑格尔身上,列宁又学到了,这些概念、这些"工具"不是先验的,也不仅仅是空泛的主体形式,而是客观世界的运动过程在人脑中的反映。

既然主体认识世界的中介环节完全被归结为了客体的运动,主体的意义何在呢?列宁没有特别说明这个问题。对于他的唯物主义的立场来说,人类理所当然就是认识主体,黑格尔看不到这一点就是神秘主义的。我们只能以学究式的笔调事后地为列宁"增补"几则意义。第一则意义是叙述上的用语方便。主体即能动方面,这是黑格尔与列宁共同承认的。第二则意义是列宁对黑格尔哲学体系的绝对否定。主体的存在,宣告着迄今为止全部的概念体系都只是人在特定历史活动中的产物,只要历史不终结,黑格尔想象的哲学大全就绝不能实现。这是列宁站在《费尔巴哈论》的肩膀上作出的结论。第三则意义是主体为评价具体的人的认识确立了尺度。这是列宁辩证法研究的精髓所在。在黑格尔主体与实体混为一谈的体系之中,范畴虽有认识阶段的高低之分,却无正确与错误之别,且它自身就蕴含着更低和更高阶段的规定性。认识被看作价值无涉的客观进程。但在列宁反映论当中,主体因其对客体的把握程度的不同而有认识正误之分,并且最终交由实践检验。同时这也意味着,认识世界的方法有着科学与非科学、思想史的内容有着精华与糟粕等区别。正是在此考量下,列宁才孜孜不倦地想为唯物辩证法制定若干要

---

① 中共中央马克思恩格斯列宁斯大林著作编译局.列宁全集:第55卷 [M].北京:人民出版社,1990:141.

② 中共中央马克思恩格斯列宁斯大林著作编译局.列宁全集:第55卷 [M].北京:人民出版社,1990:142.

③ 中共中央马克思恩格斯列宁斯大林著作编译局.列宁全集:第55卷 [M].北京:人民出版社,1990:170.

素，以便为后人探索更为科学的认识方法。唯物辩证法的核心不再局限于从"同一"中求索"对立"，并研究它们如何相互转化；而且要从广泛的社会历史现象中、从形形色色的思想史成果中凝练精华，把握住客观世界的本质。

列宁看到，辩证法是以"对立面的统一"① 为核心的认识论与逻辑学。此处的统一既是客观世界的本质性统一在人脑中的反映，它能正确指导人们的实践；可是，它又只是人脑中的统一，不能等同于丰富的实践活动本身。一方面，时代精神的本质已然现实地统一起来，于是舍此统一的逻辑学不可把握它；另一方面，时代的车轮滚滚前进，为此实践主体需要不断抓住时代精神，不断在看似对立的诸要素中求索更高层次的统一性。这是否正是西方左翼忌惮的"支配自然"的辩证法？归根结底，的确如此。但这没什么好忌惮的，更不该遮遮掩掩地回避这个问题。问题绝不在于客观世界可不可支配、能不能完全支配，而在于能否科学认识、正确支配。由于忌惮"主体"而从德国古典哲学退回到斯宾诺莎的形而上学实体，这是当前西方学界的一股潮流，它与马克思列宁主义从根本上是背道而驰的。

三、绕过斯宾诺莎泛神论来把握实体的能动部分

列宁先利用斯宾诺莎"规定即否定"的命题澄清了主观唯心论的哲学逻辑，再利用黑格尔"否定之否定"扬弃了斯宾诺莎的命题，最后又从"否定之否定"，亦即"吸收诸对立环节之同一"的思维逻辑转向以"对立统一"为核心的唯物辩证法。在列宁唯物辩证法的视域中，世界不再是先验的"同一"的自我演绎，而是诸事物在人类实践中具体地统一化的历史过程。其实，这个观点，同斯宾诺莎"神即自然"的泛神论观点有相通之处。但列宁从未像普列汉诺夫那样去挖掘这条"暗线"。列宁审慎地沿着辩证法史的明线前行，在该离开斯宾诺莎实体的地方果断地离开。至于建构能动实体的线索，列宁关注到了黑格尔哲学史中同斯宾诺莎正好形成对照面的莱布尼茨。

按照《列宁全集》第 55 卷中文第二版编者的意见，列宁的《费尔巴哈〈对莱布尼茨哲学的叙述、阐发和批判〉一书摘要》跟《逻辑学》摘抄笔记几乎是同时作的。笔者猜测，对费尔巴哈的摘抄应该略早于对黑格尔"注

---

① 中共中央马克思恩格斯列宁斯大林著作编译局.列宁全集：第 55 卷［M］.北京：人民出版社，1990：192.

释"的摘抄。列宁对"注释"表达过不满但又没有详细地展开批判，倘若先抄"注释"后抄费尔巴哈的书，或多或少会在摘抄费尔巴哈书籍时对黑格尔有所回应。然而情况并非如此。笔者据此推断，对费尔巴哈书籍的摘抄是早于"注释"摘抄的。列宁正是因为读过费尔巴哈的论述，预先有了底子，才会作出黑格尔"过分一般地、含糊地"谈论前人哲学不足的判断。

我们先从列宁摘抄的、黑格尔谈论斯宾诺莎和莱布尼茨哲学关系的总判断讲起："一种哲学原理的片面性通常都是跟相反的片面性对立起来，并且历来总体至少是作为一种分散的完整性出现的。"列宁在旁对黑格尔的概括又进行了概括："通常：从一个极端到另一个极端总体＝（作为）分散的完整性。"① 也就是说，斯宾诺莎和莱布尼茨都是片面的、极端的，而两者又各自以其极端的方式抓住了真理的某个方面。费尔巴哈在论及两者关系的时候，采取的也是同样的思路。列宁摘抄了费尔巴哈美文式的语言：

　　斯宾诺莎的世界是神的消色差透镜，是介质，通过它我们看到的不外是单一实体的皎洁的天光；莱布尼茨的世界是多棱角的结晶体、钻石，它由于自己的特有的本质而使实体的单色光变成无限丰富的色彩，并使之暗淡无光。（原文如此！）

　　因此，在莱布尼茨看来，有形体的实体已经不再像笛卡尔认为的那样，只是具有广延性的、僵死的、由外力推动的质体，而是在自身中具有活动力、具有永不静止的活动原则的实体。②

随后，列宁给出了十分肯定的评价："大概马克思就是因为这一点而重视莱布尼茨。"可见，莱布尼茨的优点就在于为实体注入了内生动力，这也就是本书上一目所提到的"实体的能动的部分"或者主体性的原则。不过，莱布尼茨却不是以康德主客体二元论的方式来揭示主体的，更没有直接地提出人类主体。从列宁摘抄的相关内容来看，莱布尼茨的活动主体是单子，每一个单子都是一个自为的活动的世界，它呈现着整个宇宙，也被宇宙中发生

① 中共中央马克思恩格斯列宁斯大林著作编译局. 列宁全集：第55卷［M］. 北京：人民出版社，1990：131.
② 中共中央马克思恩格斯列宁斯大林著作编译局. 列宁全集：第55卷［M］. 北京：人民出版社，1990：61.

的一切牵动着。列宁对此肯定道:"这里有一种辩证法,而且是非常深刻的辩证法,尽管有唯心主义和僧侣主义。"① 如果我们以恩格斯对辩证法既要看到全局也要看到细节的标准来衡量的话,斯宾诺莎代表的是看全局的极端,而莱布尼茨代表的则是看细节的极端,因此它是深刻的。

莱布尼茨尽管深刻,"唯心主义和僧侣主义"的方面也不可忽视。列宁摘抄了费尔巴哈的批评。费尔巴哈在莱布尼茨的活动主体中看到了被动性,即它的单子只是被宇宙中发生的一切影响着,只是世界舞台的观众,它并不能真正自己活动。② 换言之,单子不外乎宇宙本体的反映,不外乎把真理从遥远的天穹搬运到各个单体的体内。列宁很快跟随费尔巴哈的思路转向批判主观唯心主义:"参看康德,也是这样。"③ 康德与莱布尼茨的相同点就在于:"必然性和普遍性是不可分割的。"④ 在他们两人看来,必然是普遍的必然。每一个莱布尼茨的单子和每一个康德的主体都将必然性内化。内化意味着必然性的体系能够普遍适用于每一个个体,也就意味着每个个体都必然地遵循着普遍体系的规范。其论证结构是,每个个体本性里都具有某种必然性,因此这种必然性是普遍的。这完全是一种教条主义的循环论证。列宁毫不客气地批判:"康德主义=陈旧的破烂货。"其实质只是从个体中抽象出一些相似性,然后把是相似的东西误认为普遍的东西。费尔巴哈认为,相似只是感性判断的相似,理智则为它们提供名称。也就是说,康德主义的普遍性只是感性的经验概括,不是真正的普遍性。列宁更为赞同费尔巴哈"感性真理"的说法,并在旁边留下"说得好!"的批注。⑤ 应当说,这个判断确实打中了康德哲学的要害。尽管康德在理论表述上声称其认识范畴是先验的,但按照马克思主义的实践观,这些范畴只是亿万次实践的产物,根本上还是

① 中共中央马克思恩格斯列宁斯大林著作编译局. 列宁全集:第55卷 [M]. 北京:人民出版社,1990:63.
② 中共中央马克思恩格斯列宁斯大林著作编译局. 列宁全集:第55卷 [M]. 北京:人民出版社,1990:64.
③ 中共中央马克思恩格斯列宁斯大林著作编译局. 列宁全集:第55卷 [M]. 北京:人民出版社,1990:65.
④ 中共中央马克思恩格斯列宁斯大林著作编译局. 列宁全集:第55卷 [M]. 北京:人民出版社,1990:66.
⑤ 中共中央马克思恩格斯列宁斯大林著作编译局. 列宁全集:第55卷 [M]. 北京:人民出版社,1990:67.

来自感性的人类活动。康德只是遗忘和掩盖了它们的真正来源。康德所作的一切反思也只是基于其生活经验的反思，不能代表全世界各族人民都必然如此反思，更不能代表康德所呈现的体系尤其是伦理体系是"普世价值"。

不过，费尔巴哈也有他的局限性。费尔巴哈把感性和理性的区分当成了真实的区分，而不是为了便于论述而在认识论上作出的区分。这样一来，费尔巴哈就在实践中要求一种排斥理性的纯粹感性的认识，但事实上我们根本不具有任何脱离理性的认识情境。费尔巴哈声称"感觉就像理智一样告诉我：整体大于部分"是极其荒谬的。这在本节第一目所提到的黑格尔逻辑学的视野来看，就是一种只看到结果、遗忘了认识环节丰富性的思维方式。费尔巴哈举例说，手指比手小，这是区别于理智所提供的"名称"的"实例"。其实，任何真正的实例都必须转化为人头脑中的思维对象才能把握。当我们说"手""手指"时，我们谈论的已经是一个被规定了的对象了，甚至是一个被规定、被否定、再经历否定之否定而返回自身的对象。费尔巴哈完全忽略了我们为何会把某物从世界中区分出来，规定为"手""手指"的原因，反而直截了当地认为感性就是如此。他所谓的纯粹的感性也同样是思想懒散、反思不够深入的产物。但此时的列宁还没有批评费尔巴哈，而只是接受了费尔巴哈对康德的批判。这个批判将在《逻辑学》的阅读中被重新激活，转化为唯物辩证法的重要财产。

按照《逻辑学》的说法，普遍性是概念纯粹自身关系，也是否定性的环节；特殊性是被规定了的普遍性，是肯定的环节；特殊性由于规定否定性，因而又是自身相关的规定，于是它是被规定的东西所规定的东西，因而是个别的东西。① 可见，黑格尔谈论的范畴跟康德、莱布尼茨的范畴在内涵上都有较大的差异。在康德的语境里，普遍性就是普遍的有，而不是作为纯粹自身规定的否定性；个别就是个例，是具体的现象。普遍可以脱离个别而存在。但黑格尔偏偏针锋相对地说，普遍的东西若无个别性，那它就是无概念的，在这种情况下，黑格尔才把普遍当作了无内容的纯粹否定性。列宁认为，黑格尔关注的是普遍与个别的"对立同一"及其过渡，"普遍是个别，

---

① 黑格尔.逻辑学：下卷［M］.杨一之，译.北京：商务印书馆，1982：268，272，288.

个别是普遍"①。在这里，特殊性的环节被列宁忽略掉了。但这并不影响列宁抓住黑格尔的总体逻辑。没有离开个别的普遍性，也没有离开普遍性的个别。康德与费尔巴哈也同斯宾诺莎和莱布尼茨一样，各自只抓住了"片面的真理"。当我们面对个别对象时，我们实际上已经包含着关于世界客观联系的规律性的看法了。列宁从这里联想到了马克思政治经济学同黑格尔的关系：

> 这一个商品和另一个商品交换的个别行为，作为一种简单的价值形式来说，其中已经以尚未展开的形式包含着资本主义的一切矛盾——即使是最简单的概括，即使是概念（判断、推理等等）的最初的和最简单的形成，已经意味着人在认识世界的日益深刻的客观联系。②

列宁从黑格尔联想到马克思《资本论》，可能的渠道有二。一是《1857—1858年经济学手稿》的导言部分，尤其是其中对于政治经济学批判方法"抽象上升到具体"的揭示。该部分曾于1903年在《新时代》杂志上发表，1907年又作为考茨基所编辑的《政治经济学批判》的附录出版。不过，在列宁的笔记里没有对它予以充分关注。我们不能确定列宁到底有没有读过这个文本。二是马克思在世时就发表的《政治经济学批判·第一分册》的"序言"。其中就提到了"从个别上升到一般"③的思考方向。笔者认为列宁主要依据的是"序言"的提示。归根结底，"序言"又是对黑格尔辩证法的颠倒。列宁正确看到，个别的其实是最抽象的，它的抽象性在于尚未进入反思的视域因而表现为简单的自身关系；唯有通过主体思维的演绎，个别东西的内在丰富的规定性及其向一般东西的过渡才得以呈现；这一过程不是主观想象的结果，而是事物运动的结果，主体必须凭借科学的方法与恰当的材料才能正确地反映一般，并在实践中检验其认识的正确性。

这是一个了不起的洞见！我们对世界的观察只能从个别现象出发，但是

---

① 中共中央马克思恩格斯列宁斯大林著作编译局. 列宁全集：第55卷［M］. 北京：人民出版社，1990：148.
② 中共中央马克思恩格斯列宁斯大林著作编译局. 列宁全集：第55卷［M］. 北京：人民出版社，1990：150.
③ 中共中央马克思恩格斯列宁斯大林著作编译局. 马克思恩格斯文集：第2卷［M］. 北京：人民出版社，2009：588.

哪怕是最单纯的个别现象也是客观世界普遍联系所作用的结果。这个结果既不像康德所说的是由先验认识结构为自然立法的结果，也不像费尔巴哈所说的是前反思的感觉的产物。它首先是在主体面前呈现的因果链条的凝缩形式，在前反思的状态下它表现为单纯的个别性，主体尚未意识到它的内容的丰富性；而随着辩证思维的展开，主体开始由果溯因，慢慢将其丰富的历史运动过程挖掘出来，进而通达具有实在内容的真正的普遍性和必然性。

第三节　列宁唯物辩证法与斯宾诺莎实体的关系

一、"实体"在实践中的所指

《神圣家族》给出的"明线"指向从斯宾诺莎实体到黑格尔辩证法，再到马克思唯物辩证法的哲学史线索。由于《神圣家族》的批评对象是黑格尔和青年黑格尔派的思辨哲学，因此斯宾诺莎的实体连带着受到贬斥。而恩格斯《反杜林论》的批评对象还包括用孤立、静止、片面观点看待世界的形而上学，于是斯宾诺莎收获完全相反的评价："从斯宾诺莎一直到伟大的法国唯物主义者——坚持从世界本身说明世界，而把细节方面的证明留给未来的自然科学。"[①] 恩格斯指出，辩证法的精髓就是既要看到世界的普遍联系和内在统一的"总的画面"，又要看清楚画面中的诸细节。斯宾诺莎的实体是辩证法前一个方面的思想来源，它在克服经验主义认识方法的局限性方面功不可没。

当辩证法运用到实践，"实体""总画面"的具体所指便含混不清了。俄国的马克思主义者曾一度陷入难题：实体是什么？是俄国上下几百年的历史总体，还是由帝国主义国家支配的世界历史总体？

在以西欧发达资本主义社会为政治经济学批判对象的马克思、恩格斯那里，这个问题并不明显。因为西欧资本主义在当时的世界历史进程中本就处于主导地位，对西欧资本主义的批判就是对现代经济关系本质特征的批判。

---

① 中共中央马克思恩格斯列宁斯大林著作编译局. 马克思恩格斯全集：第20卷 [M]. 北京：人民出版社，1973：365.

《资本论》第一卷第一版序言注明，该书研究的生产方式的典型地点在英国。当时英国是世界资本主义发展的领头羊，其资本主义发展史的总体能充分表现世界历史的总体进程。俄国不具备这种主导世界历史的能力。它后发的劣势甚至意味着在同其他主要帝国主义竞争过程中居于不利地位。即便它自身相对于过去的历史来说，生产力得到了一定解放，但它在世界资本主义体系中仍处于相对落后的处境。在这种情况下，对俄国一国资本主义的分析不能等同于对世界资本主义的把握。

马克思主义在俄国传播的早期阶段，流行着把马克思对西欧社会起源与发展的分析直接等同于各国发展道路的见解。马克思在世时曾意识到致信俄国《祖国纪事》杂志编辑部，对此提出了批判：

> 一定要把我关于西欧资本主义起源的历史概述彻底变成一般发展道路的历史哲学理论，一切民族，不管他们所处的历史环境如何，都注定要走这条道路，——以便最后都达到在保证社会劳动生产力极高度发展的同时又保证人类最全面的发展的这样一种经济形态。但是我要请他原谅。他这样做，会给我过多的荣誉，同时也会给我过多的侮辱。①

马克思虽然明确反对照搬自己研究结论的做法，却没有点中俄国人的要害。对于马克思本人来说，他明确地知晓世界历史的"总画面"及其不平衡发展的状况。因此，他"学习了俄文，后来又在许多年内研究了和这个问题有关的官方发表的和其他方面发表的资料"，离具体地把握俄国的"细节"便更近一步。可是对于许多俄国马克思主义者来说，他们尚且不知道"总画面"究竟如何。一旦把俄国当成一个孤立于世界的"总画面"，只在所谓俄国"自身"的视域中考察俄国的发展道路，便走向唯物辩证法的反面了。

第一次世界大战爆发后，被错解的"实体"直接转化为社会沙文主义的论据。沙文主义者力主本国无产阶级与资产阶级结成同盟，要求俄国无产阶级革命从属于帝国主义战争。列宁 1915 年在《第二国际的破产》中对其理论实质作了充分的揭露。其大前提是，每一个国家的社会主义都必须建立在自身资本主义高度发达的基础上。其小前提是，战败国家的资本主义经济发

---

① 中共中央马克思恩格斯列宁斯大林著作编译局．马克思恩格斯全集：第 19 卷 [M]．北京：人民出版社，1963：130．

展必然受到阻碍，从而阻碍社会主义的到来。其推论是，要发展社会主义，就必须在帝国主义战争中获得胜利。[①] 沙文主义者的大前提是站不住脚的。他们没有看到，"实体"不是每一个国家"自身"的发展史，而是世界历史的总体。世界历史不是思辨的、抽象的普遍性，而是世界各民族、各国家、各地区普遍交往的社会实践的结果。其中，各民族、各国家、各地区以各自独特的历史共同参与并构成着普遍历史的内容。共产主义的普遍实现确实需要以资本主义所充分解放的生产力以及所充分暴露的生产力与生产关系之间的矛盾为前提。但是，这一矛盾在世界范围内却是不平衡地分布并发展着的。要弄明白俄国该走什么样的道路，既需要充分了解俄国具体实际，更需要充分把握俄国在世界历史进程中的确切地位。

列宁最终掌握了马克思的辩证法。1920 年法文和德文版《帝国主义是资本主义的最高阶段》序言开篇提出，本书旨在考察"全世界资本主义经济在其国际相互关系上的总的情况"，这种考察方式不能用个别材料来证明，而必须是"关于所有交战大国的经济生活基础的材料的总和"。这种"总和"不是各个国家的经验事例的相加，而是殖民地瓜分情况、铁路网分布状况等反映着现实国际交往的"综合材料"。[②] 在帝国主义阶段，各个民族和国家的经济发展状况不是孤立的，它们被迫卷入资本主义的世界体系之中。先发的帝国主义国家凭借其经济、政治、意识形态等优势对落后国家实行殖民压迫和金融扼杀。落后国家的落后状况不应只归咎于它本身的"欠发达"，由地理、政策等因素造成的落后是其依附性地位形成的历史原因，更为根本的原因是它在世界体系中所处的依附性位置，以及在国际竞争中所处的实质不平等的处境。

列宁认为，后发国家的"落后"，不是将来必然过渡到"发达"的环节，而是资本主义所支配的世界历史的内在矛盾的集中体现。普列汉诺夫等机会主义者没有意识到，当今主要帝国主义国家的经济繁荣是建立在对后发国家和地区的持续剥削之上的。无产阶级与资产阶级的矛盾日益为先进国与落后

---

① 中共中央马克思恩格斯列宁斯大林著作编译局 . 列宁全集：第 26 卷 ［M］. 北京：人民出版社，1998：238.

② 中共中央马克思恩格斯列宁斯大林著作编译局 . 列宁全集：第 27 卷 ［M］. 北京：人民出版社，1990：325-326.

国、先进国各国之间的矛盾所掩盖起来。帝国主义国家通过殖民掠夺等手段获取垄断高额利润,又用这些利润来收买本国下层阶级使其安分守己,甚至收买各国无产阶级上层以培植沙文主义的意识形态,进而转移和掩盖国内矛盾。① 列宁的"收买"说或许没有照顾到所谓的人的"气节"问题,但归根结底它在意义上是成立的。即便一些工人或理论家没有直接接受任何金钱贿赂,但当他不以辩证的眼光来看待帝国主义国家内部的岁月静好与兴旺发达时,很容易便把这幅景象当成各个国家的"应然"。现实的情况是,少数几个寡头占有着全人类的发展成果,并且只要不改变资本主义生产关系,帝国主义国家对落后国家的掠夺、世界范围内的帝国主义的战争就永远不会停息。沙文主义者所构想的"应然"只是存在于他们头脑中的普遍性,它同垄断资本主义世界体系的具体的普遍性是完全相悖的。

二、使"实体"革命化的实践

《德意志意识形态》写道:"且对实践的唯物主义者即共产主义者来说,全部问题都在于使现存世界革命化,实际地反对并改变现存的事物。"② 该书所说的"现存世界"有双重所指。一是马克思、恩格斯生活其中的西欧发达资本主义社会,二是由西欧资本主义支配的、业已形成的世界历史。对于马克思、恩格斯来说,这两者在一定意义上重合。共产主义实践不是对于由资本主义所主宰的世界历史的跟随和效仿,而是要超越它。有学者指出,《德意志意识形态》中所勾勒的"世界历史"还不能等同于满足人自由而全面发展之要求的历史阶段,其判断是十分正确的。③ 在共产主义实践的论域里,马克思的唯物辩证法之所以"唯物",就在于它把握住了资本主义所支配的现实历史,承认它铁一样的必然规律。它是对业已发生的现实的正确指认。至于它的"辩证法",同时具有两种意味。其一,它以世界历史性的眼光看待各民族、各国家、各地区,乃至于每个人的发展,它指认出每个具体的社

① 中共中央马克思恩格斯列宁斯大林著作编译局 . 列宁全集:第 27 卷 [M]. 北京:人民出版社,1990:414-416.
② 中共中央马克思恩格斯列宁斯大林著作编译局 . 马克思恩格斯文集:第 1 卷 [M]. 北京:人民出版社,2009:527.
③ 叶险明 . "世界历史性个人"与"人的自由而全面的发展" [J]. 马克思主义研究,2011(12):83-93.

会存在被统摄于资本逻辑的现存"实体"。其二，它力图在新的实践亦即世界历史性的共产主义运动中扬弃这一"实体"本身，亦即扬弃自己赖以分析具体的思维中的总体。第二个方面是唯物辩证法同黑格尔唯心辩证法的根本不同。恩格斯敏锐地指出：黑格尔"把历史的终点设想成人类达到对这个绝对观念的认识，并宣布对绝对观念的这种认识已经在黑格尔的哲学中达到了"①，但事实上黑格尔所指认的这个绝对观念所对应的只是《法哲学原理》中的等级君主制，只是资产阶级意识形态在哲学中的反映。从概念出发又回到概念的黑格尔哲学体系不可能扬弃自身，必须转向实践才能真正破除理论的封闭性。既要看到理论诸范畴及其体系在实践中的所指，以理论指导实践；又要不断总结实践经验，从而扬弃理论自身。

　　早期的俄国马克思主义者们没有读过《德意志意识形态》，但他们同样要解决"使现存世界革命化"的实践问题。在他们的语境里，"现存世界"所指的更为复杂。其一，它对应资本主义方才破土而出、沙皇封建势力依旧强大的俄国。其二，它承接马克思主义的语境，既包括西欧发达资本主义的社会现实，又包括由西欧所率先发展的资本主义向全球扩张的世界历史趋势。此时，"革命化"的意味也就变得晦暗不清了。革资本主义的命是革命，积极融入资本主义所主导的世界历史、革封建专制的命也是革命。俄国民粹派同"合法马克思主义者"围绕着俄国是否应当走资本主义道路展开了争论，普列汉诺夫主张既要"支持资本主义对反动派的斗争"，又不能忽视无产阶级革命的准备工作。② 经历过马克思主义洗礼的所有人都相信，资本主义必将为共产主义所战胜。但就俄国具体实际来说，它是否应该经历资本主义这一历史阶段呢？在"合法马克思主义者"以及后来沙文主义者的诠释下，马克思、恩格斯所力图使之革命化的资本主义社会，反而成了俄国革命的目的。

　　列宁揭示出共产主义实践在世界范围内不平衡发展的问题。一方面是个别帝国主义国家内部为超额利润所收买、分裂的无产阶级。另一方面则是为

---

① 中共中央马克思恩格斯列宁斯大林著作编译局. 马克思恩格斯文集：第 4 卷 [M]. 北京：人民出版社，2009：271.

② 普列汉诺夫. 普列汉诺夫哲学著作选集：第一卷 [M]. 北京：生活·读书·新知三联书店，1962：392.

帝国主义国家所压迫和剥削，因而加剧了反抗的后发地区的民族和大众。两者反抗资本主义统治的行动不是完全同一的。对于前者来说，要紧的任务是意识形态上的去蔽，以唤醒工人群众的革命意识，组织无产阶级的统一行动；对于后者来说，它还面临着民族解放的任务。"社会革命的发生只能是指一个时代，其间既有各先进国家无产阶级同资产阶级的国内战争，又有不发达、落后的和被压迫的族所掀起的一系列民主的、革命的运动，其中包括民族解放运动。"① 那种认为世界各国资本主义将同等程度发展成熟、各国无产阶级将陷入同等程度的贫困、最终实现世界无产阶级无差别联合的幻想，只能把社会主义推迟到"永无实现之日"。即便是在帝国主义已经得到发展的国家里，无产阶级同其他阶级的关系也是不同的。以俄国为例，它相对于英国、德国、美国等主要资本主义国家来说是落后的，但它毕竟已经出现了垄断资本主义，甚至在一战中向国家垄断资本主义国家转变。为此，列宁总体上把俄国定性为前一种情况，亦即阶级矛盾占主导的情况，它具备统一的工人阶级的革命行动的可能性。重点是开展理论斗争唤醒工人意识，澄清普列汉诺夫等人掩藏在"保卫祖国"口号下的资产阶级意识形态本质。同时，俄国的小农占人口多数，并且因为资本主义的发展与战争而迅速限于破产和贫困，因此工人阶级应当充分吸收全体贫苦农民代表以发展、扩大和加强苏维埃。此外，在苏维埃政权的国际政策上，也要充分支持殖民地人民争取民族独立的英勇斗争，并同世界范围内日渐觉醒的工人阶级结成坚定同盟。

列宁唯物辩证法的要义在于，不仅要用世界历史的眼光来使得个别民族、国家、地区的现状革命化，而且要用世界历史的眼光来看待使得世界历史革命化的实践本身；不仅要看到资本主义生产方式将孤立的世界联系为一个整体的"总画面"，还要科学剖析这一总画面内部的诸"细节"，亦即它的内在矛盾；马克思的《资本论》侧重于剖析资本主义生产方式在历史逻辑上的矛盾，而列宁的帝国主义论则关注到这一矛盾转化为民族、国家、地区间矛盾的空间表征。

---

① 中共中央马克思恩格斯列宁斯大林著作编译局. 列宁全集：第28卷［M］. 北京：人民出版社，1990：153.

三、自在"实体"上升到自为

列宁的哲学研究不仅引导他提出正确的政治策略，还从根本上改变了俄国马克思主义哲学的思维方式。实体是思维的顶点。如同宗教中的上帝，没有再比它更终极的存在。这也意味着思维抵达实体时便要停住脚步。在具体的历史分析里，人们也只满足于匍匐在实体的具体所指的脚下。例如，一旦把实体界定为俄国自身的历史总体，丰富的历史现象都要被简化为实体中的偶在。反过来，实体也意味着对一切范畴和现象的否定。正是在这个意义上，黑格尔称斯宾诺莎的"实体"是一种抽象的否定性，它只能在否定每一个范畴、每一个现象的基础上才能获得自身概念的规定性。就其哲学逻辑来说，这种实体同康德的"物自体"式的思维方式没有本质区别。斯宾诺莎的"实体"和康德的"物自体"，两者都是特定存在的否定面，而且也只能通过否定"定在"来存在。黑格尔的逻辑学力图要扬弃此种思维方式，以便开辟思维的更高环节。列宁既以马克思主义的基本立场阅读黑格尔的著作，也从研习黑格尔哲学的过程中加深对辩证逻辑的理解，从而提炼出更为系统的唯物辩证法的哲学形态。

从《唯物主义与经验批判主义》开始，列宁就比普列汉诺夫更接近唯物辩证法。普列汉诺夫始终坚持"意识是物质运动内部状态"的立场。从本体论上来看这个判断是不错的，但从扬弃实体这一思维环节的角度来看，普列汉诺夫便不占有优势了。普列汉诺夫笔下的"物质"是与认识主体不必然地联系在一起的、"自在"的实体。意识或者说认识活动，只存在于物质的内部，它不是物质运动的必然结果。在思维过程里，只消提出某个现象或观念的本质是物质，事物的运动遵循某些必然的规律，思维者便无从再作进一步思考了。这种思维方式落于具体的社会历史分析，便成为独断的教条。我们都知道，世界历史是不断运动变化发展着的，具体的思维者以其有限的生命断不可能获得通彻宇宙的知识。换言之，他自诩为思维顶点的规律，只不过是运动变化发展着的世界历史中的沧海一粟而已。普列汉诺夫所指认的俄国社会的发展"规律"，只是对经典作家所揭示的欧洲资本主义发展规律的机械挪用。他无法找到比这些"规律"更为本质的内容。于是，普列汉诺夫与修正主义之争变成了简单的"是"与"否"的对立。前者称这就是规律，后者称没有规律。双方都未对自己思维的前提予以批判。《唯物主义与经验批判主义》的反映论虽然尚未完善，毕竟把思维作为了哲学批判的对象。这为他进一步思考作为认识方法、在思维中自己发展自己的辩证法奠定了前提。

本书第二篇第五章第二节第二目曾说过，在驳斥康德的"自在之物"时，普列汉诺夫运用了黑格尔的论证，提出自在之物本就是"预先把物的一切特性抽去"再反过头来追问它"是什么"的伪问题。黑格尔的论证出自《逻辑学》"实有"章：

> 假如事物之被称为自在的，是由于一切为他之有抽掉了，总之，这就是说，由于事物没有任何规定，被设想为无；在这种意义之下，当然不能知道什么是自在之物。因为"是什么（?）"的问题要求列举规定；由于被要求举出规定的事物是自在之物，即本来没有规定之物，所以这就是糊涂地使问题的回答不可能，或者只能作出荒谬的回答。①

普列汉诺夫仅仅把黑格尔的论证当作一种辩论技巧，只利用他来指出新康德主义者"自相矛盾"的形式逻辑上的谬误。而在真正的辩证法看来，形式逻辑的矛盾不意味着它是彻头彻尾错误的、可以被简单丢在一边。"矛盾"的存在意味着事物拥有向更高环节转化的可能性。"哲学笔记"也关注到了黑格尔的上述文字，并留下批注：

> 这是非常深刻的：自在之物以及它向为他之物的转化（参看恩格斯）。自在之物一般地是空洞的、无生命的抽象。在生活中，在运动中，一切的一切总是既"自在"，又在对他物的关系上"为他"，从一种状态转化为另一种状态。②

比起有没有"实体"、是否存在"自在之物"，列宁关心的是我们如何更深入地认识世界。当读到《逻辑学》里"主观逻辑"谈论"主观性"的部分时，列宁有感而发：

> 普列汉诺夫对康德主义（以及一般不可知论）进行批判，从庸俗唯

① 黑格尔. 逻辑学：上卷［M］. 杨一之，译. 北京：商务印书馆，1982：115-116.
② 中共中央马克思恩格斯列宁斯大林著作编译局. 列宁全集：第55卷［M］. 北京：人民出版社，1990：90.

物主义的观点出发，多于从辩证唯物主义的观点出发，因为他只是肤浅地驳斥它们的议论，而不是纠正（像黑格尔纠正康德那样）这些议论，不是加深、概括、扩大它们，指出一切概念和任何概念的联系和过渡。①

　　辩证法不仅是简单地通过否定现状而"使现存世界革命化"，它还关乎使得现存世界革命化的"实体"式的思维如何从自在上升到自为。"自在"是承认它的客观事实性，即承认在认识具体事物时运用它的必要性和有效性。另一方面又要看到，任何思维方式都只是有限的实践主体在特定历史时期、特定社会情境下的思维方式，它本身也应当被超越。辩证思维是认识到后一层意味的科学的思维方式，它是对思维的思维，因而是"自为"的思维。对"实体"之自在的思维反思的真正超越，就不能是简单地运用这种方式本身来批评它自己。例如，称实体背后还有更本质的存在（例如"真正的实体"或者"虚空"）。这种批评方式仍是以抽象的否定来超越具体的范畴。辩证思维是在吸收实体之自在环节的基础上，进一步考察此种思维为何如此这般地存在。在黑格尔头足倒置的概念辩证法中，追问绝对精神如何构成自身；在列宁重新颠倒过来的唯物辩证法中，追问实体式思维的社会实践的根源是什么，追问"人们为什么会这么思考问题、何以产生如此这般的思维逻辑"，以及追问"是否有比这种思维逻辑更高的思维逻辑"。

　　只有以扬弃了自在实体、建立在能动的和自为的实体之思的基础上的唯物辩证法，才能在指导具体的社会历史研究时保持自我批判性和开放性。此时，即便个别研究者初时将实体的所指等同于俄国自身这一历史总体，他仍然能够通过辩证思维而超出这一所指，把更广阔的世界历史以及人类历史的总体作为自己的考察对象，同时又力图扬弃这一现存的世界。深谙辩证法传统的马克思、恩格斯为自己制定了勘察"细节"的研究计划；列宁则通过学习和改造黑格尔唯心辩证法，帮助俄国人克服坐井观天的狭隘意识，开拓出"巨大的历史感"②。在这一思想革命的过程里，斯宾诺莎哲学是其中的借力点之一。斯宾诺莎"规定即否定"的命题为列宁指出自在实体的思维逻辑提

① 中共中央马克思恩格斯列宁斯大林著作编译局.列宁全集：第55卷［M］.北京：人民出版社，1990：150.
② 中共中央马克思恩格斯列宁斯大林著作编译局.马克思恩格斯文集：第2卷［M］.北京：人民出版社，2009：602.

供了便利，但远未能企及彻底扬弃自在实体的高度。列宁的成功正在于他没有过多地迷恋斯宾诺莎的命题。与此相比，我们第三篇第六章所提到的阿尔都塞，则执拗地把斯宾诺莎的思维方式当成全部的辩证法，乃至于最后陷入极端的主观唯心主义的境地。

第三篇

03

西方马克思主义哲学对斯宾诺莎与马克思学说的嫁接

第六章

唯理论的断裂式想象

第一节 结合精神分裂的生命体验批判"实体"的自在

一、阿尔都塞哲学气质的生活来源

我们习惯把哲学家的思想同他的生活经历分开。然而，阿尔都塞的哲学同他独特的疾病体验是不可分离的。在生命的暮年，阿尔都塞以自传回顾生活与思想的关联，也回顾了斯宾诺莎和马克思等人于他哲学的决定性意义。他的自传《来日方长》绝不是什么谵妄之作。它是阿尔都塞整个学术生涯里的一部"正常"著作。只稍仔细阅读便可发现，该书草蛇灰线、伏脉千里，思维之缜密远胜常人。另一方面，阿尔都塞又的的确确犯了病。我们熟知的是他杀害了妻子，被送进了精神病院，却不知他的病早已间歇性地发作，并持续了数十年。他三十岁左右被诊断出抑郁症，便开始频繁住院和接受电击治疗。从 1947 年到 1980 年，他的抑郁症总共发作过十五次，每次抑郁以后都伴随着躁狂，"至少多做二十倍的工作"。（参见该书第十一章）可以说，病症贯穿着他的整个学术生涯，那些为人称道的作品可谓是抑郁之后的躁狂之作。基于以上两个原因，本书认为《来日方长》应受到同其他作品公平的对待，他的病症体验也应该作为他的哲学源泉而被考虑在内。

从历史发生的视角来看，必定先有阿尔都塞此人的出生和学习经历，再有他建立理论的过程。当前学界在研究某个哲学家的思想发生史时，也大抵遵循历史时间的顺序，更恨不得把各个文献的年代考较得明明白白，随后再予以整合与比较。阿尔都塞拒绝任何关于开端的哲学。他的自传意在呈现，阿尔都塞与阿尔都塞的理论一同生成，又一同臣服于阿尔都塞的以"断裂"为核心的思维或阅读方法。人生、理论与方法三者是同一个东西。在此意义上，《来日方长》又绝不只是一本传记，它就是阿尔都塞的哲学本身。在传记的开头，阿尔都塞和他的理论就如此这般地呈现在读者面前。随后所呈现的内容既是这一形象的展开，也是这一形象的历史生成。传记开篇，他便用令人费解的笔调写道：

> 这件事，我一直保留着完整而准确的记忆，直至其中的细枝末节。在我饱经磨难之后，它已永远刻在了我的心中——那是在两个黑夜之间，一个是我从中醒来的不知哪个黑夜，另一个是我又要进入的黑夜。我将说明它是何时以及如何发生的：这就是那个杀人的场面，像我经历过的那样。①

第一个"黑夜"，即"从中醒来的黑夜"，指的是他精神失常的杀人瞬间。阿尔都塞的"记忆"只包括妻子埃琳娜已死的场面，以及妻子死后他的处理措施。埃琳娜到底为何、如何被他杀死呢？回忆的力量穿不透黑夜的迷雾。在这里，自传作为回忆提出了一个它不可能解决的难题：以回忆去求索回忆无法抵达的内容。

第二个"黑夜"带有双重隐喻。从第一章的叙述来看，阿尔都塞喊来艾蒂安大夫，被打了一针，他的精神又陷入了错乱。他似乎还能跟着艾蒂安大夫行走，还能看到别人的举动，但他的记忆已经陷入混乱，不知过了多久才重新在圣安娜医院恢复"清醒"。因而这段经历，又是一个记忆无法渗透的混沌之地。但更漫长的黑夜还在等待着他。那是由国家机器与意识形态国家机器组成的黑夜。就国家机器的层面来看，1838年的法国刑法典以及法庭已对他的杀妻行为作出裁决。他因"疯癫"被裁定为非责任状态，从而免于刑事处罚。然而，在社会舆论的见解里，疯癫者的行为与话语都被假定为无意义的，靠言辞为生的哲学家失去了他的"规定"。他可以活着，却只能作为空有肉身的"活死人（Lebenstodt）"活着，他不再有言说的权利，他所说

---

① 阿尔都塞. 来日方长 [M]. 蔡鸿滨，译. 上海：上海人民出版社，2012：20.

的话也不会再有人聆听。这才是更令人绝望的"黑夜"。在这里，自传作为言说呈现出另一个致命的难题：被意义体系排斥在外的言说者要以无意义的呢喃争得言说的意义。

最近中译出版的阿尔都塞手稿专门收录一节"阿尔都塞假托主治医生之名写下的笔记"，笔记细致地描绘了扼死埃琳娜时的心境，甚至将杀妻行为定性成"两人共谋的谋杀案"。这则笔记写于 1985 年，笔记末尾声称这将是未来要写的自己故事的序文。① 看起来，整个《来日方长》像是要把杀人的罪过推到死者身上，好减轻自己道德负担的开脱之辞。甚至连阿尔都塞遗稿的主要编者奥利维耶·科尔佩（Olivier Corpet）都抱有此见。②

本书反对这种见解。一方面，这份笔记以及共谋论丝毫没有进入《来日方长》的正式文本。自传在谈及妻子时，总是带着怜悯和愧疚的态度。他不敢将相互参照、相互赋意的理论引入这个场景，这也成为自传与阿尔都塞理论主义的唯一不完满的错位。另一方面，《来日方长》的主旨也绝非为了脱责。自传不是为了偿还良心上对不起埃琳娜的债务。如同开篇的第二个"黑夜"所昭示的那样，阿尔都塞的焦虑主要体现在哲学家自我的失去，来源于言语的无人问津。可即便如此，自传的目的也不为求得大众的宽恕。认为写一本书呐喊着就能穿透疯癫话语的支配，其立足点必然是个人自在的、不可被磨灭的主体性，其塑造的形象只能是一个永不屈服的古典英雄。古典英雄的反抗只是"量"的层面的对抗。回忆无法抵达，那就回忆得再细一些，使劲回忆。呢喃没有意义，那就大声呼喊，总能引起他人的兴趣。《来日方长》的主旨恰好相反，它要说：生活本就是理性不能完全把握、偏偏又自不量力地力图把握的不可能性。

因此，阿尔都塞认为正确的生命哲学应该是承认主体无能为力与被构造的哲学。这也是《来日方长》的核心线索。路易·阿尔都塞的名字来源于战死沙场的叔叔，来源于这个母亲爱而不得的旧恋，他从小就被母亲当成另一个人教育长大，他自始至终只代表他者的欲望（该书第三章）。这种糟糕的处境使他百倍要讨母亲的欢心，乃至于日后演变为百倍要讨他人的欢心。他

---

① 阿尔都塞. 无尽的焦虑之梦 ［M］. 曹天羽，译. 南京：南京大学出版社，2021：166.

② 阿尔都塞. 无尽的焦虑之梦 ［M］. 曹天羽，译. 南京：南京大学出版社，2021：9.

更竭力扮演着满足他者欲望的角色。他爱上一个女人，却是因为爱上朋友从而爱上了朋友喜欢的女人（该书第八章）。他要讨老师的欢心，便模仿老师的文风写作（该书第九章）。乃至于后来写作其他影响巨大的著作时，也往往以技巧取胜（该书第十四章）。他常常自问：除了这些为满足他者欲望而使用的技巧以外，他还剩下些什么呢？随后他又自答：什么也没有剩下，他的全部人生便是一场虚无。当下糟糕的处境绝不只是当下的偶然，而是他一生命运的必然。本来无一物，何处惹尘埃！在传记的末尾，阿尔都塞仿佛释然了：

> 从那以后，我认为学会了什么是爱：爱不是采取主动以便对自己不断加码、做出"夸张"，而是关心他人，是有能力尊重他的欲望和他的节奏，不要求什么，只学会接受，把每一项馈赠当作生命中的惊喜来接受，并且有能力给别人同样的馈赠和同样的惊喜，不抱任何奢望，不做丝毫强迫。总之就是自由而已。①

阿尔都塞所"学会"的内容，正是他所经历的现实。在他说出"学会"之前，他早已学会并且生活在其中了。

可是他真的因为哲学上的觉悟而释然了吗？倘若就此释然，只能说明理论可以弥补和安抚生命的荒谬，只能说明这个荒谬不是真正的、理性无法驯服的虚空。自传的结尾落于"从未这样年轻"的自我感觉，落于向读者发出"告诉我更多真相"的话语引诱。他还不甘于真正地成为沉默的"活死人"。他仍痴妄地编织着记忆和言语的罗网，仍在用尽办法实现着他者的欲望。释然的只是忧郁的阿尔都塞，接下来便是躁狂的、富有创作激情的阿尔都塞登场了。如同昔日那个曾在躁狂中写出《保卫马克思》《读〈资本论〉》的阿尔都塞必然再落入忧郁的罗网中，今日留下《来日方长》的阿尔都塞也要被无尽的黑夜重新包围。去日苦多，来日方长。苦的不会变成乐的，身体的病症也不会因几口"心灵鸡汤"就能痊愈。这实在是极其"唯物主义"的观点！断裂的马克思、游移于真实与想象之间的斯宾诺莎，是阿尔都塞生命剧场里的角色，也在这座独特的剧场中找到了相遇的必然。

---

① 阿尔都塞. 来日方长 [M]. 蔡鸿滨，译. 上海：上海人民出版社，2012：293.

二、提炼黑格尔对斯宾诺莎的批判

我们把目光转向阿尔都塞学术生涯的起点——1947 年的文凭论文《论黑格尔思想中的内容概念》。1947 年，三十岁的阿尔都塞同他未来的妻子埃琳娜首次发生了关系。按《来日方长》所载（该书第十一章），该行为在他心中"裂开了一道焦虑的深渊"。不止比喻上的"深渊"，且是真的犯病了。经过精神分析师诊断，他被送进圣安娜医院住了几个月的院，每两天便要被捆在床上进行一次电击治疗，前后大约一共进行了二十四次。住院期间，他郁郁不安，时常产生幻觉，甚至作出拿面包心塞进耳朵里充当耳塞的举动。出院以后，他同埃琳娜一起到外祖母居住的乡下休养，并在那里完成了文凭论文的写作。这也是阿尔都塞第一个正面评论斯宾诺莎"实体"概念的文本。

在进入正式的文本介绍以前，不妨简单介绍斯宾诺莎和黑格尔在当时法国学界的接受情况。

阿尔都塞晚年的回忆录《来日方长》曾叙述过两段同斯宾诺莎相关联的学业记忆。其一，"路易、夏尔、西蒙娜，显然都是些表示'命运'的名字，正如斯宾诺莎在他关于希伯来语语法的著作中所说的那样"①。这段表述至少能够确认一个事实，即阿尔都塞曾阅读过斯宾诺莎的《希伯来语法》，此书给他留下了深刻印象。其二，在参加 1948 年全国哲学教师学衔考试时，阿尔都塞称自己将斯宾诺莎著作中的拉丁文 solum（单一、孤独）错解成太阳。可见，斯宾诺莎也是当时法国哲学考试的一个重要考点，并通过这种学术建制的方式持续影响着后来的哲学家们。

按照安德烈·托塞尔的追溯，斯宾诺莎哲学进入法国学术界主要经由维克多·卡辛（Victor Cousin）的中介。② 卡辛青年时期曾追随德国唯心论的传统，把斯宾诺莎学说理解为泛神论。但同德国"哲学"地阐述斯宾诺莎学说的方式不同，卡辛侧重于挖掘它的宗教批判和政治革命的意味。也就是说，斯宾诺莎主要以启蒙哲学和民主先驱的形象介入法兰西民族的记忆。卡辛的学生艾德蒙·塞瑟（Edmond Saisset）在 1843 年出版了《伦理学》的第一个

---

① 阿尔都塞. 来日方长 [M]. 蔡鸿滨，译. 上海：上海人民出版社，2012：87.

② TOSEL A. *Spinoza au XIXe Siècle. Actes des journées d'études organisées à la Sorbonne* [M]. Paris：Publications de la Sorbonne，2007：14-15.

法文译本，由此推动了维克多·德尔博斯（Victor Delbos）和莱昂·布伦施维克（Léon Brunschvicg）等法国本土学者更为深入的斯宾诺莎哲学研究。但是，根据法国斯宾诺莎研究专家亚历山大·马特隆（Alexandre Matheron）的说法，正儿八经的斯宾诺莎政治学研究却长期无人问津。① 马特隆曾于 1949 年为攻读研究生学位而提交了关于斯宾诺莎的论文。他指认说，尽管该论文只对《政治论》和《神学政治论》的最后几章作出了平铺直叙的解说，在当时却是首创。马特隆曾受邀参与 1967 年阿尔都塞组织的"斯宾诺莎小组"，据说当时阿尔都塞列出的参考作家包括德尔博斯、安德烈·达尔邦（André Darbon）、费尔南德·阿尔基耶（Ferdinand Alquié）、罗伯特·米斯拉伊（Robert Misrahi）。当时的斯宾诺莎诠释权威还有马夏尔·盖鲁（Martial Gueroult）。1968 年来，盖鲁先后出版了诠释《伦理学》的专著《上帝》（*Spinoza I. Dieu*）、《心灵》（*Spinoza II. L'âme*），对德勒兹、马舍雷、奈格里等人启发良多。

20 世纪 30 年代后，黑格尔哲学逐渐成为法国知识界的潮流。让·瓦尔（Jean Wahl）、亚历山大·科瓦雷（Alexandre Koyré）、亨利·列斐伏尔（Henri Lefebvre）等人是较早向法国公众介绍黑格尔的一批哲学家。不过，只有经过了亚历山大·科耶夫（Alexandre Kojève）和让·伊波利特（Jean Hyppolite）的引介，黑格尔的学说才真正流行起来。② 阿尔都塞对科耶夫的解读持鄙夷态度，认为此人只是以哲学的方式传递官僚主义的内容："历史，也就是说阶级斗争的历史终结了，历史并没有停止，但接下来发生的无非只是对物的管理的例行公事。"③ 不仅科耶夫，连带着包括拉康、巴塔耶、萨特等"科耶夫'黑格尔派'的法国门徒们"也一并遭到了批判。相反伊波利特受到了阿尔都塞有保留的赞赏：此人不是去阐释黑格尔，而是翻译了《精神现

① MATHERON A. Entretien avec Alexandre Matheron：à propos de Spinoza ［R/OL］. CAUTE@ LAUTRE. NET，2004-05-02.

② 波斯特. 战后法国的存在主义马克思主义［M］. 张金鹏，陈硕，译. 南京：南京大学出版社，2015：　；夏莹. 当代法国马克思主义哲学的黑格尔入径——以伊波利特为例的思想史考察［J］. 求索，2020（5）：85-95；王赛，刘怀玉. 战后法国马克思主义中的"黑格尔幽灵"：以伊波利特与阿尔都塞的关系为主线［J］. 学习与探索，2021（6）：32-43.

③ 阿尔都塞. 来日方长［M］. 蔡鸿滨，译. 上海：上海人民出版社，2012：188.

象学》"让黑格尔自己说话"①。阿尔都塞的导师巴什拉（Gaston Bachelard）则对黑格尔兴趣不浓，指教不多，1947 年文凭论文主要是在同学雅克·马丁（Jacques Martin）的启发下完成的。②

在论文里，阿尔都塞以黑格尔辩证法的名义，批判了哲学研究中"演绎"和"分析"的方法："它们所需要的只是紧紧地抓住一个最初的原则……在一定程度上就像斯宾诺莎从上帝开始并发展出一种早已给定了的内容，或者像笛卡尔那样从直觉开始，进而建构出他的一连串的证明那样，教条主义也是从一种最初的原则出发的。"③ 阿尔都塞用"自在"一词来概括所有"给定的内容"：

> 实体被界定为存在本身，即一种被组成的整体，它在其自身中包含有它自己的必然性，只是被内在的发展所遮蔽着，正因为如此，实体总是已经存在在那儿，它本身就是其起源，并且在样式中总是先于它自身而存在。请注意，这种自在可以是一种先验之物，也可以是一种后在之物，这取决于在其理念的或经验的整体性中，现实世界是否被当作参照的标准来看待。④

阿尔都塞所说的"自在"显然不能等同于"自在之物"。在康德的意义上，"自在之物"绝无可能是先验的、观念的东西。阿尔都塞的"自在"既包括被笛卡尔怀疑的一切可感事物，也包括令笛卡尔中止怀疑的上帝观念。阿尔都塞认为，"自在"是一个伪概念，没有任何东西能够独自存在着，任何关于"自在"的宣称都只是意识形态的构想。

阿尔都塞认为，黑格尔不只是简单指出传统"自在"的非自在实质，而且吸收和改造了它。黑格尔的"内容"（Inhalt）概念词义是"掌握住"某个

---

① 阿尔都塞. 来日方长 [M]. 蔡鸿滨，译. 上海：上海人民出版社，2012：188.

② 这位马丁同学与阿尔都塞一样患有严重的精神疾病，后来在公寓里焚毁自己的手稿并自杀。阿尔都塞. 来日方长 [M]. 蔡鸿滨，译. 上海：上海人民出版社，2012：188；杨乔喻. 雅克·马丁在阿尔都塞文本中的寄居性存在：反同一性文本学的一项案例考察 [J]. 学术月刊，2016，48（11）：43-48.

③ 阿尔都塞. 黑格尔的幽灵：政治哲学论文集 I [M]. 唐正东，吴静，译. 南京：南京大学出版社，2005：71.

④ 阿尔都塞. 黑格尔的幽灵：政治哲学论文集 I [M]. 唐正东，吴静，译. 南京：南京大学出版社，2005：82.

东西，因而"内容"便意味着被掌握的东西的内容是非自身的，只有当它与外在的东西相互规定的时候，它才可能是其所是。"内容只是在作为这一过程的某一时刻而存在的外在性中才发现自身。"① 内容是一种"尚未存在"的东西，只有在它同它的外部的关系中，"它"才被构建成为一个整体。因而就其本质而言，自在是"始源性的空乏"，是某种"仍在来临的东西（à-venir）"。② 没有外在，没有非自身，便不会有自身。这个论点构成了阿尔都塞全部哲学的核心命题。

在这里我们发现了阿尔都塞与黑格尔两者间关于斯宾诺莎评价的错位。黑格尔《哲学史讲演录》的意思是，斯宾诺莎的实体还只是抽象的否定性，未能肯定实体的内容。因而还不能企及自在自为的绝对精神的规定。反过来说，绝对精神是绝对的充盈，它没有任何外部，它的"内容""被掌握"实则"自己掌握自己"。但是经由阿尔都塞的诠释，斯宾诺莎的实体是一种肯定性的宣称、教条主义的断言。因而要紧的不再是让实体上升为绝对精神，而是指出自在实体的观点于其本体论上只是"无"。只有当它被外部、被他者所掌握的时候，它才表现为一个整体性的东西。

三、非扬弃的批判与知识论的结合

阿尔都塞虽然声称借助黑格尔的"内容"概念批判了斯宾诺莎的自在"实体"。可实际上，他真正超越斯宾诺莎的命题——内容需要外部予以规定，外部又同时是对内容的否定——不正是"规定即否定"的思维逻辑吗？当然，这一思维逻辑比起康德泾渭分明的二元对立，已经增添了两者相互规定的辩证法因素了。可是同黑格尔的"否定之否定"、同列宁的实践基础上的"对立统一"相比，充其量只能说达到了第二篇第五章第二节第一目的逻辑层次。这也是列宁在辩证法史的"明线"上同斯宾诺莎告别的地方。阿尔都塞口头上同斯宾诺莎划清界限，事实上却把斯宾诺莎的命题贯彻到底。后

① 阿尔都塞. 黑格尔的幽灵：政治哲学论文集 I［M］. 唐正东，吴静，译. 南京：南京大学出版社，2005：92.

② "仍在来临的东西（à-venir）"即"未来"（avenir），同阿尔都塞晚年所写的《来日方长》（*L'Avenir dure longtmeps*）可谓一以贯之。在第二篇第五章第二节第一目中我们指出，阿尔都塞心目中的昔日、今日、来日都是受理性所不可把捉的虚空所支配的时间，随时可能精神失常而失去意识之确切内容。

来他对于斯宾诺莎的偏爱，完全不是偶然。他也将根据这个论点建构起"认识论断裂"等重要命题。

当然，阿尔都塞"认识论断裂"的提出，绝非只受斯宾诺莎"规定即否定"命题单一因素影响。在此哲学内核以外，阿尔都塞还吸收法国科学认识论传统。据自传所言，阿尔都塞从乔治·康吉莱姆（Georges Canguilhem）那里获得了"好几种决定性的教益"：其一，除了科学史以外的认识论完全是荒谬的。其二，科学史的发展实则"科学意识形态"的发展。其三，认识论（l'épistémologie）是知识论（la théorie de la connaissance）的变种。①

阿尔都塞读过康吉莱姆1955年的教师资格论文《十七和18世纪反射概念的形成》（*La formation du concept de réflexe aux XVIIᵉ et XVIIIᵉ siècles*），该文给他留下一个印象，"反射概念不是在机械论而是在活力论的语境中诞生的"。② 按照康吉莱姆的逻辑，一定的概念（idée）是从一定的语境（contexte）中产生的。既然是"语境"，那便不能离开一定的语言，或者更直接地说，不能离开承载语言的文本（texte）。在1966年的蒙特利亚科学哲学与科学史年会上，康吉莱姆指出"科学"与"科学史"两者研究对象的不同。科学以自然实体为对象，这些自然实体可谓"前—文本"（pre-texts），其存在不依赖于语言机制；而科学史的对象则是科学话语（le discours scientifique），它是历史与文化的对象，不能脱离语言而存在。③ 换言之，科学史的研究就是话语分析，或者说是一种文本学。

在此有必要提及康吉莱姆与阿尔都塞在术语使用上的根本区别。前者所讨论的"科学"主要指的是实证科学、部门科学，尤其是医学，为此康吉莱姆强调其认识对象是自然实体；而阿尔都塞的"科学"则同德国古典哲学的

---

① 阿尔都塞. 来日方长 [M]. 蔡鸿滨，译. 上海：上海人民出版社，2012：. 本书根据法文版（*Louis Althusser. L'Avenir dure longtemps suivi de Les Faits* [M]. Paris：Stock/IMEC，2007：211-212.）在括号内备注了相关术语的原文。

② 阿尔都塞. 来日方长 [M]. 蔡鸿滨，译. 上海：上海人民出版社，2012：196；阿尔都塞，巴里巴尔. 读《资本论》第二版 [M]. 李其庆，冯文光，译. 北京：中央编译出版社，2017：41.

③ DAVID M. Peña-Guzmán. French historical epistemology：Discourse，concepts，and the norms of rationality [J]. *Studies in History and Philosophy of Science* Part A，2020，79：68-76.

用法相近。依照其德语 Wissenschaft 的词源，它指的是知识（Wissen）之抓手（Schaft）。用康德的话来说，科学关乎"知识何以可能"的问题。同康吉莱姆相比，阿尔都塞的"科学"不再以思维以外的自然实体为对象，它以知识自身为对象，它的真理性也内在于它自身。可是同德国观念论的认识论相比，阿尔都塞的科学认识论又不是抽象概念的自反思。它吸收了康吉莱姆的科学"史"研究，成为特定话语、特定文本的自反思。阿尔都塞的认识论不再从抽象的范畴出发，而是从承载着特定名相的具体文本出发。科学史归根结底是承载着科学的文本的历史，对知识的文本形态的分析同认识论批判是同一件事情。

阿尔都塞由此转向对文本意义和阅读方法的思考。什么是文本的"内容"？如何从中读出它的意义？按照 1947 年论文的逻辑，文本的内容必然要通过文本的外部来规定。当法国认识论把认识对象文本化以后，文本的外部依旧还是文本，是同该文本有着不同内容的文本。而这与之不同的"内容"，又由该文本自身以外其他文本的内容所规定。文本之间彼此否定又彼此规定，哲学认识论既可说是对文本内容的分析，也可说是文本间的比照。阿尔都塞将此称为"理论对立"：

> 我大概拥有一定程度的直觉（intuition），尤其是一种比照的能力，也就是理论对立的能力，这样就使我能够由他所反对的那些作者出发，重新组织起我认为是这位作者的思想的东西。我起初通过对比和划界自发这么做，后来我有必要制订理论……从某一给定的理论形势（conjoncture théorique）内部，才能够理解哲学的诸多比照（les rapprochements）和诸多对立（les oppositions）。①

阿尔都塞十分坦诚地承认，他通过文本互参制造"理论对立"的能力有赖他的"一定程度的直觉"。他的这个宣称意味着放弃了对"直觉"的内容的反思，即不再对文本间何以能用来相互参照的前提条件进行反思。按照今天流行的学术规范，我们固然可以批评阿尔都塞没有从马克思同斯宾诺莎的

---

① ALTHUSSER L. *L'Avenir dure longtemps suivi de Les Faits*［M］. Paris：Stock/IMEC，2007：192；阿尔都塞. 来日方长［M］. 蔡鸿滨，译. 上海：上海人民出版社，2012：175.

真实历史关联和中介环节来论证文本比照的应然性。但从阿尔都塞自身的视角出发，他完全可以凭借从事多年哲学研究的经验，以及他作为哲学家的灵性担保，这种比照是可靠的，而且是必要的。哲学大师制订比照的计划，而执行过程规范性可以交由后世的匠人缓缓论证。全部工作的赌注便在于大师"直觉"的可靠与否。但在某些瞬间，大师对自己的"直觉"犹且存疑："我由一个简单的提法出发，就感觉到自己能够（多么奇特的错觉啊！）重新组织起我不曾读过的一位作者或一本书——即使不是其思想，至少也是其倾向和方向。"① 本书引述这些句子并不是为了说明大师的直觉是错的，进而否认研究斯宾诺莎与马克思思想关系的必要性。关键要看到，对于阿尔都塞来说，直觉与错觉的水乳交融，是萦绕在他心头的重大问题。

斯宾诺莎《伦理学》的"三种知识"正好符合阿尔都塞认识论断裂的表达。准确来说，《来日方长》只谈到了两种知识。一是道听途说、同错觉联系的第一种知识；二是建立在单一体生命历程之中的、同直觉相联系的第三种知识。② 而《伦理学》所提及的靠理性演绎而获得的第二种知识要么被阿尔都塞有意略去，要么同第一种知识一齐被认为受到"想象（imagination）"的支配。想象，在斯宾诺莎的语境里，也是"错觉"。③ 理性推理在这位深受精神疾病折磨的大师看来，完全无法对抗幻象。可令人沮丧的是，除却理性与幻象，他又无所凭依。因此在某些时刻，他又为自己沉浸于第一种知识的幻象而沾沾自喜，更毫不避讳地提到斯宾诺莎："我曾经把我的学习方法、总之是获得哲学知识的方法说成是一个传奇，正如我总是爱说的那样，是'靠道听途说'（按照斯宾诺莎的说法，这是认识的粗糙的初级形式）。"④ 这为他后来建构起意识形态永恒不灭的观点埋下了伏笔。斯宾诺莎的知识论，尤其是前两种知识彼此规定又彼此否定的关系，是阿尔都塞断裂重重的生命历程的写照，也是他后来用以阅读马克思著作的主要方法。

---

① ALTHUSSER L. *L'Avenir dure longtemps suivi de Les Faits*［M］. Paris：Stock/IMEC，2007：191；阿尔都塞. 来日方长［M］. 蔡鸿滨，译. 上海：上海人民出版社，2012：175.

② 阿尔都塞. 来日方长［M］. 蔡鸿滨，译. 上海：上海人民出版社，2012：231.

③ ALTHUSSER L. *L'Avenir dure longtemps suivi de Les Faits*［M］. Paris：Stock/IMEC，2007：476.

④ 阿尔都塞. 来日方长［M］. 蔡鸿滨，译. 上海：上海人民出版社，2012：174.

第二节　运用"规定即否定"迂回地阅读马克思的哲学

一、前两种知识的相互规定与断裂

斯宾诺莎在《伦理学》的第二部分命题四十的附释二里提到了三种知识的种类。第一种知识有两个来源。其一，感官片断、混淆地呈现给个体所得来的观念。其二，从记号得来的观念。"想象"正是同"观念"直接相关的：人们通过"观念"来"想象"事物。① 就其来源而言，观念不等同于事物，也不等于事物的记号，而等于事物或者符号在人们心中的形象。譬如看到一个苹果或者看到"苹果"二字，心底便浮现出一个关于苹果的形象。那么，何以某个记号能够引起想象中的某个观念或者观念的联结呢？在第二部分命题十八的附释里斯宾诺莎解释了缘由："各人都可以各按照他排列身体以内事物形象的习惯，而由一个思想转到另一个思想。"② 如此一来，对想象内容的联系的批判，便转向了对人的"习惯"的批判。换言之，想象中的观念的联系不具有必然性，不等于事物自身的联系，纯粹个人习惯使然。在此意义上阿尔都塞把斯宾诺莎归为"唯名论"是有一定依据的，并且阿尔都塞发现了第一种知识的本质："关于直接被经验的世界的理论……作为常识的自发意识形态的直接性。"③ 直接性与自发性描述的就是人们为生活习惯所支配、对日常观念不予反思的情境。

第二种知识是"从对于事物的特质具有共同概念和正确观念而得来的观念"④。斯宾诺莎的推理逻辑如下。首先，人之所以能够形成观念，是因为他的身体同某个事物（记号也是一种事物）发生了接触，从而引起了身体的某种情状（命题十九）。其次，这种情状的观念由两个部分组成，一方面是身体的性质，另一方面是外界物体的性质（命题十六）。最后，第二种知识或

① 斯宾诺莎. 伦理学 [M]. 贺麟，译. 北京：商务印书馆，1997：79-80.
② 斯宾诺莎. 伦理学 [M]. 贺麟，译. 北京：商务印书馆，1997：66.
③ 阿尔都塞. 来日方长 [M]. 蔡鸿滨，译. 上海：上海人民出版社，2012：231.
④ 斯宾诺莎. 伦理学 [M]. 贺麟，译. 北京：商务印书馆，1997：80.

者理性的起点是两部分"共同具有"的东西。因为身体内的心灵只能正确认识身体所具有的东西（命题三十一），因而它只能正确认识身体和其他事物所共同具有的东西。斯宾诺莎的推理是完全符合形式逻辑的。可从辩证逻辑的角度来看便完全站不住脚了。如果心灵没有充分地把身体和其他东西区分开来，如果心灵没有预先形成关于身体和其他东西各自清晰的内容，如何能够判定两者有什么"共同概念"呢？因而实际上第二种知识的同一并不是真正反思意义上的同一，还是某种粗糙的印象。反过来，因为有了第二种知识的"共同概念"作为思想前提，人们才能够知道第一种知识实际是两种或多种观念的"混淆"，从而对受习惯所支配的日常观念予以反思。为此阿尔都塞说："第二类认识使人能够懂得第一类认识，但前者不是后者的真理。"①

从写于1970年的《自我批评材料》② 来看，阿尔都塞前期主要围绕着第一种知识和第二种知识的关系作文章。阿尔都塞提醒读者关注《伦理学》第一卷的附录③，认为其中比马克思更早地提出了关于意识形态的理论。斯宾诺莎在这段附录里提出了三个核心论点。其一，人总是"以自己平日动作的目的来忖度自然事物的目的"。阿尔都塞称之为虚构的"现实"。其二，人把自然事物当成了满足自己目的的工具时，又发现这些工具是现成地得到的，于是他们便推想到必然另外一个人创造了工具，于是主宰世界的上帝的想象便产生了。阿尔都塞称之为"内在的颠倒"。其三，当人相信万物存在是为人而用，便依据自己的价值喜好来评判自然事物，并把受此种行为习惯影响的想象称为自然界本身的秩序。阿尔都塞称之为"关于主体的幻想"。人的主体性不是自在的、天然的，而恰恰是虚构的、颠倒的产物。

斯宾诺莎没有把意识形态简单地当成谬误或者无知，而是把它看作了现实本身。这个现实就是"由人的身体的状况所'表现'的人跟世界的关系"。

---

① 阿尔都塞．保卫马克思 [M]．顾良，译．北京：商务印书馆，1984：58.

② 该论文的扉页写着："献给罗歇（Waldeck Rochet），他赞赏斯宾诺莎，而且在1966年6月花了一整天和我一起谈论它。"罗歇曾于1964年担任法国共产党的总书记，1969年以后失势。阿尔都塞扉页的致辞主要出于政治考量，而非由于此人的学术影响。

③ 阿图塞．自我批评文集 [M]．杜章智，沈起予，译．台北：远流出版事业股份有限公司，1990：153；斯宾诺莎．伦理学 [M]．贺麟，译．北京：商务印书馆，1997：36-43.

在上一段提及的第二个论点里，人是通过其身体或者身体与工具的结合而满足自己目的的，因为身体以及身体的延伸成为人与世界的现实关系的表现。而这种围绕其身体与行动所展开的关系，就是我们"具体的和历史的存在的物质世界"。作为人，我们不可能脱离我们的生活世界去把握世界，亦即不可能去理解自然的自在目的。唯一能做的只能是批判我们自己赋予自然的那些目的，尤其是批判目的论的"大写主体"亦即上帝的形式。上帝不是外在于现实的、彼岸的"真实"，它就是现实本身；但它又是观念的东西，是颠倒的现实。用我们熟悉的唯物史观的话语来叙述，上帝的观念源于我们具体的、历史的实践，在长期的实践中我们形成了特定的生活习惯，这些生活习惯支配着我们想象中的观念次序。这一受习惯支配的观念次序的整体被颠倒地认为是自然的自在目的，被认为是外在于我们的大写主体的目的。

言及此处，读者定要好奇地问：非颠倒的情形是怎么样的呢？自然界本身的目的是什么呢？阿尔都塞的回答是，这种"问题式"还是马克思"断裂前"的产物。1967年，阿尔都塞在讲授《德意志意识形态》的课程里批评了《关于费尔巴哈的提纲》用人类实践来揭示上帝起源的做法。在他看来，这种做法还属于"源头—源起—中介—反思"的思想模式：

> 一切都受源起（genèse）的概念支配着，起源的概念是等号（＝）的观念上的表达。因此有必要对关于源起的意识形态作出根本性的批判；有必要阐发某种关于历史突然涌现（surgissement）的、非源起性的理论，这种理论就它的构成和其他实例来说，独立于某种意识形态功能—结构的理论。①

借用王春明博士的表述，在这里出现了"双重意识形态界说"。② 第一重是关于意识形态结构与功能的理论，也就是上文所提及的斯宾诺莎《伦理学》第一部分附释和《关于费尔巴哈的提纲》的学说。它只能解释意识形态内部的运作，并且通过这种解释促成意识形态的运作。第二重则是同意识形

---

① ALTHUSSER L. *Écrit Philosophiques et Politiques*, Tome Ⅱ ［M］. Paris：Stock/IMEC，1997：217.

② 王春明. 阿尔都塞双重意识形态界说中的"斯宾诺莎迂回"及其理性主义内核 ［J］. 复旦学报（社会科学版），2020（2）：10-19.

态相断裂的、阐明某种意识形态如何"突然涌现"的科学理论。本书的观点是，阿尔都塞所谓的"科学"或者"非源起性的理论"，只是两种知识的"断裂"关系，无关乎第二种知识具体的内容。

斯宾诺莎学说同科学理论的联系蕴含在"真理是它自己和虚伪的试金石"里。阿尔都塞解释说，这里所谈论的"真理"不是一个既定的标准。作为唯名论者，斯宾诺莎只谈论什么是什么，而不谈论真理是什么。① 换言之，斯宾诺莎所思考的是某个观念如何被认作真理的过程，被称作"真理"的东西在这个过程中证明了自己。在真理被认作真理之前，它什么也不是。而真理要成为真理，就必须指出自己和谬误。在这里，我们又遭遇了1947年文凭论文熟悉的"内容"辩证法：只有绕道真理的外部才能把握真理的内容。阿尔都塞终其一生都没有摆脱这一"规定即否定"的阴影。按照该逻辑，第二种知识只在把第一种知识界定为谬误时才获得真理的位置，同时第一种知识也只有被界定为谬误时才成为第一种知识。但不论是哪一种知识都只是某种真理的话语的内部构型，都属于"意识形态功能—结构的理论"的内部要素。科学理论不关乎任何意识形态的内容，只是意识形态何以生产的理论。从科学理论的视角出发，意识形态的"真理"既是整体，也同"谬误"一起充当着部分。整体与部分的关系既不是机械相加的关系，也不是表达与被表达的关系，它只是"整体的部分跟部分之间相互作用关系的一种无边际的整体"②。

二、"认识论断裂"的逐层逻辑复现

在《自我批评材料》里，阿尔都塞概括了马克思的"理论"要点：

（1）一种关于科学（单数）和一般意识形态（单数）之间差异的理论（思辨性）概括。

（2）"理论实践"的范畴（就在现有的背景中它有把哲学的实践归结为科学的实践的倾向来说）。

---

① 阿图塞．自我批评文集［M］．杜章智，沈起予，译．台北：远流出版事业股份有限公司，1990：155.

② 阿图塞．自我批评文集［M］．杜章智，沈起予，译．台北：远流出版事业股份有限公司，1990：155.

（3）把哲学当作是"理论实践的理论"的（思辨性论点）——它把这一理论主义倾向发展的最高极致表现出来了。①

在第（1）点中，理论关注的是某一种"科学"和某一种"意识形态"之间的差异。理论仅仅从外部、从"思辨"中概括它们的差异。理论尚不知道自己从何而来与如何运作。后世不少读者对阿尔都塞的理解也拘囿于这个层面，并批评他在没有充分文本依据的情况下主观地臆断了马克思著作的"断裂"。到第（2）点，理论把自己放到"科学"的位置，开始思考自己如何被生产出来的问题。

"理论实践"是对理论如何从意识形态中脱离，从而成为自身的叙述。在1963年《关于唯物辩证法》里，阿尔都塞已对理论实践的图式作出了充分的描述。理论实践的对象与产品都是特定的认识，理论实践即对某种认识如何被生产出来的描述。任何认识都是对认识对象的概括，因而理论实践的起点就是某种"一般"的东西，阿尔都塞将其称为"一般甲"。就其作为有待称为"科学"的地位而言，它是科学的对立面亦即"意识形态"。由于整个理论实践过程都在理论之中进行，因而是意识形态的"一般"被加工为科学的"一般"过程。阿尔都塞将后者命名为"一般丙"。此时，作为"一般丙"的理论知道了自己是一个不同于"一般甲"的东西，更知道自己是一个因为不同于"一般甲"而成了自身的东西。那么，"一般甲"是如何被加工为"一般丙"的呢？阿尔都塞虽然提出了所谓"一般乙"的概念群，却没有在文章里展开研究。他对"一般乙"的界定是值得关注的："这些概念的矛盾统一体构成科学在特定历史阶段中的'理论'，而这一'理论'则规定科学的任何'问题'必然在什么场合被提出。"② 按照该定义，"一般乙"是特定历史阶段的理论，它决定了理论的问题式，也就决定了有别于理论的意识形态的问题式，从而决定了整个理论实践的过程。只有这种特定的理论才能清醒地把自身区分为甲乙丙三种范畴，才能透视"理论实践"。在此意义上，这种特定的理论成了关于理论实践的理论，亦即成了哲学。这便是引文第（3）点所要揭示的内容：只有马克思主义哲学这种特定历史阶段的哲学，才

---

① 阿图塞. 自我批评文集［M］. 杜章智，沈起予，译. 台北：远流出版事业股份有限公司，1990：143.

② 阿尔都塞. 保卫马克思［M］. 顾良，译. 北京：商务印书馆，1984：156-157.

能够成为"理论实践的理论";也只有运用这一科学的理论,才能知道科学的理论是什么。

阿尔都塞的理论主义表现出多层面的严密自洽。为了便于读者理解,本书将阿尔都塞的相关论述分为四个层面。第一个层面是作为其哲学内核的层面。全部的阅读方法的起点来自 1947 年关于"内容"的辩证法,来自内与外的辩证逻辑:单就文本自身来说,它是无内容的;要知道某一文本的内容,就必须索引该文本的外部,就必须索引另一文本。运用第一个层面的认识论和文本学,阿尔都塞展开了第二个层面亦即哲学家之间"理论对立"的剖析:要知道马克思著作的内容,就必须迂回到马克思著作以外的其他哲学家的著作当中去;在这种迂回当中,马克思与他的对立的哲学家的著作的内容一并产生了。在"斯宾诺莎迂回"中,第二个层面过渡到第三个层面。斯宾诺莎和马克思的共通点在于他们都对传统的阅读方法提出了质疑。因而迂回到斯宾诺莎,意味着开辟马克思主义的阅读方法。这种阅读方法不是别的东西,正是第一个层面已经揭示,并在第二个层面被运用来获得第三个层面的阅读方法。阿尔都塞用他的阅读方法在阅读中读出了这种方法自身。至此进入第四个层面。在马克思著作的内部,充斥着"理论"同"意识形态"的对立,表现为马克思自身思想发展历程的断裂,也表现为马克思同黑格尔、费尔巴哈"总问题"的不同。在第四个层面的种种异质性,不外乎用第三个层面的属于马克思主义的阅读方法所阅读而得的结果。一旦进入第四个层面,理论便被视为马克思"断裂后"的科学理论,仿佛它是自在地存在于马克思的文本当中,仿佛阿尔都塞的工作只是拿起马克思现成的"方法"来阅读马克思的文本。可事实上,读来读去,读出来的只有断裂的阿尔都塞自己!

罗兰·巴特(Roland Barthes)有个充满诗意的说法——"文之悦(Le Plaisir du texte)"——texte 既有"文本"之意,又有"文本互参"的"交织"之意。在巴特看来,文本不必有所指,从无尽的文本索引中,从符号链条的拓展里便能产生某种审美体验。乍看上去,阿尔都塞的理论主义同巴特的文本学一样。但阿尔都塞并不满足于指出文本互参的事实,《自我批评材料》提醒读者注意,迂回到斯宾诺莎的知识论还不能找到马克思的"矛盾"概念。斯宾诺莎可以帮助我们指出意识形态作用机制及其现实性,但却无法知道"穿透、分割、重组意识形态各个部分和各种对立阶级倾向并使它们对立起来的它们之间的这种差异"①。换言之,斯宾诺莎只能教给我们关于意识形态一般(一般甲)和科学一般(一般丙)彼此有别的一般理论,却不能教给我们有关特定理论(一般乙)的理论,也就不能说明理论何以如此这般地进行理论实践。

缺乏对一般乙的理论,上述的四个层面的理论主义的内在自洽性便要被打破。例如,为什么要引入黑格尔的内容概念?为什么要引入斯宾诺莎而不是别的哲学家作为互参?不解决这些问题,诠释者的主体意识便要渗透进理论当中,以至于理论变成了主观臆想。② 阿尔都塞毫不避讳地承认了主体在场的事实,把一切归诸自己的"直觉"。那个作为理论自我生产之真正源头的"一般乙"不过是"阿尔都塞的理论"。在这里,被称为"阿尔都塞"的主体是什么呢?它不是某种一般的主体范畴,而是作为个别的主体。相对于"理论实践的理论"来说,它是其中主动的部分;而相对于"理论实践"的具体过程来说,它是属于阿尔都塞这一个体的特殊生命历程。正是阿尔都塞这一特殊的个体的直觉,揭示了上述四个层面的逻辑演绎,也揭示了"理论实践的理论"。因而全部的理论主义不外乎阿尔都塞这一特殊个体的唯我论。绝对的主观性成为理论建构的核心。

阿尔都塞没有停下脚步。要实现理论主义的真正自洽,就必须令绝对的主观性转化为绝对的客观性,把唯我论打扮成无我论。1970年的《意识形态与意识形态国家机器(研究笔记)》正式开启了这项工作:"意识形态是个人与其实在生存条件的想象性关系的'表述'。"③ 编者认为"实在"与"想象"是两次对拉康概念的借用。其实,它们也来自《读〈资本论〉》提及的斯宾诺莎的"想象与真实"的理论。斯宾诺莎的第一种知识,即个人想象性地表述自身与自然界之关系的知识。阿尔都塞在此作了改动。个人并不生活在光秃秃的自在自然中,他的"实在生存条件"就是他所活动其中的人化

---

① 阿图塞.自我批评文集 [M].杜章智,沈起予,译.台北:远流出版事业股份有限公司,1990:159.

② 巴特的"文之悦"就明显欠缺对主体在场的反省。事实上,若非主体将其自身已成习惯的意义体系嵌入符号链条,根本不会有任何审美体验。我们不妨说,把文本互参索引的文本实践作为愉悦源头,只是巴特理论爱好者的习惯。

③ 陈越.哲学与政治:阿尔都塞读本 [M].长春:吉林人民出版社,2003:352.

自然。从想象的角度来看，他的生存环境表现出合目的性，仿佛他是生活的主人。然而从实在的角度来看，主体性只是意识形态内部的倒置的幻象，亦即一种想象性的关系，未必是他与实在世界的真实关系。那么，所谓个体的直觉和主体性，只是接受意识形态质询的结果；反过来，个体在被意识形态质询为主体之前，它什么也不是。

意识形态的一般结构同上文所提到的四个层面的理论主义是完全一致的。只是在这一场景中，个人成了内容空无的、有待互参的文本；而个体所生活其中的意识形态、围绕它所建立一切想象性关系，或者简言之，它的生活世界成了与它互参的文本。生活与个体都是空场，只在互参中其各自的意义才会显现。个体必须言说它的生活，而生活也只是属于个体的生活。更进一步说来，只有个体言说出它自身理论主义式的生活，它的直觉才能使得理论主义的四重逻辑自洽闭合。因而这一个体不再是无条件的抽象个体，而是既代表普遍理论又具有自身特殊性的"个别"。此时的理论终于抵达了对"既是单一（singulier）的又是普遍（universel）的对象"① 的理解，亦即斯宾诺莎所谓的"第三种知识"。这个单一体的生命历程，最终由《来日方长》的文本而得以呈现。

三、断裂说与机械唯物主义的区别

瓦伦·蒙塔格（Warren Montag）是国际著名的阿尔都塞研究专家。他研究阿尔都塞的专著里辟专章探讨了阿尔都塞结构主义阅读方法同斯宾诺莎关于整体与部分之学说的关系。该章部分内容已为国内学者译介。② 蒙塔格注意到，1965 年《读〈资本论〉》第一版即将付梓之际，马舍雷给老师去信：

> 我很早就想给你写信谈个稍感困惑的问题。这是第 41 页和第 127 页上的"被结构的整体"（structured whole）的概念：我理解你所说的关于结构的性质和功效以及结构之间的关系。但在我看来，当你谈到一个集合（"总和"）或一个整体时，你也添加了一个绝对不需要澄清的概念，

---

① ALTHUSSER L. *L'Avenir dure longtemps suivi de Les Faits*［M］. Paris：Stock/IMEC，2007：248.

② 蒙塔格. 结构与表现难题：阿尔都塞早期的"相遇的唯物主义"［J］. 赵文，兰丽英，译. 马克思主义与现实，2019（1）：144-151.

它可能在以后成为一个障碍（关于真实整体的想法，以及同它相对立的精神整体的想法，并不十分清晰：关于整体的想法实际上是结构的精神概念）。你所说的关于形势的一切都是对的：但难道形势不是只有在作为空缺（manque）时才为我们所把握吗?①

阿尔都塞收到来信以后，表示基本同意马舍雷的观点，但"目前感到还无法越过'有机整体（organic whole）'和'矛盾'的障碍"，并希望马舍雷能够尽快为他提供更好的概念界定。收到信件后，马舍雷翌日便回信道：

> 所有的东西都同属性的无限性相关联，正如同斯宾诺莎 1665 年 11 月给奥尔登堡信中所述的那样；德勒兹论及卢克莱修的文章也是很重要的……关于矛盾：我认为在某种意义上我们用得越少越好（通过用其他的术语代替它：对立、冲突、不协调……），尽管我们还没有能力去解释它们间的差别。②

通过这几封信件的内容，蒙塔格读出了阿尔都塞理论建构初期围绕如何阐发"结构"概念而面临的疑难。这种疑难首先表现在第一版《读〈资本论〉》提出两种阅读方法时的含糊。第一种阅读方法可表述为三个要素间的单向关系（见图6-1）。一是读者的目光，二是有待阅读的文本，三是自在世界。其中，文本要素被比喻为"栅栏"③，阅读行为即透过栅栏之间的空缺去观察栅栏背后的自在世界。通过客观世界与栅栏所占空间的比较，读者便能断言说某个文本"看到"以及"没有看到"什么。在此种阅读关系里，自在世界是全部的衡量标准，高明的文本比拙劣的文本能够把捉更多的自在世界的内容；或者使用阿尔都塞的比喻，前者能建筑起更宏大的栅栏，能够占据读者更多的视域。可是，第一种阅读方法忽略了一个重要的问题，即

---

① MONTAG W. *Althusser and His Contemporaries* ［M］. Durham and London：Duke University Press，2013：74.

② MONTAG W. *Althusser and His Contemporaries* ［M］. Durham and London：Duke University Press，2013：75.

③ 阿尔都塞，巴里巴尔 . 读《资本论》：第二版 ［M］. 李其庆，冯文光，译 . 北京：中央编译出版社，2017：8.

"看和忽视的相互联系的问题"①。传统阅读观没有思考，读者所看到的"自在"世界，只是目光透过栅栏间的"空隙"所看到的世界。除此之外，他的目光为栅栏所实在占据的空间所阻隔。换言之，他看到的只有栅栏，以及栅栏之间的空隙。因此，他全部的目光实则为栅栏的结构所限定，它只能通过如此这般的结构来观察世界。

$$读者 \longrightarrow 文本 \xrightarrow{\text{部分之于整体}} 自在世界$$

图6-1　第一种阅读方法的要素及其关系

言及于此，阿尔都塞还没有同康德主义根本拉开区别。他似乎只是要求人们注意到主体认识自在世界的中介环节。如同康德所主张的，我们并不能直接地认识自在之物，必须对知识何以可能的诸条件予以批判。被归诸马克思名下的新阅读观的颠覆性，还在于它从根本上放弃了读者、文本、自在世界之间的单向关系，并确立起以文本为核心的新关系（见图6-2）。在"第二种阅读方法"里，文本背后的自在世界的假定已被取消。读者的目光不再能"透过"栅栏看到背后的世界，唯一真实的世界就是文本所构筑的内容。这一内容不仅包括"看到"的内容，还包括被"忽视"的内容；不止包括栅栏的实有，还包括它的空隙。"看不见的东西是由看得见的东西规定为它的看不见的东西，规定为它的被看所排斥的东西……排斥物是由看得见的东西的结构决定的。"②

$$真实世界 \xleftarrow{\text{"看"的内容}} 文本 \xleftarrow[\text{"看"的结构}]{\text{"看"的行为}} 读者$$

图6-2　第二种阅读方法的要素及其关系

阿尔都塞关于第二种阅读方法的表述还不能够让蒙塔格满意。其要害就在于"看"的结构与内容的分离。这种分离仿佛告诉人们，看见的只是文本

---

① 阿尔都塞，巴里巴尔 . 读《资本论》：第二版 [M]. 李其庆，冯文光，译 . 北京：中央编译出版社，2017：9.

② 阿尔都塞，巴里巴尔 . 读《资本论》：第二版 [M]. 李其庆，冯文光，译 . 北京：中央编译出版社，2017：10.

的部分内容，除此之外还有看不见的文本的深层结构。于是阅读文本又变成了一个从表层到深层的单向深入的过程。这也是马舍雷对阿尔都塞提出的批评所在。在此，文本是一个"被结构的整体"，结构深层的逻辑把可见与不可见的内容聚合为一个"文本"，那么这个文本就有着确切的边界与实在的内容，它成了自在之物。照此逻辑，要知道我们"看"的结构是什么，就必须对文本做一番分析，把它的结构给找出来。这种阅读方式同传统阅读方式没有本质区别，也被阿尔都塞的学生们视为老师不够彻底的地方。蒙塔格通过比较《读〈资本论〉》初版和第二版的文字，得出一个见解：阿尔都塞由于听取了马舍雷的意见、吸收了斯宾诺莎因素，表述变得更为彻底了。蒙塔格给出了两个例子。在初版里，阿尔都塞曾在解释新阅读观时提到："某个被规定的内容，它或关联着某个预先给定的结构的潜在层面。"这显然是个把内容与结构二元对立的表述，到再版的时候阿尔都塞将它删去了。① 在初版里，阿尔都塞在谈到马克思用"表现（Darstellung）"概念思考结构问题时，还谈到了它同"表象"（Vorstellung）的区别。前者意味着不存在背后的东西，全部的情况"da"就在那里；后者则带着"使……就位"的意味，亦即令一个预先存在于后场的东西走到前台。这是一个正确的区分，但旋即阿尔都塞又同时提出了两个含糊的解释。"表现"既指（1）"某种不在场的原因的结果（l'efficace d'une cause absente）"，又指（2）"在这些结果中结构的存在（l'existence de la structure dans ses effets）"。到再版的时候，阿尔都塞把它也删去了。② 蒙塔格认为，两种对表现的不同释义恰好对应两种不同的斯宾诺莎学说的诠释。第（1）种是泛神论的读法，即强调被表现的内容是作为实体表象的方面；第（2）种是无神论的读法，它不再主张所见的背后还有更高级、更本质的存在。当阿尔都塞删去初版的内容时，他实际上是让第（2）种释义在书中的比重增加了。

蒙塔格继而回到了马舍雷所提到的斯宾诺莎 1665 年 11 月写给奥尔登堡

① MONTAG W. *Althusser and His Contemporaries* ［M］. Durham and London：Duke University Press，2013：83；ALTHUSSER L，et al. *Lire le Capital* ［M］. Paris：PUF，2014：21，636.

② MONTAG W. *Althusser and His Contemporaries* ［M］. Durham and London：Duke University Press，2013：87 - 89；ALTHUSSER L，et al. *Lire le Capital* ［M］. Paris：PUF，2014：21，646.

的信。该信旨在回复奥尔登堡提出的"自然的每一部分如何与整个自然相一致，与其他部分相联系"① 的问题。斯宾诺莎的回答分为三个层面。其一，整体与部分只是我们想象的关系范畴。整体不是自然当中某一确切的东西，正如同血液里的寄生虫或许会把血液里的每一微粒当作整体。其二，整体与部分的关系又预兆着一种超越性的想象。既然我们所见之物是会改变、会运动和变化的，它必然是更复杂的整体的部分。如此推演下去，自然整体是无限的，不能离开绝对无限来构想部分。其三，我们的身体是无限自然的一部分，但思想力却是同样无限的并包含着自然的全体。这么一来，人的心灵作为思想力合于无限，作为身体的心灵则只是无限理智的部分。蒙塔格的转述完全接纳了第一点，放弃了后两点：

> 他（斯宾诺莎）先提醒奥尔登堡，我们通常理解的协调与连贯、"秩序"，不能被应用于自然，相反它们只是人类想象的产物。连贯与协调必须以这种方式被重新定义，不能用来指称秩序与非秩序、规律与非规律、和谐与失和的对立。在此只有强度（magnitude）更多或更少的诸单一性（singularities），它们组成其他的诸单一性，或者被其他的诸单一性所组成，乃至于无穷。进一步说来，至少在这个术语通常的意义上，不存在宇宙的"部分"，因为宇宙是无限的，并且其"部分"是被其无限的力量所决定、以无限多样的方式互动的。②

这个解释完全把斯宾诺莎学说同机械论混同起来，也完全掩盖了斯宾诺莎对思想力的无限性、对身体的心灵作为有限与无限之统一的探讨。诸单一性的"相遇"成为蒙塔格想象中的阿尔都塞理论的终极形式。按照这种理解，文本的结构和内容都是诸单一性聚合的结果，其中有着某些占主导地位的因素、某些占次要地位的因素，所谓结构只是相遇的诸单一性力量对比的表现。

本书反对蒙塔格的诠释方案。他似乎忘记了阿尔都塞并不赞同"传递

---

① 斯宾诺莎. 斯宾诺莎书信集 [M]. 洪汉鼎，译. 北京：商务印书馆，1996：142.

② MONTAG W. *Althusser and His Contemporaries* [M]. Durham and London：Duke University Press，2013：91.

的"亦即机械的因果性。① 蒙塔格判定属于斯宾诺莎精髓的东西，恰恰是属于笛卡尔机械论的内容。阿尔都塞对自己所提出的"结构因果性"有着清晰的论域："一个要素和一种结构由另一种结构决定。"② 这仍旧是 1947 年文凭论文里"规定即否定"的思维逻辑。当蒙塔格把文本这一"被结构的整体"归结为诸单一性的相遇与力量对比时，他从"结果"转向了"原因"。但对于阿尔都塞来说，诸结构间主导与非主导的关系是不能通过诸要素力量的对比来判定的，它只能作为一种既定的事实呈现于读者眼前。这种主导的结构本身也决定了读者对它的阅读方式。更进一步说来，读者是以文本所决定了的阅读方式来"读出"文本的阅读方式的。换言之，马克思的文本的根本优越性不在于他切实提供了什么内容，而在于他的阅读方式。用马克思的阅读方法来阅读马克思的文本，又从马克思的文本中凝练出马克思的阅读方法。恰恰在这种同义反复的方式里，阿尔都塞坚持了结构与内容相等同的原则：两者本质上都是"无"，只有在结构（相互规定的关系）里，内容才得以存在。

阿尔都塞确实赞扬斯宾诺莎"全部结构的存在在于它的作用"的观点。③ 但这个论点并不能直接通向马舍雷所说的结构的作用，亦即形势是一个"空缺"的结论。任何作用、结果，必然是已经发生了的"此在"。"此在"虽"在"，它对于读者的意义却是有待生产的。此种意义的生产不得不经历外部的、他者的"迂回"。在《读〈资本论〉》里，斯宾诺莎学说以有别于马克思的另一个阅读方法革新先驱的形象参与了马克思文本的意义生产。阿尔都塞不容置喙地指出斯宾诺莎的理论地位："他在世界上第一次用想象与真实的差别的理论把阅读的本质同历史的本质联系起来。"④ 在往后的其他文本里，他围绕着这一观点展开了大量的论述，乃至于晚年的"相遇唯

---

① 阿尔都塞，巴里巴尔．读《资本论》：第二版［M］．李其庆，冯文光，译．北京：中央编译出版社，2017：210．

② 阿尔都塞，巴里巴尔．读《资本论》：第二版［M］．李其庆，冯文光，译．北京：中央编译出版社，2017：212．

③ 阿尔都塞，巴里巴尔．读《资本论》：第二版［M］．李其庆，冯文光，译．北京：中央编译出版社，2017：213．

④ 阿尔都塞，巴里巴尔．读《资本论》：第二版［M］．李其庆，冯文光，译．北京：中央编译出版社，2017：5-6．

物主义"手稿仍矢志不渝。当蒙塔格只注重挖掘斯宾诺莎看起来很"唯物主义"的诸单一体相遇并聚合的学说时，阿尔都塞心目中由前两种知识的断裂所建构的、斯宾诺莎与马克思最核心的联系完全被掩藏起来了。

第三节　马克思与斯宾诺莎：永恒断裂中的精神寄托

一、"既独特又普遍"的第三种知识

斯宾诺莎的第三种知识是 20 世纪 80 年代阿尔都塞的关注重点。第三种知识是直觉知识（scientia intuitiva）："这种知识是由神的某一属性的形式本质的正确观念出发，进而达到对事物本质的正确认识。"① 第三种知识其实是斯宾诺莎学说里唯心主义色彩最浓的地方。且看他给出的说明三种知识之运用的例子。假定 1、2、3、x 四个数字按照特定规律排列，x 与 3 的比率，同 2 与 1 的比率相等，求 x 几何？如果以第一种知识的方式来解答，便是要求计算者回忆起他听过但是从未证明的乘除公式。如果以第二种知识的方式来解答，便要求他先学习了欧几里得几何学某章某节的证明，随后再把公式运用于求解。但是斯宾诺莎认为，倘若从直觉知识的角度来看，"人人都可以看出"x＝6。实在荒谬至极！倘若一个人不先学会数学计算方法，或是学习能力欠佳以至于简单的加减乘除都要学上几小时，怎么可能一眼就看出答案？斯宾诺莎所举出的这个例子是典型的天赋观念论。

阿尔都塞没有把三种知识分开来各自理解，而是把它们看作次序渐进的过程，亦即从它们的关系来理解。斯宾诺莎的三种知识被阿尔都塞改造为知识论的三个方面。"最开始，他借助那些含混不清的思想，或者道听途说的东西来思考，后来则借助无限的元素来思考，这些无限的元素是通过'取用（prendre）'形式，以便能在'共同观念'中思考而得的（从第一种知识到第二种知识，随后是第三种知识：通过诸单一本质 [essences

---

① 斯宾诺莎. 伦理学 [M]. 贺麟，译. 北京：商务印书馆，1997：80.

singulieres])。"① 按照该路径，人们先是通过间接的、含糊的经验来思考；随后慢慢通过分门别类、求同存异的理性思维来求索事物之形式，由此进入到对观念的东西的整理和演绎；最后经过长期的实践养成习惯，乃至于一眼便能看穿事物的本质。虽是瞬间的直觉，却是要以多年学习与沉思为积淀的。可以说，阿尔都塞的理解还是很符合实践唯物主义的基本原理的。

但是不得不说，阿尔都塞的解读从根本上背离了斯宾诺莎的真理观。按照斯宾诺莎的想法，依据第三种知识来认识事物是"心灵的最高德性"，也是通往上帝的唯一正确的道路，并且斯宾诺莎否认了第一种知识能够通向后两种知识的可能，并认为只有后两种知识才能够符合观念对象。② 当阿尔都塞把三种知识视为总体，也就把第一种知识所对应的意识形态的现实当成了唯一的世界。第三种知识在本质上没有任何优于第一种知识的地方，前者只是后者的习惯化，只是意识形态更为隐蔽的统治形式。阿尔都塞的观点是，个人从第一种知识向第三种知识的"进步"，只不过是对环绕着他的生活世界的日益熟悉和认同。譬如一庖丁，初始按图索骥，最后游刃有余，可他也终不过解牛的庖丁而已。若无牛，他的知识便无处可用。全部的知识只是单一个体的知识，只适用于他所生活其中的想象性的世界。在此意义上，个体及其知识只是对它自己的生命普遍有效的，它就是这个单一生命体的本质，或者更进一步说来，是切切实实地决定着单一体命运的"上帝"，是单一体永远也无法摆脱的、属于他自己的"实体"。

阿尔都塞坦言，自己对第三种知识的诠释是"相当黑格尔式"的。他跟黑格尔一样挑明斯宾诺莎学说中"东方的流风余韵"："无限者和有限者在神中合一，而并不把神看成一个第三者。"③ 单一体作为有限者，想象性地建构了关于他自己的实在生存条件的上帝。上帝同它、同它的想象世界三位一体，上帝只是它自己的上帝。黑格尔对东方境界抱有鄙夷态度："东方人的

① ALTHUSSER L. *Écrits philosophiques et politiques*, *Tome* I［M］. Paris：Stock/IMEC, 1994：550.
② 斯宾诺莎. 伦理学［M］. 贺麟，译. 北京：商务印书馆，1997：256.
③ 黑格尔. 哲学史讲演录：第四卷［M］. 贺麟，王太庆，译. 北京：商务印书馆，1983：95.

实体是那样的不确定，所以他们的性格也可以是那样不确定、自由、独立。"① 阿尔都塞却热情地拥抱东方余韵。在 1975 年的"亚眠答辩"中，阿尔都塞把黑格尔、斯宾诺莎和马克思的共同点概括为"拒绝一切关于开端和主体的哲学"②。阿尔都塞认为，历史和真理本就没有主体，本就没有目的，只有承认这一点，才能成为唯物主义者；黑格尔不应批判斯宾诺莎，而应向斯宾诺莎学习；或者应该反过来，从斯宾诺莎思想的字里行间去阅读黑格尔哲学的合理成分。

　　阿尔都塞为第三种知识举出两个例子。第一个例子来自《神学政治论》。③ 通常人们认为《圣经》是属于各个民族的圣经，上帝是各民族共同的上帝。而斯宾诺莎通过诠释指出，不论是《圣经》还是上帝都只是犹太民族特有的产物。经典只有在犹太民族独特的历史个性里才能得到理解。因此，第三种知识所谓从上帝的本质出发，其实只是从犹太民族的个别历史出发。先知登上山顶聆听上帝教诲时他听到了什么？ 他听到了电闪雷鸣，或许还听到了几句话，"这些话他们也没有理解"，反而是下了山、告诉人们的时候，人们凭借自己的知识理解了。因而从上帝口中说出的神律，只有成为人间的法律它才具有内容。神律只是犹太民族自己的法律。知识只是犹太民族自己对自己的理解。第二个例子来自黑格尔。阿尔都塞问：黑格尔哲学的普遍性是如何获得的呢？ 要么来自普遍历史中由某个被规定的民族，要么来自于自身代表最高哲学的单一个体。④ 前者是说，世界历史已经现实地联结为总体，而某个民族的民族意识能够概括地把握该总体；后者是说，某个哲学家以其敏锐的直觉把握了世界历史的总体。因此，黑格尔的普遍性也不外乎民族或个人的特殊知识，是关于这些单一体的生活环境的知识，而不是同他们无关的自在世界的普遍性。

　　阿尔都塞把从斯宾诺莎那里学到的第三种知识用到自己身上。阿尔都塞

① 黑格尔. 哲学史讲演录：第四卷 ［M］. 贺麟，王太庆，译. 北京：商务印书馆，1983：97.
② 陈越. 哲学与政治：阿尔都塞读本 ［M］. 长春：吉林人民出版社，2003：187.
③ 阿尔都塞. 来日方长 ［M］. 蔡鸿滨，译. 上海：上海人民出版社，2012：231-232.
④ ALTHUSSER L. *L'Avenir dure longtemps suivi de Les Faits* ［M］. Paris：Stock/IMEC，2007：478-479.

对哲学家们的解读以及制造的理论对立也来源于他本人的"直觉"。第三种知识来自前两种知识，直觉来源于学习和思考，这是固然不错的。因此，阿尔都塞写道："我就是从所有这些个人经历、这些阅读和联想出发，最终得以把马克思主义作为自己的财富来拥有。"关于马克思主义的理解，是他个人的知识，也是从他的个人生活经历而得的知识。甚至可以用雷蒙·阿隆的话来说，这就是一种"想象的马克思主义"。他用他个人对马克思的理解，清除了马克思文本中不属于该理解的内容的东西。承认某个理论的单一性，并不意味着该理论就是"错误"或者不值得研究的。其一，阿尔都塞从不以逐字逐句阅读马克思为荣，而以他的阅读所产生的实际效果为荣。他的阅读虽然带着浓厚的个人色彩，却是"'打破'斯大林全盘继承下来的那个倒霉的第二国际的正统观念的唯一方式"①。他有些言过其实了。不过从他的学术影响力来看，他至少为我们后人打破僵化的教条主义马克思主义提供了一些思路。其实按照斯宾诺莎的学说，个体并不是孤立地生活着的个体，而是通过与其他个体的联结、碰撞而参与着整个世界秩序。阿尔都塞只是在知识论上切断了个人同世界精神的通道。个人虽然被意识形态包裹并质询，但意识形态以外的世界仍以自在的方式运作着。这是一种真正的自在，由于主体被意识形态所阻挡而不受自为影响的自在，只能交由个人生命历程以外的历史和实践来评价和检验的自在。其二，阿尔都塞也隐晦地表达了，并非每一个单一体的生命及其理论都是同等重要的。只有他自己的生命历程，以及同此生命历程一致的理论，只有他关于理论实践的、理论主义的"理论"，才是"唯一"打破旧理论的方式。这是他作为哲学家的自信，也是他完整地补上20世纪70年代理论主义逻辑回环之错位的关键。全部的铺垫归结为一个原则：要建构阿尔都塞的"理论"，就必须建构阿尔都塞的生活，建构属于他自己与他的独特生活的"第三种知识"。

二、普遍受规定而独特的生命虚空

"普遍又独特"的要求，反映出阿尔都塞决定论与反还原论并存的思想坐标。决定论指向普遍的受规定性：无论何时何地，我们的所思所行都受我

---

① 阿尔都塞. 来日方长［M］. 蔡鸿滨，译. 上海：上海人民出版社，2012：237.

们以外的存在规定。以往的思想家据此逆推，决定我们的事物的本质是什么呢？是物质还是精神？阿尔都塞给出了第三种回答。不要再追问它们的本质，管好你自己吧！我们的独特生命就是我们生活的本质。当我们无时无刻不受决定时，这些诸多的外部要素也随我们的生命展开而得以规定。它们之所以如此这般地得到规定，正是因为我们的独特生命。反过来，我们的生命历程也就是这些外部的存在的总和。这叫人联想起鲁迅的名言：世上本无路，因走的人多了而成为路！路总是由人踩出来的，是受规定的；而这些脚印也成为路，由这些脚印而造就的独一无二的道路。诚如后来研究者所指出的，阿尔都塞在他消极的决定论里又埋藏了积极的主体革命可能。①

以上推论要想成立，大前提是生命本就是虚空，而非自在的实有。这个观点明显源于 1947 年文凭论文。阿尔都塞认为，斯宾诺莎、康德等哲学家都陷入两难，他们要么思考实体而忽视思想者，要么考虑思想者而破坏整体性。只有黑格尔才把思想者的消极性引入整体性，解决了两者之间的矛盾。在他那里，思想者是"一个具体的历史性的人，他寓居于他那个时代的永恒以及具有永恒性的他自己的那个时代之中"②。也就是说，"把握"实体，构成它的"外部"，从而也构建了它的"内容"的东西，是具体的、历史的。换言之，只有具体的、历史的实体，而没有真理意义上的终极实体；非就本体层面来说的话，原本被当作实体的东西只是一个有待意义填充的"空场"、一个"无"。阿尔都塞终其一生都在不断演绎 1947 年论文中的"内容"辩证法并更换其表达。就哲学认识论而言，此时的阿尔都塞已经抵达了理论巅峰。尽管在未来的著作当中，他对于斯宾诺莎、黑格尔、马克思的学说定位及彼此关系有所调整，但他的哲学内核就此奠定了下来，乃至于"以身证道"地把他自己作为具体的思想者的人生历程融入其中。有学者认为，阿尔都塞早年的天主教信仰——在上帝面前个人的现世只是"虚假空无"的观念——为该文提供了核心线索。③ 这是个重要的因素。在此基础上我们再做

---

① 雷斯尼克，沃尔夫：马克思主义理论的新起点 [M]. 王虎学，译. 北京：中国人民大学出版社，2015：81.

② 阿尔都塞. 黑格尔的幽灵：政治哲学论文集 I [M]. 唐正东，吴静，译. 南京：南京大学出版社，2005：137.

③ 张一兵. 空无与黑夜：青年阿尔都塞的哲学关键词 [J]. 现代哲学，2004（3）：28-37.

些补充：阿尔都塞对于人间虚无的体验还同长期困扰他的躁郁症直接相关，他的全部书写与全部哲学都是为了同这个不可违逆的命运作斗争。

《来日方长》的主旨是对他那"普遍又独特"、既受决定又不可还原的生命历程的展示。自从被诊断出抑郁症以后，医院和精神分析师的躺椅便成了他在高师以外的第二个家。譬如，1965 年随着《保卫马克思》和《读〈资本论〉》声闻四海，他突然感到自己赤裸裸地暴露在公众面前，心中生出畏惧，于是犯了病住进了医院（参见该书第十二章）。1980 年他进行了食道切除手术，手术尽管顺利，麻醉醒来以后却出现严重的焦虑，于是又被送进医院。更糟糕的是，这一次当他服用过去习惯的抗抑郁药物时，反而陷入更严重的精神错乱、谵妄和"自杀性"的迫害妄想症，乃至于出现站立不稳、眼睛模糊、排尿失控等生理症状（参见该书第二十章）。阿尔都塞对于抑郁有他自己的解读：

> 抑郁症，这就是至高无上的权力。确实，这是无可置疑的事：你离开外部世界，你"躲避"到疾病中去，远离现实的、现有的一切烦恼忧虑，处在诊所的白色病房的保护之下，在那里，殷勤周到的护士们和医生给你母亲般的照料……你不必做任何事，也不必拿出任何东西来交换，便可使全世界人都遵从你的命令和欲望。①

在这段文字里，我们看到了阿尔都塞充满着矛盾意味的自画像：他既是一个受到严厉规训的臣属（subject），又妄图做一个"号令群雄"的主体（subject）。一个全由外部规定的、最卑微的主体，却怀揣着试图令"全世界人都遵从你的命令和欲望"的美梦。阿尔都塞以精神分析的话语回溯了此种二律背反。最炽烈的欲望，来自最无助的恐惧。阿尔都塞坦言，他害怕被抛弃。他的畏惧来源于他的母亲把他当成叔叔的替身。他的母亲之所以这么做，也是源于同样的、害怕被抛弃的畏惧。母亲的畏惧或许来自现实的被抛弃：她嫁给阿尔都塞的父亲以后，这个男人夺走她的贞操又于翌日奔赴战场"抛弃"了她的记忆。又或许来源于性格所引发的畏惧：她不能接受身体被另一个男人所占有，所以只喜欢同她保持精神交流的小叔子。又或许来源于童年生活的畏惧：马克里特起义时，母亲和外婆住在林间的小屋里，随时手

---

① 阿尔都塞. 来日方长 [M]. 蔡鸿滨，译. 上海：上海人民出版社，2012：150.

里握着武器提防被贼人玷污的恐惧……（参见该书第三章）。阿尔都塞的想象力极为丰富，整部《来日方长》表现为诸种记忆片段的绵延，乃至于上溯三代家庭史回顾。但这并不代表"事实"本身，所有的关于母亲的心理都不过是作家根据自学的精神分析话语主观建构的。他的建构从内部解释并塑造了自身的形象。他是个本不该存在于世界上的人，于是他更渴望存在："不要在死亡的环境和幻想中生活，要为自己而存在。"① 用通俗的话来说，抑郁症既是他无可奈何的病，也是他用来博取别人同情和关注的无意识的手段。②

让我们说一些更俗更难听的话吧！阿尔都塞从未想过满足欲望的手段得以成立的条件。得了病就能住院，前提是要有钱。得了病就会有人关爱，前提是你的身边要有家人朋友，或者你生活的社会本就是个友爱的共同体。这些都不是从天上掉下来的。阿尔都塞回忆良久，就是没有想到他是个收入不菲又颇具影响的高师教授，他所积攒的财富和人脉才是当他病发时有人围在身边的根本原因。且看福柯笔下那些被流放的、幽闭的、在默默无闻中死去的精神病人，谁会关心他们的生活呢？世界远比阿尔都塞想象得更加残酷。受规定的生命未必有条件反过来规定那些规定它的东西。在更多的时候，它只是单方面地受规定、被否定，被淹没在无边无际的"实体"里——诚如黑格尔所言，作为"抽象否定性"的实体。尽管阿尔都塞宣称生命本质上的虚空，但他始终保留着以"个体"形式来把握生命的思维逻辑。只有预先规定了"个体"范畴的天然合理性，它才能够与个体以外的"实体""相互规定、相互否定"。阿尔都塞哲学仍受到个人主义意识形态的支配，它同唯物史观和唯物辩证法是根本异质的。

三、破碎生命体吁求身体完满存在

《来日方长》写道："最打动我的，恐怕还是斯宾诺莎关于身体的理论。"③ 1972 年《自我批评材料》已提到了斯宾诺莎身体观同马克思主义的

---

① 阿尔都塞. 来日方长 [M]. 蔡鸿滨，译. 上海：上海人民出版社，2012：61.
② 今天抑郁症已经成为了社会的流行话题，甚至成为了收割流量的密码。有些年轻人遇着心情低落或精神不振便给自己贴上"抑郁"的标签，随后躲在病理名相的背后指责他人不能理解自己。还有些人经历情感伤害以后在网络上展示抑郁症的诊断书或治疗药物，以表明自己处境之艰难。
③ 阿尔都塞. 来日方长 [M]. 蔡鸿滨，译. 上海：上海人民出版社，2012：234.

联系，但阿尔都塞认为两者的接榫点是"人的身体状况所'表现'的人跟世界的关系"。身体并不是始源性的，而只是观察人与世界关系的抓手，或者说只是某种有待剖析的"文本"，它直接"打开了通往惊人的第一类知识概念的道路"。可见当时同知识论相比，身体理论是第二位的。再看 1982 年阿尔都塞所撰写的后来被编者命名为"相遇的唯物主义潜流"的手稿①，以及从《来日方长》手稿中抽出试图作为"唯一的唯物主义传统"内容的手稿②，都只提到了斯宾诺莎的实体观与知识论与唯物主义传统的关联。对于知识论以外的"身体理论"的专门关注，是到《来日方长》才特别引入的。

《来日方长》所偏爱的是身体中无限的潜能。此时的身体不再知识论的视域或者从被规定的角度来理解，它是自在完满的、向外溢出的力量源泉。③ 阿尔都塞憧憬着："拥有存在的力量（请想想斯宾诺莎），不要有任何一部分被切除。"④ 斯宾诺莎驱逐了超越性的上帝和自然的外在虚空，他只承认我们生活其中的现实。通过斯宾诺莎，阿尔都塞表达了对于生命虚无本质的反感：我存在着，我所有的生活即预兆我存在着，我是我生活的主人，我应当支配我的生活！可不管是他的病还是他的哲学，都清楚无疑地告诉他的理性：本来无一物，你的欲望终归妄想！他知道得很清楚，斯宾诺莎的内在性原则不过甜蜜的谎言，但他仍旧在做着黄粱美梦。借用齐泽克对现代犬儒主义的批评："他们明明知道意识形态的虚假性，还是那样做了！"

哲学部分地满足了他的憧憬。"存在"的方式有很多，既可以作为身体而存在，也可以作为思维而存在。然而可怜的哲学大师却在童年时期就被温文尔雅的母亲教育要好好保护身体。他从来不打架，不敢做粗鲁的事情，也因此继承了母亲的性格。他自认为"身体方面衰萎了"，因而思维更能展示他的力量。哲学很好地满足了他的需要："我发展出一种关于哲学的理论，这种理论认为哲学是对自我和整体、对不同要素和这些要素之间的接合的主

---

① ALTHUSSER L. *Écrits philosophiques et politiques*, Tome Ⅰ [M]. Paris：Stock/IMEC，1994：535-576.

② ALTHUSSER L. *L'Avenir dure longtmeps* [M]. Spinoza. Paris：Stock/IMEC，2007：473-493.

③ 这个对于斯宾诺莎身体观的理解，从学术史来追溯的话，或是受到了自德勒兹的尼采主义诠释方案的影响。我们到下一章再具体谈论。

④ 阿尔都塞. 来日方长 [M]. 蔡鸿滨，译. 上海：上海人民出版社，2012：144.

宰，而且，这是超出严格意义上的哲学范围，在远距离外，通过概念和语言进行的主宰。"① 哲学不是光思考不行动，而是要采取更安全的方式来行动。"从远处"，就是不直接干预，而是通过满足他人的欲望的方式来诱惑他人去行动，尤其是诱惑保护他的人去满足他的欲望，做"主人的主人"或"父亲的母亲"。他充当巴黎高师的秘书便是哲学实践的一种。他自称以幕僚的姿态，从远处参与论点的战场（Kampfplatz），该战场所代表的是"社会的、政治的和意识形态的阶级斗争场所在理论中的回声"②。因为只是论点的战场，所以身体不会受到伤害，它是相对安全的；因为是从远处去干预，因而在战场的诸论点之上，又有了运筹帷幄、决胜千里的主体。这一主体性是主体支配其生活得以"存在"的显证。

身体虽不在战场之内，却是战场的主体。主体的存在又反过来等同于身体的存在。此时斯宾诺莎的身体理论能够引起阿尔都塞的兴趣便在意料之中了。只有身体，才是真正存在的源泉。它是一种重新组织残破世界的方式。在思想的领域内，它主宰了战场的全部要素，它在哲学中彰显了绝对的权力。同时，它既能直接地通过展示自己体力的方式思考，也作为哲学战场的真正主宰而远距离地思考，因为又弥合了思想与行动的裂痕。可阿尔都塞始终没有忘记身体本身是一个意义有待填充的空场，这个随时随刻介入行文的命题也被安置成斯宾诺莎的学说："身体有许多力量实际上是我们不知道的……它是一种 potentia，既是一种冲动（fortitudo），又是向世界开放（generositas），是无偿的馈赠。"③ 总而言之，是尚未来临的主体，又是吁求主体来临的空场。这个身体观上承黑格尔的内容概念，下启马基雅维利的政治哲学："单一性的哲学是一种'相遇的唯物主义'，渗透于政治中的思想；它不预设任何先定的东西。只有在政治空无当中，相遇才会出现，才会'取用（prendre）'国家统一。但这种政治虚空首先是一种哲学虚空。"④ 可以说，斯宾诺莎的身体观同马基雅维利的君主相互呼应，共同融入了阿尔都塞

①　阿尔都塞. 来日方长［M］. 蔡鸿滨，译. 上海：上海人民出版社，2012：181.

②　阿尔都塞. 来日方长［M］. 蔡鸿滨，译. 上海：上海人民出版社，2012：178.

③　阿尔都塞. 来日方长［M］. 蔡鸿滨，译. 上海：上海人民出版社，2012：234.

④　ALTHUSSER L. *Écrits philosophiques et politiques*, *Tome* Ⅰ ［M］. Paris：Stock/IMEC，1994：546.

的生命体验当中。阿尔都塞的拉美学生埃米利奥（Emilio De Ipola）认为老师关注马基雅维利比斯宾诺莎更多。① 事实上，斯宾诺莎是阿尔都塞的命根子，马基雅维利君主论只是斯宾诺莎自足完满身体观的转译罢了。

同样的，对马克思哲学的炽烈热爱，也来自破碎主体的欲望。阿尔都塞曾经的学生雅克·朗西埃（Jacques Rancière）认为，理论主义是在修正主义与左倾主义夹缝中诞生的哲学。② 阿尔都塞既反对把马克思主义人道主义化的右倾错误，又反对把哲学全盘政治化的日丹诺夫观点。诺斯·裴登（Knox Peden）则补充说，阿尔都塞对斯宾诺莎的青睐，还为了应对当时法国现象学把哲学完全置于生活世界之中的倾向。③ 这些判断共同指向阿尔都塞从斯宾诺莎那里学来的唯理论核心："真理是它自己和虚伪的试金石。"哲学只能自己评判自己，不受历史、政治、生活、实践等等任何外部因素的评判。哲学全部环节中都运用自身证明自身，否则它就不能获得完满的存在。

与其说马克思的思想为阿尔都塞提供了什么，不若说战后法国的政治环境为阿尔都塞提供了难得的哲学场所。在法国共产党党内，他继续扮演着幕僚的角色；与此正好相对应，妻子埃琳娜则是热忱的行动派。为此阿尔都塞一面钦佩着她的能力，一面又以满足她欲望的方式操纵着她。对待法国共产党，他也采取同样的策略，因此从党的内部，以诠释经典的方式来引导党的意志催生了他那些扬扬得意的杰作。尽管他花费大量的笔墨解读马克思，但同斯宾诺莎等哲学家相比，马克思的著作所承载的权威性才是他主要的策略的对象。

在最根本的义理上，阿尔都塞明确表示要同马克思分道扬镳。马克思说："问题不再是解释世界，而在于改变世界。"阿尔都塞质疑道，难道所有伟大的哲学家不都想要干预世界历史的进程吗？只是他们不采取直接的方式而已。④ 在阿尔都塞看来，哲学家拘囿于唯我论的自我想象中，客观上也是

---

① DE IPOLA E. *Althusser, the Infinite Farewell* ［M］. ARNALL G, trans. Durham and London：Duke University Press，2018：88.

② RANCIÈRE J. *Althusser's Lesson* ［M］. BATTISTA E, trans. London and New York：Continuum，2011：28.

③ PEDEN K. *Spinoza contra Phenomenology：French Rationalism from Cavaillès to Deleuze* ［M］. Stanford：Stanford University Press，2014：142.

④ 阿尔都塞. 来日方长 ［M］. 蔡鸿滨，译. 上海：上海人民出版社，2012：182.

能起到改造世界的效果的。其实，阿尔都塞所理解的，根本不是马克思所说的改造世界与解释世界的区别。马克思认为，费尔巴哈以及其他德意志意识形态的哲学家们之所以只拘囿于"解释世界"，是因为他们的哲学理论只能看到历史发展的消极方面，不能科学地判断历史运动的未来方向。将他们的理论用以实践，只能成为政治保守势力的卫道士。相反，改造世界的理论，是顺应历史潮流的正确的实践指引。哲学家主观上想不想改造世界，同他们客观上有没有改造世界不是一回事。

　　哲学的科学性却是要以世代反复的实践来予以证明的，可个体哲学家的生命何其短暂！他绝不可满足于成为操弄人心的君主，而应虚怀若谷地接受人民与历史的教养。个人的空无本就不是一件令人焦虑和恐惧的事情。正因原初性的空无，我们才更要与人奋斗、与时俱进，把有限的生命融入壮阔的山河大地，在人类共同居住的世界里留下存在的踪迹。只有在自我意识极为顽固的小资产阶级思想中，害怕被世界抛弃的恐惧与力图把个人凌驾于世界之上的对立才会显现，进而衍生出在"有"与"无"之间反复跌宕的无尽焦虑。总体而言，阿尔都塞迂回到斯宾诺莎读出的"马克思的哲学"更多只是他个人生活与生命欲望的表达。阿尔都塞的诠释尽管对于后世研究者有诸多启发，但它本质上偏离了马克思主义的道路。

第七章

从自因实体到自治主义实践

第一节　在黑格尔哲学史以外解剖斯宾诺莎实体

黑格尔曾说，斯宾诺莎的实体是一种纯粹的否定性，18 世纪法国哲学是斯宾诺莎主义的直接继承者。而对于阿尔都塞来说，斯宾诺莎哲学暗含不被阉割的"存在的力量"。在此我们发现一个错位：黑格尔笔下的斯宾诺莎哲学是纯粹的否定性，阿尔都塞笔下的斯宾诺莎则是纯粹的肯定性。从德国古典哲学到 20 世纪法国哲学，斯宾诺莎的形象发生了根本扭转。该扭转是一面无比重要的旗帜。20 世纪法国哲学不甘于被压在黑格尔哲学体系的"五指山"下，像 18 世纪那样充当"纯粹否定性"。但是，即便像列宁那样从纯粹的否定性走向否定之否定亦即辩证肯定，也还是在黑格尔的体系里打转。为此，他们另起炉灶地建立了一种纯粹肯定的本体论。柏格森和尼采由此进入了法国新生代哲人的视野，为德勒兹塑造斯宾诺莎的新形象创造了条件，又间接启发了曾经旅法求学的奈格里。

一、实体存在方式是绵延

按照黑格尔的辩证逻辑，纯粹的否定要上升为否定之否定，就必须意识到自身是对他物的否定，又意识到自身对他物的否定也是他物的被规定。换言之，纯粹的否定，其所否定的乃是被自己所规定了的他物，纯粹的否定又因否定这些被自己否定、因而得到规定的他物，而使自己得到规定。纯粹的否定由此通过否定回到对自身的肯定。此时它的规定不再是抽象的否定性，而是包含了被否定的内容的具体的肯定性。回到哲学史层面。当黑格尔称 18 世纪法国哲学只局限于纯粹否定的环节时，他的意思是 18 世纪的法国启蒙和革命只注重破坏传统，不知道唯有扬弃传统才能获得自身的完整规定。

扬弃传统的前提是，传统与未来是同质的，否定与被否定的事物是先验同一的。柏格森也正是通过质疑该前提突围而出。在柏格森看来，同一只是理智出于生活便利而用来把握世界的方式。世界的本体是"绵延（la durée）"。绵延不同于被空间化了的时间的延续，亦即不能化约为理智的"一瞥"以及由此建构的范畴体系。它是质的杂多，是不断涌现的生命运动。它先于主体与世界、内与外的对立，先于几何学观察世界的方法。乍看起来，这还是一种否定的哲学。它似乎只是告诉人们，在我们日常经验以外，还有我们看不到的本体世界。其实柏格森还主张绵延在日常经验中的可感受性。对绵延的感受来自"百味杂陈"的体验："几个意识状态被组成一个整体，它们互相渗透，逐渐得到较丰富的内容，又从而使得任何一个不知空间是什么的人有了纯绵延的感觉。"① 一旦我们力图去辨别这些意识状态是什么、测量其中有几种状态的时候，绵延被安置到空间的序列之中而由理智所把捉了。因此百味杂陈的"百"只能是虚指，只描述恍兮惚兮的状态。本体既为绵延，对于我们个人来说，要合于本体，就不能依靠理智，而要依靠"直觉"。直觉把捉住的是不断生成、永不完成的过程。

柏格森不主张理智与直觉的绝对对立。他把理智看作绵延在不断生成与创造过程中的必要手段。直觉者的身体、自我意识是理智的产物，只有用理智才能从绵延中区分出来的事物。因此，柏格森说："我们并非生命之流本身；我们是已经负载了材料的生命之流。"② 就把捉的瞬间来说，直觉以当下的意识状态把捉并调动着过去的记忆，各个直觉瞬间所体验的绵延，既是与其他瞬间不同质的绵延，又是诸不同质的绵延的汇聚与凝缩。这种把捉本身就是创造，它同时也是对绵延之流的中断。每一个中断的行动都是一次特殊的创造，如同每一张按下快门的照相机都捕捉了独一无二的风景。理智的中断既"创造"了诸单一体的不同的质，该质性的单一体又阻碍着绵延的流

① 柏格森. 时间与自由意志 [M]. 吴士栋，译. 北京：商务印书馆，1958：82.
② 柏格森. 创造进化论 [M]. 肖聿，译. 北京：华夏出版社，1999：205.

淌，但这种空间的质的差别绝不是它的本质。从理智的角度来看，绵延可以被理解为一种生命冲动（élan vital），它无始源、无目的、无方向地涌动着，既克服单一体的阻力，又产生出全新的单一体。基于直觉的角度，对生命冲动的体验被囚禁在关于身体意识以及种种概念、符号的牢笼之中。不过，所谓囚禁也是创造，从理智中诞生的单一体对应着某种直觉体验。因而在一定程度上，我们可以通过调动符号、概念等理智手段无限地趋近于单一体生命历程的再现，从而引起读者相近的直觉体验。文学与艺术成为理智世界通达绵延的有效手段。

阿尔都塞的"直觉"概念与其说是受益于斯宾诺莎，毋宁说来自于柏格森。① 斯宾诺莎从没有认为第三种知识是单一体的知识，而是强调"我们都有真观念"这个适用于全人类的普遍真理。斯宾诺莎的真观念源于对事物共同性的把握，柏格森对绵延的直觉则要求破除建构起纷繁复杂之现象世界的"分别心"，沉浸于混沌一体的生命之流中。对于斯宾诺莎来说，真观念是实在的真，而不是唯我论的、只对认识主体有效的真。但是对于柏格森来说，每个直觉瞬间都是不可复制的单一体，因而其本体之真必然只是单一体的体验之真。用理智的语言来说，这种真只是偶然的、暂时的，绵延还在不断涌动着，不可能把绵延当作一个封闭的总体而全部地体验到。单一体的体验只是其中极其微小的局部。应当说，阿尔都塞的理论更契合柏格森的学说。但两人的人生体验是不同的。柏格森颇为赞赏云雾迷蒙的前理智瞬间，赞赏物我不分的梦中遨游。可是在阿尔都塞看来那完全就是地狱！他的梦伴随着身体的病痛，伴随着梦醒之后故人已矣的苦楚，伴随着身陷囹圄的无奈。柏格森的绵延体验是临时休憩的驿所，阿尔都塞的疯狂却是不由抉择的命运。也因此，阿尔都塞绝不可能赞同柏格森的本体论，而是把空无当作了始源。

德勒兹则有意识地将柏格森的直觉诠释为某种"哲学方法"。它不是感觉，也非灵感，更不是模糊的感应。它只是柏格森用以建立关于绵延、记忆、生命冲动等科学话语的方法论。直觉的方法具体包括三个层面：其一，

---

① 阿尔都塞不仅"懂一点斯宾诺莎"，也"懂一点柏格森"。不过就字面表述来说，阿尔都塞对柏格森评价不高。他把柏格森哲学归诸 19 世纪法国旧的学术传统，认为它只在对抗英美逻辑实证主义时才发挥了一点功绩。阿尔都塞. 来日方长 [M]. 蔡鸿滨，译. 上海：上海人民出版社，2012：192-194.

检验问题本身的真假。正如柏格森发现黑格尔的辩证法预设了同质性的空间，这就是在假的总问题的框架下去思考本体。其二，直觉同幻觉作斗争，发现真正的质的差异。如果说第一个层面还停留于抽象的方法，第二个层面显然向着直觉的实在内容推进了一步。直觉是有目的和方向的，它要去发现质的差异。这种方向必然要以绵延的本体论为前提。直觉不是去论证该本体，而只是从自己的角度去发现它。"直觉使我们超越经验而接近经验的条件。然而，这些条件既不普遍，也非抽象，它们不比被限制之物更宽泛，他们是实际经验的条件。"① 要使得直觉能够发现它应当发现的东西，就必须抵达第三个层面，亦即按照绵延而非空间或者被空间化的时间来提出问题和解决问题。柏格森有个著名的例子：将糖溶化于水中，溶解的时间同我在等待中经历的绵延相呼应。我在这段绵延中不仅仅经历了糖的溶解，还经历了无数的内容。这段绵延是一种绝对。而我的感觉，以及我把糖溶解的过程和时间作为对象，只是把它从整体中切割出来。只有根据绵延来思考，才能领会绵延。在柏格森的原文里，糖块溶解的绵延只是我的意识宇宙的部分。② 德勒兹有意对此扩张解释："我特有的绵延……成为其他具有不同节奏、与我的绵延性质相异的绵延的揭示者。"③ 其意思是说，我以直觉的方法，以绵延的视角，揭示了万物的绵延。德勒兹的诠释颇有阿尔都塞理论主义自洽自证的色彩。按照他划分出来的三个层面，直觉必须如其所是地运作才成为如其所是的直觉。方法同时也是内容。

克拉克夫斯基认为，柏格森体系里就存在着循环论证。一方面我们运用直觉去洞悉宇宙生命，另一方面又只有通过这种洞悉才能使我们认识能力发挥作用。④ 这当然不能成为批评柏格森或德勒兹的理由。哲学要批判日常表象而抵达本质，它就必须因凭特有的认识论；其认识论为了表明自身不是哲学家的主观想象，便要自证为客观实在的规律。因此认识既是认识主体的努力，也是客观实在自身向主体的显现。以如此这般的方法来认识，其理由就

---

① 德勒兹. 康德与柏格森解读［M］. 张宇凌，关群德，译. 北京：社会科学文献出版社，2002：113.
② 柏格森. 创造进化论［M］. 肖聿，译. 北京：华夏出版社，1999：15.
③ 德勒兹. 康德与柏格森解读［M］. 张宇凌，关群德，译. 北京：社会科学文献出版社，2002：119.
④ 科拉柯夫斯基. 柏格森［M］. 牟斌，译. 北京：中国社会科学出版社，1991：49.

是本体便是如此这般呈现的。在这种意义上，哲学同宗教话语并无两异，且按其仪式和规范来敬神，神便自然降临。哲学是一架机器。本体既是其产物，也被视为其开端。可是某架机器所产出的本体究竟只是机器所产出的本体还是全部的本体呢？德勒兹的策略并非改变哲学循环论证的机器本性，而是通过调动前人的思想资源而展现一种能够自我批判的哲学。这才是以绵延为本体论和以直觉为认识论的柏格森主义的内核。当柏格森说直觉到绵延之际，他说的并不是获得了某种确切的知识，而是让一切业已凝固的空间重新流淌。

二、实体是力量的综合体

在柏格森眼中，"空无"的概念完全就是一种错觉，也是包括斯宾诺莎在内的形而上学所犯下的错误。形而上学仅从量上来考察"存在"，它绝不能覆盖全部的"不存在"。要把握存在的质的规定，就必须从存在自身亦即"存在的自我确证"开始演绎。因而真实的存在只是逻辑的存在，绝不是物理或心理的实在。这也使得逻辑的存在当中不再留有任何"余地"，结果自由完全只能为因果关系的体系来解释了。要证伪形而上学，就必须证伪"空无"。柏格森的证明方式便是意识内省。他越是内省，越发现当我们在思想中退回"无"时，越无法退回彻底的"无"。譬如当我们试图弱化身体的感觉时，对身体的意识固然逐渐消逝，可那个使得身体意识成为对象的意识却浮出水面。"我只有借助一个行动（无论它如何非自愿和无意识，它都是个肯定性的行动）使自己复苏，才能够看到自己化为乌有。"[①] 笔者认为，黑格尔所谓的斯宾诺莎主义主要指的是概念内容的空无，而不是意识自身的消逝。柏格森的论证非但没有驳倒它，反而迎合了主体作为纯粹否定性的判断。再者，柏格森的论证在他自己的体系里也是一处错位。如果主体的内省始终破不得我执，对于绵延的体验何时才能涌现呢？如果因不见"无"便否定"无"，是否也可以用同样的逻辑否定绵延呢？从柏格森的哲学话语出发，我们可以说，对"无"的证伪、对"绵延"的青睐根本不是逻辑上的，不具有任何普遍适用的意义。尼采的意义因此显露出来。驳斥某个命题，不必要

---

① 柏格森. 创造进化论 [M]. 肖聿，译. 北京：华夏出版社，1999：240.

非在逻辑上证伪它，指出它的伦理之恶也是策略之一。哲学未必非要指明世界的实在本体不可，它也可以是一种指导人们更好生活的智慧。

尼采笔下的虚无不是"非存在"。虚无建立在对实有的否定之上。实有对我们的显现，便是我们的生命历程。通过贬抑生命的价值，反过来虚构更高的价值，这正是虚无主义的由来。在宗教中虚无主义表现为彼岸的上帝。德勒兹将此命名为"否定的虚无主义"。不过，虚无主义就它的更通俗的用法来说还有另一层意味。一切都是虚无，包括上帝也是虚无。这似乎否定了"否定的虚无主义"，那么是不是就走向"肯定"呢？其实不然。否定的虚无主义带着强烈的悲观情绪，它更多表达人对上帝的怨恨。德勒兹把它称为"反动的虚无主义"。在否定的虚无主义里，生命被贬斥为表象；在反动的虚无主义里，生命也还只是表象。① 两种虚无主义都没有赋予生命应有的意义。尤其在反动的虚无主义里，它相信世界本体的虚无，把所有的行动都贬斥为无意义。上帝死去了，人便要占据上帝的位置，要从自身无意义的生命里捏造出虚假的意义来。此时否定的虚无主义走向"被动的虚无主义"。它索性连虚假的意义也不要了。人不再需要牧领者，不再有伟大和崇高，余下的只有在本质虚无意义上的绝对平等的"末人"。德勒兹将这三种虚无主义同马克思主义哲学史上的三位作家联系起来。以绝对精神为本体的黑格尔是否定的虚无主义的代表，认为上帝是人之异化的费尔巴哈是反动的虚无主义的代表，而把人贬斥为利己欲望的空无结构的施蒂纳则代表了被动的虚无主义。② 辩证法的本质就是虚无，就是纯粹的否定性。它一方面把生命的真正意义剥夺，另一方面通过对立、矛盾、反思等范畴使得人们在虚假意义的体系中沉浮流转。从否定的虚无主义到反动的虚无主义，人不过是打倒了上帝的名相，它依旧想占有原本被归诸上帝之下的虚假价值。而从反动的虚无主义到被动的虚无主义，全部的价值尺度都消失了，人便只能向内怨恨自己、清空自己，将自己认作虚无。

如果按照德勒兹的范畴，阿尔都塞显然归于"末人"之列。阿尔都塞尽

---

① 德勒兹．尼采与哲学［M］．周颖，刘玉宇，译．郑州：河南大学出版社，2016：316.

② 德勒兹．尼采与哲学［M］．周颖，刘玉宇，译．郑州：河南大学出版社，2016：347.

其一生都力图逃避疯狂，用言语和写作填补本体的空无。这就从源头上否定了生命的意义。其实，根本不必害怕空无，因为本来就没有空无。理性所无法察觉和概括的生命绵延只意味着理性的无能为力，绝不代表生命本身的无意义。阿尔都塞以身证道，他也仅仅是以此身证道而已，他利用回忆所构筑起来的只是阿尔都塞这个单一体的哲学。他犹且舍不得此身，割舍不去他的虚幻的主体性。在柏格森的意义上，单一体只是对绵延的瞬间捕捉，它阻碍着绵延并必将为绵延所冲破。在尼采的意义上，瞬间只是永恒轮回中的瞬间，它将在其他瞬间中差异地重复并且逝去。以德勒兹的眼光看来，通过精神分析的回忆建构起意识自我，以抵抗无意识的黑夜实在南辕北辙。用阿尔都塞的术语来说，阿尔都塞没有摆脱自己的"问题式"。精神分裂是生命的馈赠，治愈它恰恰是虚无主义对生命的规训和矮化。听起来德勒兹好像是要人把脑子砸坏做一个精神分裂者。真可谓无知者无畏无忧。还有些读者据此提出批评，社会边缘人群怎么可能充当革命主体？其实德勒兹所要提出的是对精神分裂的"分析"，亦即用理性的语言来描述生命的真谛。他所集中反对的是虚无主义的哲学，对抗该哲学的是肯定的生命哲学。全部的战斗依旧在哲学的、思维的领域进行着。正如柏格森把关于绵延的直觉当作休憩地，德勒兹的哲学也旨在开辟暂时地逃离日常生活的艺术体验。

德勒兹提出，尼采为解构虚无主义与肯定生命哲学提供了概念工具。尼采把诸多种不同强度的力量本体分为两大类。一类是能动力，它是肯定差异的、可塑的、征服性的力量。第二类是反动力，它是分解能力及其所能、又否定和反对自身的力量。在虚无主义哲学的力量配置之中，反动力支配着能动力，因而力的综合体表现为对自身的怨恨。尼采将力的综合、力的配置称为"权力意志"。权力意志不是索要权力的欲望，它只是力的系谱学因素。它不仅衍生彼此关联的力的量差，而且通过产生力的关联而重新回到每一种力的性质之中。① 不论是虚无主义还是生命哲学，都是权力意志的体现；无论是能动力还是反动力，都必须通过权力意志来征服对方。区别只在于，两种哲学对权力意志本身的自觉与否。虚无主义不承认力的配置学说，它只能看到生命的虚空，因此，它虽然是权力意志的彰显，却对权力意志一无所

① 德勒兹. 尼采与哲学 [M]. 周颖，刘玉宇，译. 郑州：河南大学出版社，2016：108.

知。虚无主义的目光只盯着既有的价值，认为全部的力只是为了既有的价值而斗争，这样就遮蔽了能动力的创造性。哪怕虚无主义杀死了上帝，它还是痴醉于以往上帝所代表的意义，要么力图让人取而代之，要么求而不得而闷闷不乐。在肯定的生命哲学之中，一切价值将被重估，人向着"超人"敞开。它深刻地洞悉此身、此处、此瞬不过权力意志的配置而已。

　　这种洞悉从何而来？力的综合体何以被改变？它必然不能来自综合体"内部"。原因在于，尼采的诸力是非同质的力，因而哪怕是能动力也不可能将反动力扬弃于自身之中。力量配置的改变必定只能是诸力的关系的改变。同样的，"外部"也不意味着既有的力量配置被新的力所扬弃。新的力与既有的诸力也是异质的，它只能改变力的关系，而不能改变力自身。对于虚无主义来说，其"外部"就是肯定的生命哲学。新的力的注入使得虚无主义哲学的力量配置被改变，这种改变不能被理解为某个确定的力的介入，仿佛万事俱备只欠东风。对于虚无主义来说，介入的新力是处于它的视域之外的。只有在业已形成的生命哲学之内，虚无主义以及新力才能被区分和辨识出来。尼采的格言是一种新力。可单凭它不足以带来哲学上的顿悟。"如果你想知道我的意思，那么就找一种力对我之所言赋予新意，并使之成为文本的基础。"① 必须用生命哲学来阅读尼采的格言，而生命哲学又得益于尼采的格言。

　　在德勒兹身上，我们也看到了同阿尔都塞处理哲学时的互文方法：尼采与柏格森的互文。对于熟知黑格尔与马克思哲学传统的读者来说，我们很容易把这种可互文性理解成"时代精神"的表征。陈宣良先生便指出，柏格森、尼采乃至于作为两者共同源头的叔本华的本体论，都是对资本主义危机意识的表达与回应。② 我们固然可以商榷是否全部的哲学都能够还原为资本主义意识形态。可一旦把哲学作为时代精神的本质抹去，其本体论仿佛就成了超越历史的规定，仿佛尼采、柏格森的生命哲学展示的就是生命本身。此时，艺术的休憩同真理的故土混淆不清，可抉择的伦理幻化为必然的道德。这莫不也是一种对生命之流的禁锢与规训？

---

① 汪民安，陈永国. 尼采的幽灵：西方后现代语境中的尼采 [M]. 北京：社会科学文献出版社，2001：162.
② 陈宣良. 法国本体论哲学的演进 [M]. 长沙：湖南教育出版社，1987：149-150.

三、实体是纯粹的肯定性

在诠释柏格森时，德勒兹提出"理智如何转化为直觉"的问题。该问题同诠释尼采时所提出的"生命哲学何以诞生"的问题是彼此呼应的。若完全从第三人称的视角出发，直觉就是直觉，生命哲学就是生命哲学，它们就是以如此这般的方式被呈现并反过来使得旧哲学得以显现。这种解答类似于阿尔都塞的认识论断裂。新的认识论绝非从旧的认识论的逻辑矛盾中演绎出来，而是凭其自身得以涌现，随后再在自身中识别出旧的认识论。"真理是它自己和谬误的试金石"对德勒兹同样适用。不过此种回答不能令人满意。于读者而言，更重要的是想知道真理如何在自己身上得以表征。情感（affectivité）由此被引入诠释。"情感实际上先于任何表象……它严格来说没有对象，只有分散在不同的对象之上的一种本质。"① 其词根 affect 具有"触动、影响"的意味。这也意味着"情感"绝不像我们通常语意所说的单指人心的主观感受，而是泛指两物彼此接触、一物对另一物所造成的影响。第三人称的物与物接触、影响、运动的视角与第一人称的体验的视角在情感分析中得到了链接。德勒兹认为斯宾诺莎是情感分析的先驱。不过，在引入其学说前，必须先从黑格尔哲学体系里、从纯粹否定性的定位中解放斯宾诺莎的形象，以便令其成为肯定性的生命哲学的领路人。

黑格尔把实体自因说当成斯宾诺莎哲学的核心。在他看来，自因的实体以自己为对象，舍弃一切确定的、特殊的东西。全部的特殊性和个别性都被投入实体的深渊。与此相应的是斯宾诺莎的"几何学方法"：全部的证明只是为了回溯到最初的定义，最初的定义已经包括了他的体系的各个环节。② 20 世纪法国的新诠释者们也从自因说在斯宾诺莎哲学体系中的地位开始破局。比德勒兹稍早从事斯宾诺莎研究的盖鲁提出，自因只是实体的一种属性，并且只能通过实体获得表达（s'explique par elle）。③ 这个说法令人想

① 德勒兹. 康德与柏格森解读［M］. 张宇凌，关群德，译. 北京：社会科学文献出版社，2002：204.
② 黑格尔. 哲学史讲演录：第四卷［M］. 贺麟，王太庆，译. 北京：商务印书馆，1983：103.
③ MACHEREY P. *Hegel or Spinoza*［M］. RUDDICK S M，trans. Minneapolis and London：University of Minnesota Press，2011：16.

起阿尔都塞。在无边无际的虚无本体里，理论主义的回环仅仅占据了部分的空间。它同柏格森和尼采的学说也是相通的。自因者即是单一体，而单一体不外乎绵延之流的瞬间。诠释模式的转变（见图7-1）也完全改变了斯宾诺莎学说同黑格尔哲学体系的关系。黑格尔一方面赞赏斯宾诺莎把笛卡尔的二元论统一起来，另一方面又指责斯宾诺莎的实体忽视了差异和对立，亦即看不到实体内部丰富的矛盾运动及其发展历程，于是实体变成了自在的而非自为的实体，变成了纯粹的否定性。黑格尔对斯宾诺莎的判断预示了他自己哲学体系的要点：所有的差异都必须被纳入"对立统一"的辩证体系。为此他才评价道，斯宾诺莎主张实体自因"同一"是可贵的，不足只是没有看到差异如何同一。可是经过20世纪法国哲学的新诠释，自因的"同一"被转化为差异性的"单一体"的同一，而不再是世界大全意义上的实体自身。如此，斯宾诺莎便成了力主差异不可被辩证统一的后现代哲学家，成为在黑格尔之后、反对黑格尔强制同一逻辑的旗手。

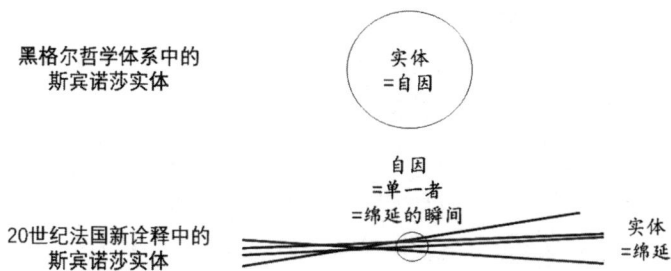

图7-1　关于斯宾诺莎实体与自因说之关系的两种理解模式

　　德勒兹把《伦理学》第一部分的命题五作为斯宾诺莎立论的开端："按事物的本性，不能有两个或多数具有相同性质或属性的实体。"① 假如若干实体具有同一属性，那么如何对若干实体进行区分以使得其彼此之间具有区别呢？此时必定只能根据构成各实体的样式进行区别。但这是同实体自因说相悖的。实体是自身的原因，而不是反过来必须凭借样式才能获得自身的规定。为此，认为实体之间有差别，实则是给实体添加了外在因的规定，这同

---

① 斯宾诺莎. 伦理学［M］. 贺麟，译. 北京：商务印书馆，1997：5；德勒兹. 斯宾诺莎与表现问题［M］. 龚重林，译. 北京：商务印书馆，2013：16.

实体的规定是完全相悖的。那么，就不可能有多个实体，只能有唯一的实体。德勒兹迅速把斯宾诺莎的洞见同柏格森的哲学嫁接起来。当人们说"两个或多数实体"时，数目上的差别就被引入了实体的规定。数目的存在，意味着计量单位的均质性，意味着空间的均质性。那么，当斯宾诺莎主张实体的唯一性时，他就同柏格森站到一起反对数目的区分以及其背后均质空间的预设。此时的斯宾诺莎不似黑格尔所设想，是让无数的同质的样式湮没于抽象同一性之中。恰好相反，自因的实体是异质性的绵延的自我流淌、自我创生。斯宾诺莎哲学不能被视为以抽象同一性纯粹否定样式分殊的环节，它从一开始就是肯定的生命哲学。

德勒兹开始在新的起点上理解斯宾诺莎的实体、属性和样式之间的关系。按照黑格尔的逻辑，斯宾诺莎的实体缺乏能动性，它不能自己认识自己，因而只能通过外在观察者的目光而被认识。作为思维和广延的属性，在斯宾诺莎那里被理解为主体认识实体的两种方式。倒过来说，实体通过此两种方式向主体呈现。此时实体已经从作为大全的"总体"异化为与主体认识能力相关的"部分"了。随后它还要再进一步异化为殊异的样式，以便主体能知悉它的具体内容。此时，实体所展示出来的只是自身"被贬损的现实（diminished reality）"。① 黑格尔固然从自因说里受到了"实体即主体"的启发，但在具体的认识过程中两者仍旧是分离的。这是黑格尔对斯宾诺莎表示不满的缘故。德勒兹并不要求实体自己认识自己，也不认为实体是可以为人类思维所把握的大全。绵延没有开端没有终结，它是绝对的自在。任何认识只是对绵延之瞬间的把握，并且对瞬间的认识本身参与了瞬间的力量综合。因此，人类所见所得不外乎绵延自创生、自表现的结果。属性、样式同实体之间既是表现与被表现的关系，也是展开与被展开的关系。这种展开同思维逻辑无关，它是纯粹本体论层面的造化。实体的造化不仅支配着认识的材料，也决定着认识的形式。认识主体完全从属于实体。

普列汉诺夫曾通过"回到斯宾诺莎"强调了"意识是运动着的物质的内部状态"的唯物主义命题。② 德勒兹的诠释没有超出这个范围。新诠释中的

---

① MACHEREY P. *Hegel or Spinoza* ［M］. RUDDICK S M, trans. Minneapolis and London：University of Minnesota Press，2011：27.

② 参见本书第二篇第四章第三节第三目。

斯宾诺莎主义仍是决定论的，没有给思维主体预留一丁点"自由"。在这一点上，两个时代的斯宾诺莎形象是一致的。它们共同反对将思维主体同世界严格对立起来及由此演绎出主体之于世界的自主性的主观唯心主义观点。更进一步来看，两者都在哲学内部为主体预定了本体论层面的自由。但两者的分歧也就此出现。普列汉诺夫的自由是合规律的自由，是全面掌握与驾驭自然规律的自由。这种自由观的前提是，本体是可在思维中总体性地再现的存在。即便个别的思维主体尚不能把握该总体，经过世代的实践积累，人类主体必将能认识全部的自然。同时他通过自然认识自身，从而自为地安排周遭的环境与自己的生活。这一思想在《神圣家族》所叙述的 18 世纪唯物主义中得以开辟，并在斯大林主导的教科书体系里充分展露："世界上没有不可认识的东西，而只有还没有被认识、而将来科学和实践的力量会加以揭示和认识的东西。"① 德勒兹不能接受苏俄马克思主义的前提。该前提沿着两条线索被拆解。其一，既然本体是异质的，作为其内部状态的思维也不是同质的，那么就不可能存在累加的、同质的思维之流。这意味着，思维所再现出来的总体绝不是本体，而只是个别思维在某一瞬间对绵延的综合。其二，人类既然是本体的部分，其存在本身也是某种综合，甚至个别人的身体也只是异质力量综合的结果。全人类的联合与延续只是某种想象，只是特定瞬间的综合。真正的自由是与绵延合一的体验，它同哲学方法的掌握直接相关。它更多地表现为对已综合的瞬间的超越，表现为对于一切辖域化存在的"逃逸"。

第二节　建构纯粹肯定与自因建构的实体动力学

一、单一体三重奏

如果绵延只是同日常经验完全对立的彼岸，那么绵延的实体就还是纯粹否定性的实体。要使其成为肯定的哲学，就必须仔细说明实体向日常经验的

---

① 斯大林．斯大林文集（1934—1952 年）[M]．北京：人民出版社，1985：210.

过渡，亦即说明实体如何既保持其自身又如何展开并向我们呈现。斯宾诺莎哲学之所以是肯定的哲学，正是因为他不把样式视为实体的对立面和非真实的东西。1662 年 4 月给奥尔登堡的信写道："许多为教士们和所有其他至少是我认识的人归之于神的诸属性，我却认为是被造物，反之，他们由于偏见而认为是被造物的东西，我却认为是神的属性，他们是完全误解了这些东西。"① 对这句引言有两种理解方式。第一种是把"属性"解作"组成部分"。上帝是由其被造物（或样式）具体地组成的，各样式都分有神性。这是泛神论的读解方式。第二种是把"属性"解作"特性（propres）"。属性能够完整地表现实体的本质，而特性只是实体所表现出来的某些方面。就特性来说，可以区分出某些本质的特性和某些非本质的特性。把属性混同特性，又认为样式是上帝的某种特性，其用意不外乎说有些样式反映了上帝的本质，有些样式没有反映上帝的本质。相对于上帝来说样式只是可有可无的表现手段。该解法实际是理性主义的解法。②

很显然这两种解法都不符合德勒兹的读解前提。他从一开始就提出，斯宾诺莎反对把实体看作同质性的东西。不论是由样式组成的实体，还是作为样式尺度的实体，都不符合他的预先规定。说到底，样式的本质既不能是数量叠加的无限，也不能是同其分离的彼岸。属性由此作为必要的中间项被加入进来。德勒兹紧紧抓住《伦理学》第一部分的界说六："神，我理解为绝对无限的存在，亦即具有无限'多'属性的实体，其中每一属性各表示永恒无限的本质。"③ 倘若按照不可知论版本的诠释，斯宾诺莎此处仿佛在感慨人的理智只能抓住广延和思想两种属性，不能如其所是地把握实体。德勒兹的关注点在后半句——每一种属性都表示了实体的某种本质。听起来像是天方夜谭。实体已经是万事万物的本质，它怎么还会有本质呢？实体的本质就是自身，它怎么还会有好几种本质呢？然而从语词的角度来看，说上帝的本质是上帝，完全是同义反复，什么也没有解释—展开（expliquer）。属性在为我

---

① 斯宾诺莎. 斯宾诺莎书信集 [M]. 洪汉鼎，译. 北京：商务印书馆，1996：28.
② 中文版《斯宾诺莎书信集》里，该封书信的注释 6 就是这种解法："关于哪些是神的真正属性，哪些不是神的真正属性，可以参看斯宾诺莎《形而上学思想》第二篇。"斯宾诺莎. 斯宾诺莎书信集 [M]. 洪汉鼎，译. 北京：商务印书馆，1996：32.
③ 斯宾诺莎. 伦理学 [M]. 贺麟，译. 北京：商务印书馆，1997：3.

们解释实体的同时，也让实体得以展开；在语言学上，它让实体这一能指与其他能指链接起来。这一链接不是任意的，只有被认为是实体"本质"的能指才能归诸"属性"的链接方式中。于是反过来，属性便赋予了实体某种本质。

现在让我们单独来考察"本质"是什么。本质即是语词之解释，是能指之链接，那么它就蕴含了双重的意味。其一，若离开本质，该语词便不能被理解。其二，若离开该语词，作为本质的能指也不能被理解。按照这个原则，属性是实体的本质，却不是样式的本质。因为属性可以在样式以外得到理解。德勒兹的依据是《伦理学》第二部分命题十："人的本质是由神的属性的某些分殊所构成。"① 人是诸样式之一，其本质是属性的分殊而非属性。因此，样式只是暗含（impliquer）了属性。同词语的解释—展开相比，暗含意味着这一词语已经预先与多个能指相联系，这些能指之中某些又同另一能指相联系。借助语言学的比喻，我们可以把德勒兹笔下的实体、属性和样式的关系图示如下（见图 7-2）。样式与实体不再能够直接链接。实体展开的属性不止能指 B1，还有若干其他属性。作为能指 B1 乃至 Bn 都只是能指 C 所暗含的诸多能指之一，只能部分地同样式的本质链接。如此一来，样式在语义链中实则拥有了同实体同等的地位。它们各有各的展开，只通过属性而得以链接。德勒兹总结道："属性言说上帝，上帝在属性中展开自身，属性也言说样式，样式隐含属性，按照适合于上帝的形式那样的形式隐含。"② 更直接地说来，样式和实体都是单一体，而作为共同性的属性则是言说单一体的诸形式。当人们用实体、样式等不同的名相来言说单一体时，他们所言说的是同一个东西。当人们说单一体是"实体"时，他说的是单一体作为主动的本质；当人们说单一体是"样式"时，他说的是单一体被动的本质。用斯宾诺莎的术语来说，当实体展开为诸多属性时，这些属性共同建构了"生产自然的自然"，也把"被生产的自然"亦即万物的本性包含在自身之内；万物也同样因循着该链条以特定的方式表现着实体的展开。

再回到《伦理学》第一部分的界说六：每一属性都表示"永恒无限"的本质。从 B1 到 Bn，无论沿着哪串语义链展开，实体的本质都是完善的。结

① 斯宾诺莎. 伦理学 [M]. 贺麟，译. 北京：商务印书馆，1997：52.
② 德勒兹. 斯宾诺莎与表现问题 [M]. 龚重林，译. 北京：商务印书馆，2013：35.

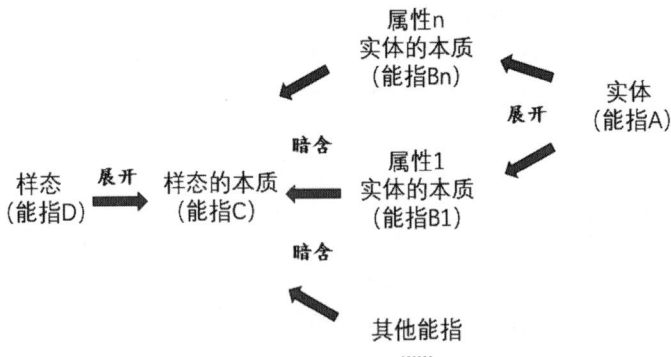

图 7-2　德勒兹论实体、属性、样式之关系

合属性是样式与实体共同形式的推论，可知样式也可以同样沿着这些完善的语义链而展开。按照斯宾诺莎的说法，"共同"是两个事物共有的东西。一方面，属性是样式与实体之共同形式；另一方面，属性又作为永恒无限的本质。德勒兹总算图穷匕见："自然之中的一切事物都是完善的。"① 这才是肯定哲学的应有之义。不仅实体被肯定地理解，全部的样式也被肯定地理解。绵延是自生自化的单一体，那些绵延的瞬间定格同样也是自生自化的单一体。它们如此这般地存在着，没有任何东西可以为它们提供更加完善的母版。它们是自己存在的根据和尺度。

言及于此，德勒兹的单一体三重奏已浮出水面。其一，实体是单一体。在唯一的实体之外不存在其他的实体，也不存在实体之间的关系范畴。其二，实体向理智的显现也是单一体。它的每一次的显现都独一无二，不可为他者所表象。其三，显现实体的理智仍是单一体。不存在一以贯之的稳定理智主体，理智对实体的显现与实体向理智的显现、认识主体与认识内容都是在同一瞬间生成的。实体自身并没有"主客体统一"的规定和必要，只有显现的瞬间在同古典认识论对话的意义上引入了主体与客体的范畴。此时，作为主体的意识结构也只是绵延中的一次综合、一个瞬间。主客体相统一的瞬间只是若干身体的相遇、若干瞬间的综合。单一体以单一体为材料在单一的综合中不断表现、生产、延展自身。在每一重逻辑之中，单一体都严厉地排

① 德勒兹. 斯宾诺莎与表现问题［M］. 龚重林，译. 北京：商务印书馆，2013：70.

斥"为他",将自身的可理解性和可转化性拒之门外。单一体存在或不存在、显现或不显现、如何显现都绝无任何理性的必然性。单一体是绝对的自在,于"主体"而言则是既绝对又偶然的决定。单一体的三重奏是对辩证逻辑的全面颠倒。

二、力量的三重奏

《伦理学》第一部分命题十一重复了界说六的论点并给出证明。其中第二个"别证"引入了力量的概念:"不能够存在就是无力,反之,能够存在就是有力(这是自明的)。"① 读者兴许还记得,阿尔都塞曾对斯宾诺莎所谓"存在的力量"心驰神往,并把力量解释为存在不受阉割的完满状态。② 德勒兹的解释则倒过来。不是存在衍生出力量,如同太阳散发出光芒;而是有了力量才得以存在,力量是能存在的能力。③ 什么样的东西是能存在的东西呢?首先,有限的存在是必定存在的。原因在于,它已经被外因所限定而成为真实的存在的。于是,有限的存在也是有力量的存在。既然有限的存在都有力量,无限的存在必然比它更有力量。于是,无限的存在也是必然存在的。无限的存在意味着它不能从外因来规定自己的存在,那么它就只能自己规定自己,通过自身而存在。它的力量也是自身的力量。与此相对,有限存在是受外因规定而得以存在,其能够存在的原因在于外因,故其力量也就不是自身的力量。在无限存在同有限存在的区分里,力量也被区分为主动与被动两种类型。

这里的主动与被动之分,并不是像牛顿所想象的那样,有一个绝对无限的存在者作为第一推动力,从而令世间万物都得以运动。此时的主动还只是表明力量究竟源于自身还是源于外因。无限存在并不是有限存在的直接推动力。相应的论证可以在上一目找到。作为无限存在的实体同作为有限存在的样式并不直接地链接,而是通过属性,在展开与暗含的关系中间接地链接起来。属性是实体的本质的展开,亦即其能如此这般存在的力量的展开。样式则暗含了属性,于是也就暗含了实体能如此这般存在的力量。可是样式的力

---

① 斯宾诺莎. 伦理学 [M]. 贺麟,译. 北京:商务印书馆,1997:12.

② 参见本书第三篇第六章第三节第三目.

③ 德勒兹. 斯宾诺莎与表现问题 [M]. 龚重林,译. 北京:商务印书馆,2013:78.

量又不是自身的力量，是其外因的力量。那么在这种情况下，它所暗含的力量必定是限定了它的另一个样式的力量。对于另一个样式来说，也存在着同样受限定的情况。因此，全部样式的力量都不是它自己的力量，都是其他样式的力量。在样式的层面，再次区分出力量主动与被动的关系。

总的来说，存在着三种力量状态。其一，实体绝对主动的力量。其二，限定其他样式的相对主动的力量。其三，被限定的样式的相对被动的力量。

"情感"首先是从后两种力量中被引入的。从目前的论证来看，样式还是指包括人的身体在内的一般样式，与此对应的"情感"显然还未上升到人的"感情、感受"，还只是某种"受感致动的情状"。① 让我们设想一个情景：拇指在泥巴上留下了一个指印。在这个例子里存在着三个样式。拇指、泥巴和带指印的泥巴。这些样式谁主动谁被动呢？按照日常的理解，或者以为拇指主动摁泥巴，或者以为泥巴往拇指贴上来。这种理解还拘囿于传统的同质空间观。循着该思路分析下去，必然可以接着探讨拇指与泥巴各自的受力情况以及构成拇指与泥巴的微粒的运动状况。以单一体的异质空间来看，泥巴与拇指接触从而留下印记的必然因果链条是不存在的。泥巴与拇指各自指向某个瞬间，它们如何抵达带指印的泥巴的瞬间并不遵从物理规律。力量只是勾连起诸瞬间的分析工具。当分析的对象停留于带指印的泥巴的瞬间时，它就是被动的。它不被认为是凭空而至，而是必有所因。那么它的存在的力量便是被动的。当分析的对象从带指印的泥巴转向泥巴或拇指，其力量的源泉有了依凭，此时泥巴或拇指的力量则被视为主动的力量。但这种主动显然不同于绝对的主动。因为这一瞬间同样被认为是受限的、有原因的。情状是样式作用之结果，而样式的结果仍旧是样式，因此，情状实则等同于样式。② 情状与样式又是同一事物的不同名相。不妨说，样式之于实体，如瞬间之于绵延；情状之于样式，则如瞬间的瞬间之于瞬间。所谓瞬间是无限小的单位，亦是无限可分的单位。作为结果的瞬间蕴含了无数作为原因的瞬

---

① 赵文. Affectus 概念意涵锥指：浅析斯宾诺莎《伦理学》对该词的理解 [J]. 文化研究，2019（3）：234-247.《斯宾诺莎与表现问题》的中文译者也将首次出现的 affection 译作"情状"（参见该书第 85 页）。新译法十分有利于汉语学界理解德勒兹的诠释工作。不过，"情状"的译法还是更侧重于广延的视角。本书通用"情状"和"情感"的译法，意在强调德勒兹在各个论证环节侧重点的不同。

② 德勒兹. 斯宾诺莎的实践哲学 [M]. 冯炳昆，译. 北京：商务印书馆，2004：55.

间。换言之，情状蕴含着无数被归诸其"原因"的样式。这些"原因"只是表示时间的先后继起，而不表示样式间按照自然规律的必然。普鲁斯特的意识流小说为德勒兹的哲学提供了绝佳的例证——随着小玛德莱娜蛋糕的入口，无数的意象浮上心头。然而记忆中的诸意象何以被唤醒，对于回忆主体来说完全是暧昧不明的。唯有以理智开辟道路，记忆的内容才呈现为井然有序的样貌，前后继起内外有别的关系才得以浮现。换言之，当德勒兹转向斯宾诺莎的"力量"概念时，他也在逐渐转向理智的视域。单一体不得不逐渐失去其严格的自在性，成为为他之物。从本体论来看，绵延固然不可为理智完全把握。但斯宾诺莎要解决的恰恰是这种不可被把握性如何现实地被把握的问题。若无观察主体的在场，绵延何必要表现为瞬间，瞬间又何必被理解为差异与重复式的综合呢？斯宾诺莎哲学的引入本身也是为了解决我们的情感同本体之间的关系。归根结底，斯宾诺莎哲学之于德勒兹仍是以认识论为归宿。

当德勒兹把属性视为样式和实体的中间链接时，他已经埋下了伏笔。实体同无数多的属性相链接，每一种属性都同所有的样式链接；与此同时，属性之间又是彼此不同的。那么从样式的层面来看，它们所依赖的同实体相链接的渠道也有无数条，并且这些渠道间的地位平等。本体论层面的平等同思想属性的特殊优势是一体两面的关系。首先，实体通过思想属性这一渠道同诸样式相链接，其展开自身的效果等同于通过广延属性同诸样式的链接。原因在于这两种链接方式是地位平等的。其次，通过思想属性的链接方式，实体将能够同"实体的观念"这一特殊的样式相链接。该特殊样式的意义在于，它既是样式，又是诸样式的共同形式的观念；诸样式的共同形式也是样式与实体的共同形式，这就又回到了属性。可见，从"实体的观念"出发，全部的链接在次级逻辑的层面不断重复："实体的观念"可同无限多的"属性的观念"相链接，每一"属性的观念"又可以同无限多的"样式的观念"相链接。这些"样式的观念"不只是观念，也是样式。因此，这些"样式的观念"也可谓"样式的观念的观念"。思想属性"形式地包含了许多样式，这些样式集合在一起，并且客观地代表了诸属性自身"，同时诸观念拥有

"无限反观地自身的能力"。① 与此相比,广延属性不拥有同样的特权。只有思想属性才有能力再现实体的全部链接。

这个说法岂非与单一体不可被理智完全把握的说法自相矛盾?德勒兹认为,避免矛盾的关键要看到实体的属性与力量的不同。实体有无限的、绝对的存在和主动的力量。思想属性只关乎它的思考的力量。在这一层面,思想属性是不能把握实体的全貌的。但就思想属性与样式的关系来说,思想属性意味着实体以思考的力量来组织诸样式的方式。根据诸属性间平等地建构着实体的本质的原则,通过思考的力量实体也能够使自己存在。因此,思想属性同单一体的完整存在又并不相悖。回到单一体的三重奏。作为实体的单一体之所以要表现为作为样式的单一体,原因在于它除了表现为作为样式的单一体自身便没有其他东西了;同样的,它除了以单一的综合方式如此这般地表现,它也再没有别的表现和存在方式了。潜藏在"单一体"这一严格范畴规定背后的,是所有可能性的湮没与绝对事实性的凝固。当某种属性赋予实体以本质,它便只有如此这般的本质。但是相对于绵延而言,它终究只是瞬间。那么,思想属性所链接的诸样式、诸样式的观念,同它所再现的实体所链接的全部属性、这些属性所链接的全部样式一样,都只是绵延中的瞬间。这个瞬间既是通过思考的力量所建构的瞬间,也是由思想属性所理解的瞬间;在思想属性的理解中,我们理解其他属性、其他力量建构的可能。与单一体三重奏相对应的是力量的三重奏:绝对的力量(作为实体的单一体)通过思考的力量(作为综合的单一体)展开了主动与被动兼具的自反思的力量(作为样式的单一体)。

三、情感的三重奏

力量的三重奏落足于思想属性内部对全部属性链接的再现。在思想属性中,实体的观念既有相对于其他样式绝对的主动力,也有相对于其他样式绝对的受动力。实体的观念同其他观念的样式成为对立的两项。斯宾诺莎说,我们拥有"真观念",其所指就是实体的观念。从形式上来说,真观念是观念的观念亦即观念的反思,它也是一个"正确的观念"。正确的观念更侧重

---

① 德勒兹. 斯宾诺莎与表现问题 [M]. 龚重林,译. 北京:商务印书馆,2013:116-117.

于观念的表现性，亦即观念的展开。观念的展开意味着它同另一样式的链接，此种链接下另一样式被认为是该观念的"最近因"。① 在新展开的论证里又衍生出两个问题。何以实体的观念就是"真"的呢？与正确观念相对的错误观念又是什么？既然正确的观念是能表现的观念，那么错误的观念就是不能表现的观念。错误的观念无法展开，无法同其他样式相链接。要理解它何以无法展开，就必须探讨一般观念得以展开的条件。

从"我们"这一特殊样式的视角来看，观念产生于我们的心灵之中。我们的心灵是实体在思想属性下的样式之一，犹如我们的身体是实体在广延属性下的样式之一。既然思想属性下的样式都是作为观念的样式，那么我们的心灵也是一种观念。我们的心灵也由此具有了双重特征。它既是观念的"容器"，也是观念。从观念的容器的角度来说，我们其他的观念都不足以建构该容器。"我们的心灵"这一观念的原因只能在实体之内。同时，实体也只有通过这一容器才能够继续展开自身，与"我们的心灵中"的诸观念建立链接。那么，"我们心灵中"的诸观念、包括"我们的心灵"这一观念，都无从超出容器的样式、超出思想属性来直接同实体链接，也就无法直接同上帝以外的其他属性以及这些属性所链接的其他样式相链接。这就是它在"展开"上的受限。同思想属性相对应的主要是广延属性，同心灵相对应的主要是身体。错误观念意味着：关于身体情状的观念无法同身体的本质相链接，亦即不能展开或表现身体的本质。"我们所具有的观念都只是一些象征，是铭记在我们之中的标志性的形象，而不是表现性的观念，我们并不能依靠自己形成这种表现性的概念：这是感知或是想象，而不是理解。"② 言及于此，新的矛盾又暴露出来。"我们所具有的观念"里莫不包括着"实体的观念"这一能够展开的正确的观念吗？德勒兹认为两者并不相悖。正确观念的可展开，仅限于它向其他观念的展开，在这个层面它是"正确的"。可就它无法向非观念的身体展开而言，它是"错误的"。正确的观念与错误的观念是同一个观念，错误的观念里也具有某种正确性。③ 因此，错误观念向正确观念的"转化"不是一个事物向其他事物的变化，而是解释层面的切换。"解释"

---

① 德勒兹 . 斯宾诺莎与表现问题 [M]. 龚重林，译 . 北京：商务印书馆，2013：134.
② 德勒兹 . 斯宾诺莎与表现问题 [M]. 龚重林，译 . 北京：商务印书馆，2013：143.
③ 德勒兹 . 斯宾诺莎与表现问题 [M]. 龚重林，译 . 北京：商务印书馆，2013：146.

本身就是观念的"展开"。

在"我们的心灵"的视域下,"我们的情感"得到了更丰富的理解。根据上一节的说法,作为情状的情感是作为结果的样式。情状可以从广延的层面得以理解。它是样式与样式之综合所生成的样式。我们身体的情状是我们的身体同其他样式所接触而生成的样式。但是就我们的身体的情状又作为"我们的感受"而出现在"我们的心灵"之中而言,身体的情状又是一种观念。在同时拥有身体与心灵的"我们"之中,身体的情状既是广延属性所链接的作为存在的样式,也是思想属性所链接的作为观念的样式。情感的三重奏由此铺展。第一重是同"我们的心灵"无关的、作为一般样式之综合结果的情状。第二重是情状又作为样式,同"我们的身体"这一特殊样式综合而得的、作为"我们的情感"的"情状之情状"。第三重是在"我们的心灵"之内,作为观念的"情状之情状"。

从第三重奏出发,作为观念的情状之情状是个错误的观念。它的错误在于不能展开以同我们身体的情状亦即"情状之情状"相链接。而这一错误观念同时又是正确的观念。正确的观念在于它可以同心灵之中的其他观念相链接,亦即形成对"情状之情状"这一观念的观念。此"观念的观念"既是我们心灵中的某种情感,同时相对于"情状之情状"的"我们的情感"来说又发生了一次新的综合。"对于每一个标征出我们某个身体状态的观念而言,它必然连结上另一个涉及此刻身体状态和之前身体状态之关系的观念。"① 由此,也区分出两种类型的情感:一是标识身体情状的情感,它是不可展开的错误观念;二是标识身体情状的情感变化的观念,它是必然展开的正确观念。两种类型不意味着两个观念,它们同样也是同一个观念的两种名相。在我们的心灵之内这一层面,并不存在严格意义上绝对不可同其他观念相链接的错误观念;只有在心灵与身体的关系这一层面,亦即从第三重奏转向第二重奏,错误观念或者说纯粹标识稳态的身体情状的观念才具有讨论的意义。

转向第二重奏,错误观念的不能展开意味着,我们不是该观念的原因。但同时它又是某个情感的动力因。这便意味着我们不能成为该情感的正确原因。此时这一情感对于我们来说只是"激情(passion)"。在二三重奏比照

---

① 德勒兹. 斯宾诺莎与表现问题 [M]. 龚重林,译. 北京:商务印书馆,2013:218-219.

的视域里，第三重奏所展开的关于情感观念的链接都只是"我们心灵中"的想象。在此德勒兹的立场与阿尔都塞一致。我们想象地建构着我们的情感，所有归根结底都是错误的激情。然而错误的激情又是"正确"的情感观念之链接的底层逻辑。在第二重奏，"我们不知道身体能做什么"；到第三重奏，但我们想象性地知道了我们的身体能做什么。

再返回第一重奏，情感的三重奏回到了力量分析。某一样式之所以得以展开同其他样式发生综合，原因就在于两者具有共同性，共同性是它们得以综合的原因；它们也在综合的瞬间生成了共同性。这一共同性即新的样式或情状。该情状是完全被动地生成的。它缺乏主动的力量。在一二重奏比照的视域里，这一情状对应于"我们身体的情状"。"我们的身体"从存在的伊始就必然在被动情状的影响下起作用。这种极端的被动性恰恰是其存在的肯定性。"我们的身体"就是如此这般地被表现了出来，它不需要再展开，亦即它不再需要被解释，不再有匮乏。斯宾诺莎把此种样式本质肯定性的力量称为"生命力"。一旦存在已经确立，它不再需要维持其存在，而就是本质的存在结果的力量的强度。① 生命力去除了一切外在的指涉而令回到"我们的身体"回到自身。然而在二三重奏的比照视域里，"我们的身体"又作为情状的观念而展开。生命力转化为向外吁求的"欲望"，欲望总是伴随着意识的、观念的因素。在新的比照视域里，生命力成了情状的观念主动展开的"欲力（conatus）"②。生命力是被动的完满性，欲力是主动的匮乏性。

在三重奏的交织视域中，生命力实则充当了完满且主动的伦理尺度。"我们"就是如此这般具有完满生命力的肯定的存在，再没有更完满的事物可以作为我们的尺度。"我们"的情感的展开是完满的展开，是这一力量的积极的体现。每一个情感绵延的瞬间都是一次完满的创造与欲力的彰显。创造不是为了更完满，而是走向下一个生命力同样充盈的瞬间。在繁琐的斯宾诺莎文本考证里，德勒兹回到了柏格森与尼采肯定的伦理学。

---

① 德勒兹 . 斯宾诺莎与表现问题［M］. 龚重林，译 . 北京：商务印书馆，2013：230-231.

② conatus 在《斯宾诺莎与表现问题》中统一翻译为"欲力"。出于揭示它同柏格森生命哲学相联系的考虑，本书总体上译为"生命力"。只在表达它作为"我们的身体的观念主动展开自身的力量"的意味时，才遵从其"欲力"的译法。

第三节 颠倒实体与样式关系跃向"实践唯物主义"

安东尼奥·奈格里笔下的斯宾诺莎是当代国内学者讨论的热点。经过赵文教授的努力，其相关代表作《野蛮的反常》于笔者写作博士论文前夕（2021 年 5 月）有了第一个中文译本。本小节将集中讨论该书对斯宾诺莎的诠释。奈格里曾回顾说，马舍雷"在斯宾诺莎体系中辨识出了一个批判性地预示了黑格尔辩证法且发现了唯物主义方法的体系"，德勒兹"夺回了作为样式多样性空间的唯物主义，具体地解放了作为构成性权力的欲望"，他自己的任务则是"对力量（potenza）的表现与配置胜于对权力（potere）的界定与运用"①。总体而言，奈格里继承了前人对于黑格尔辩证法的批判，也承认前人把斯宾诺莎的实体改造为肯定性的实体。但奈格里又进一步指出，斯宾诺莎的著作里存在着"形而上学"与"伦理学"两个时期和"两次奠基"。在前一个时期，斯宾诺莎的立场更倾向于新柏拉图主义，从实体到属性再到样式有着从因到果、逐层流溢的关系。到后一个时期，斯宾诺莎转向人类实践对于存在的建构，把样式的力量视为更根本的存在。大体来说，《伦理学》第二部分的末尾是第一时期的高峰。此时斯宾诺莎投入《神学政治论》的写作，并以更宏阔的视野来继续《伦理学》后半本书的创作。以《伦理学》的写作中断为轴心，奈格里也建立起两大文本群的对立。前一时期的文本包括《简论》《知性改进论》《笛卡尔哲学原理》，后一时期的文本则包括《神学政治论》《政治论》。

奈格里的说法未必是历史真相。斯宾诺莎曾在 1665 年 6 月致信鲍尔麦，声称自己已写好《伦理学》第三部分的"前八十个命题"并打算寄给鲍尔麦。②洪汉鼎敏锐地察觉到现行《伦理学》第三部分只有五十九个命题，于是推测斯宾诺莎可能把当时的第四部分也放了进去。③ 这么一来，奈格里的

---

① 赵文. 力量政治学与群众的自我启蒙：阿尔都塞的斯宾诺莎及其难题性［J］. 东方学刊，2021（1）. 93-110，128.

② 斯宾诺莎. 斯宾诺莎书信集［M］. 洪汉鼎，译. 北京：商务印书馆，1996：132.

③ 洪汉鼎. 斯宾诺莎［M］. 台北：东大图书公司，1992：75.

分期就不太能站得住脚了。当然，洪先生的推测也不一定是完全正确的。斯宾诺莎也有可能把原来一二部分的命题放到第三部分。我们甚至还可以猜测，到 1675 年筹备《伦理学》出版的时候，斯宾诺莎重新规划了他的分篇以及梳理了他的逻辑。现行的《伦理学》是压根没有断裂的。由于史料的匮乏，我们不能得出准确的判定。因此，合适的做法应该更关注奈格里为什么非要把中断点设在第二部分的结束部分。它实际意味着《伦理学》的第三部分"论情感"是新诠释的安身立命之本。这也决定了奈格里对斯宾诺莎著作的阅读态度：先是"以我为主"筛选式地阅读《伦理学》前两部分及该时期的文本群，随后再赞同式地阅读后三部分及该时期的文本群，从而"读出"了力量本体论和大众政治学。

一、删减实体与样式之间的中介

奈格里和德勒兹同样都在反对黑格尔把斯宾诺莎的实体作为纯粹否定性的诠释，同样都要建构肯定性的实体，然而他们的具体策略有着根本区别。德勒兹因循的是严格的柏格森哲学传统，把肯定性理解为绵延的瞬间呈现。这种肯定性在伦理上兼具积极与消极双方面的意味。积极地看，我们应当享受每一个瞬间，不必苦恼于生命的不完善。可是消极地看，却是万法皆空，无论个人还是历史都是随命运游荡的无根浮萍。德勒兹与阿尔都塞可谓法兰西"微妙精神"① 的一体两面。从年轻时起就积极参与意大利工人主义（Operaismo）和自治主义（Autonomismo）运动的奈格里并不属于该传统。他的哲学恰似他炽热的革命乐观主义。要么实体流溢出样式，要么样式建构实体。要么是神的世界，要么是人的世界。没有什么不可知、不可再现的事物。即便它不在当下，也必在未来。

奈格里认为，从《简论》到《伦理学》第一部分的实体首先是某种"开端的力量"②。其主要依据来自《伦理学》第一部分命题十一的附释：

---

① 该术语来自尚杰。"微妙精神（l'esprit de finesse）"基本要义是"不是因思而在，而是因情而在，从而与思隔离"。（尚杰. 法国哲学精神与欧洲当代社会：上册 [M]. 上海：同济大学出版社，2011：21.）尚杰更注重强调"情"在精神远离"思"时获得的审美愉悦。然而阿尔都塞的经历告诉我们，远离"思"而回到母体的精神未必会放松，反而有可能在黑夜与黎明的反复折返中耗尽自身。

② 奈格里. 野蛮的反常 [M]. 赵文，译. 西安：西北大学出版社，2021：147.

"既然能够存在就是有力，那么一物具有实在性愈多，它能够存在的力量也必定愈多；所以绝对无限之物或神其自身也必定具有绝对无限的能够存在的力量。"① 开端的力量或实体是绝对的充盈，也是整个世界的源泉。它相当于普罗提诺的"太一"。关于实体的哲学的要义就在于叙述实体如何生产万物的过程，亦即叙述实体如何流溢为世界全貌的诸环节。万物，即是斯宾诺莎的"样式"。起点是实体，终点是实体中的样式，是世界总体图景的具体化。用恩格斯《反杜林论》的比喻，就是既要看到总画面，又要说明构成这幅总画面的各个细节。② 可以说，奈格里是把斯宾诺莎前期的哲学当成"辩证法"来理解的（尽管他称之为"形而上学"）。肯定性的"实体"相当于黑格尔笔下的"绝对精神"。通过这种方式奈格里不仅批评了黑格尔对斯宾诺莎的误解，也把斯宾诺莎视同于黑格尔加以批评。

按照奈格里的诠释，属性的范畴是多余的。《伦理学》第一部分界说六称，实体包含无限多属性，每一属性各表示实体永恒无限的本质。③ 实体与属性的关系，就其外在形式而言，可以理解为整体与部分的关系。可是，属性作为部分与实体、作为整体都是无限的，两个无限的事物在广延的意义上是无法用整体与部分的关系来把握的。因此，属性只能理解为理智上对于实体的"一瞥"，从一个侧面来把握它。这种把握是本质性的把握，亦即对实体自身的把握。在此中不存在实体流溢或减弱的情形。奈格里把这一系列的论证归诸德勒兹的名下，并进而提出批评。奈格里认为，即便按照该理解方式，属性也表示了理智同实体的关系，也因此表示了"力量与力量的关系"。但属性按照自己的要求，它应该是对实体力量丛的理智的组织，而不是对它的参与。④ 属性之所以多余，原因在于样式也是力量丛的参与。从逻辑来说，有样式的范畴就够了，没必要再增添属性这一无法完成自己规定又与样式范畴角色重合的范畴。

以上奈格里引自《伦理学》第一部分界说六和命题十一的论据，也是德

① 斯宾诺莎. 伦理学［M］. 贺麟，译. 北京：商务印书馆，1997：12.
② 中共中央马克思恩格斯列宁斯大林著作编译局. 马克思恩格斯文集：第9卷［M］. 北京：人民出版社，2009：23.
③ 斯宾诺莎. 伦理学［M］. 贺麟，译. 北京：商务印书馆，1997：3.
④ 奈格里. 野蛮的反常［M］. 赵文，译. 西安：西北大学出版社，2021：165-166.

勒兹的主要立论根据。① 但两人的诠释天差地别。借助属性的中间链接环节，德勒兹建构起来的是一种多层逻辑叠合的哲学体系。单一体的自我确证在多个层面内进行着。在每一个逻辑层次内部它都排斥为他性，都单纯地肯定自身。但是，若只是在单一逻辑层次内部建立起单一体的肯定性，单一体就变成了黑格尔的僵化的绝对精神。它没有外部也不会消逝，更丝毫没有被理智认识和表述的可能。全部的问题就变成了阿尔都塞的困境：哲学语言与无意识黑夜的张力，表现与不可表现的二元对立。只有借助与实体同样般永恒无限属性，逻辑层次的"视差"才能被引入，能指才能在差异中登场。须知道，没有差异，能指也不必"指"向与它不同的东西了。全部的语言之于本体便尽数化作虚profit。然而我们的认识必定要从语言、从观念出发。为此，德勒兹确立了思想属性的特权，并认为它能以观念的形式标识其他属性。尽管观念与观念所标识的其他属性不是同一个东西，观念就其本质而言总是受激情支配的错误观念，但这毕竟是我们唯一认识实体的手段了。认识与参与是同一个过程。属性在德勒兹那里，与奈格里同样具有参与实体的意味，具有赋以实体本质、将它"组织"起来的意味。然而组织与参与并不像奈格里所说的是分离的，属性也不必在理论上证明其组织方式的合法性。参与即组织。组织的合法性是由参与其中并组织起来的结果确证的。结果如此，事实如此。在被组织起来的实体以外没有额外的实体了。该结果是严格意义上的单一体，该参与和组织过程也是严格意义上的单一体的综合。在此意义上，可以说单一体的本体论与认识论是同一件事情。德勒兹的新诠释也是对从康德到黑格尔的德国古典哲学的一次"差异性的重复"。

奈格里为何不遗余力地要剔除属性呢？他在接下来的叙述里预告了全书的主题。他认为所谓属性之间的平行论，在早期斯宾诺莎那里是神秘的东西。我们完全可以从"样式在自身同一而个别化的建构化的张力"中予以理解。"样式在自身的同一"对应于奈格里后来的"生命力"概念，也就是样式自我保存的能力。"个别化的建构力"指的是诸样式结合的过程。两者的"张力"指的是样式既要保存自身，又要被纳入组织体的矛盾。这一矛盾不能混同于卢梭的契约论难题——人如何向共同体让渡权利，又能像从前一样

---

① 参见本章第二节第一目和第二目。

自由？原因在于，样式本身又是其他样式的汇聚和结合，它本身就是个体化的结果。真实的矛盾其实是结合与分解的张力，是一切样式既要保存自身又必定被终结的命运。它在政治学中对应着一切生产关系、一切权力组织形式都要为大众本质性的力量所解散、组织、再解散、再组织不断反复的形象。这也是奈格里把斯宾诺莎与马克思两者学说嫁接到一起的根本接榫点。

　　奈格里的哲学底蕴主要还是文艺复兴式的精神，其核心是人性、人的创造力的提升。他耗费大量的笔墨谈论实体的流溢与样式世界的构成，对于德勒兹笔下的"我们"何以认识世界少有触及。不过，从终点来评判，奈格里也达到了本体论与认识论相统一的结论。他的抵达有赖于马克思实践唯物主义的引入。人与神的形而上学的对立被转化为人如何制造他们的神灵、受神灵所束缚、又推翻旧神建立新神的过程。用唯物主义的语言来说，即人与其环境的辩证关系问题。在奈格里笔下，马克思不仅是19世纪德国古典哲学的创新者，也是更古老的文艺复兴精神的传承者。也只有经过对实践唯物主义的吸收，奈格里才能以压缩的形式走完了德国古典哲学艰辛探索的道路。一方面，这决定了奈格里与德勒兹对待马克思哲学态度的不同。德勒兹对马克思的谈论，颇似马克思对斯宾诺莎的便宜运用——相比于康德、柏格森、尼采，马克思是第二位的。但实践唯物主义对奈格里来说却是必需的要件。另一方面，当黑格尔的辩证法被简单地当成目的论、形而上学予以贬斥的时候，奈格里也遮蔽了马克思与德国古典哲学的真实关联。

二、实体是样式自我治理的产物

　　奈格里的书题为"野蛮的反常"。其中"反常（anomalia）"一词有三重含义。其一，它指前期斯宾诺莎体系内部所蕴含的矛盾。其二，它指前一种矛盾所反映的时代精神的矛盾。其三，它指斯宾诺莎后期体系对前期体系的纠正。

　　奈格里认为，前期斯宾诺莎的体系以总体性与多样性的统一亦即以总体与样式的统一为基础逻辑框架。在上一目我们已经分析过，他的解读是以剔除斯宾诺莎的"属性"范畴作为前提要件的。这种解读带来两个范畴的对立以及两者何者为第一性的争论。从《伦理学》的第一部分来看，似乎实体是第一性的，样式只有在实体中才得以生成、得以理解。然而到第二部分，样式成了自身和实体的依据。第二部分命题十一写道："构成人的心灵的现实存在的最初成分不外是一个现实存在着的个别事物的观念。"① 人的心灵是一个有限的样式，个别事物的观念也是一个有限的样式。因此，样式的起源在于样式。实体被搁置了。命题十三又说："构成人的心灵的观念的对象只是身体或某种现实存在着的广延的样式，而不是别的。"② 奈格里认为此处标识着斯宾诺莎从形而上学向物理学过渡，并彻底颠倒了观念论。此时斯宾诺莎从心灵的观念进入作为对象的身体，进入"样式的唯物主义"。③ 实体因此得到了全新的理解。首先，个别的事物是样式的数量相加。其次，个别事物之间又可以相加从而形成新的个别事物。最后，按此逻辑无穷推演下去，"整个自然界是一个个体"④。根据"神即自然"的原则，实体就是样式相加的结果。从起源来说，实体后于样式。从规定来说，它只是比样式拥有更大力量强度的个体，两者没有质的差别。《伦理学》第一部分的实体流溢的立场，到现在完全为样式构成的立场所取代了。

奈格里把《伦理学》第一部分的实体流溢说称为"作为意识形态的斯宾诺莎主义"，把第二部分的样式唯物主义形容为"巴洛克"⑤ 风格。实体流溢说假定了总体性与多样性的和谐。可是放眼现实，何以多样性能够和谐地纳入总体呢？奈格里认为此种和谐实则市场交换的强制同一。所有的事实都化为可交换的价值。与此同时，可交换的事物又反过来获得了它自身的个体性。个体自由的意识形态与普遍价值的意识形态是内在统一的。⑥ 与市场交换占支配地位的事实同时出现的还有其余的意识形态。例如霍布斯和卢梭为代表的契约论式的政治哲学。契约本身就是双方交换的合意。除此以外，斯宾诺莎主义甚至产生了危机的观念。由于它建立在个体与总体的对立统一之上，因此它也能预见两者的分裂。但每次分裂时它所给出的方案总是与总体恢复和谐。它所提出的"危机"不是真正的危机，只是意识形态体系内部的

---

① 斯宾诺莎. 伦理学 ［M］. 贺麟，译. 北京：商务印书馆，1997：54.

② 斯宾诺莎. 伦理学 ［M］. 贺麟，译. 北京：商务印书馆，1997：55.

③ 奈格里. 野蛮的反常 ［M］. 赵文，译. 西安：西北大学出版社，2021：178.

④ 斯宾诺莎. 伦理学 ［M］. 贺麟，译. 北京：商务印书馆，1997：61.

⑤ 巴洛克（Baroque）艺术兴起于 16 世纪的意大利。其风格侧重于运动和转变，青睐于多种艺术手段的综合。但与此同时又带着浓厚的宗教色彩。

⑥ 奈格里. 野蛮的反常 ［M］. 赵文，译. 西安：西北大学出版社，2021：189.

自我修复而已。至于第二部分的巴洛克式的样式唯物主义，也没能超出斯宾诺莎主义的逻辑框架。按照无数样式结合推至无限即实体的设想，样式结合得越多，其力量也就越大。它越趋于实体，它就越完善。由此得出的结论还是多样性的总体化。"这种想象途径所起的作用恰恰就是使权力关系稳定化，从而确定了有别于实在自我组织的自由而开放的一种律令体系。"① 也就是说，《伦理学》第二部分对第一部分的颠倒只是前期斯宾诺莎体系内部的颠倒，它们本质上都还是形而上学。

单就局部的逻辑推理而言，奈格里是不错的。没有所有权的预先确立，没有所有者自我意识的预先奠定，交换是不可能发生的。因此，可交换性的价值总体必定以孤立且对立的个体为前提。这也是黑格尔《法哲学》所描述的、由利己主义个人所组成的市民社会的情形。奈格里把斯宾诺莎主义视为正在崛起的市民社会的意识形态。但此处也存在着学科转换上的难题。是否多样性与总体性相统一的哲学规定能够完全被还原为市场交换的经济学事实，这种还原方法本身是不是也是一种经济关系作为"普照的光"遮蔽了其余社会关系的意识形态的表现呢？再者，样式的持续叠加固然也以个体性的预先设定为基础，然而其结合的目的却未必完全是利己的。把市民社会的建构方式同物理学的建构方式混同起来也是不够客观的。

奈格里认为，《伦理学》第二部分的末尾预兆着斯宾诺莎对之前两种学说的自我批评，也意味着前期体系的中断。命题四十四的绎理二说："理性的本性在于在某种永恒的形式下来考察事物。"② 紧接着命题四十五又提出："一个物体或一个现实存在的个体事物必然包含神的永恒无限的本质。"③ 既然个体事物已经包含了永恒性，那么理性的本性就是要从个体事物中来考察事物。再者，个体事物既然包含了永恒性，便意味着它不会被取消。个体事物的自由同绝对总体的必然是彼此不违背的。这同"样式唯物主义"的机械论的理解有什么不同呢？差别在于，个别的事物不必进入同其他事物的结合关系之中也能获得自由。只要运用它的理性，它就能够发现自己本质上是自由的，并从自己所蕴含的永恒无限的本质中把握实体的本质。比起同其他样

① 奈格里．野蛮的反常 [M]．赵文，译．西安：西北大学出版社，2021：203.
② 斯宾诺莎．伦理学 [M]．贺麟，译．北京：商务印书馆，1997：84.
③ 斯宾诺莎．伦理学 [M]．贺麟，译．北京：商务印书馆，1997：85.

式的结合，它是通过自身并且只通过自身而抵达绝对的。

通过自身的理性抵达绝对，不等同于通过自身与他者共同的理性而抵达实体。奈格里没有在"人同此心，心同此理"的预设中展开论述。他适时地引入了马克思主义的传统。我们的全部认识包括我们用以认识的理性，其来源都是实践。所谓理性不过是一定的实践在思维中的相对稳定的反映。样式的理性在此意义上，等同于样式的实践。由于各样式在斯宾诺莎的体系中对应多样性，那么各样式的实践也具有多样性。多样的样式以多样的实践构成着自身和自身的理性，又通过这一理性来内在地理解自身和理解实体。总的说来，斯宾诺莎在此即将揭开一种新的本体论。它既不以实体的预先存在或未来的必然构成为前提，也不以样式先验的个体性为必要。在这种新的本体论中，变动不居的样式有着始源的无限的生产能力。

斯宾诺莎曾一度中断了《伦理学》的写作计划转向创作《神学政治论》。该书的主线十分明确，即把神学以及同神学对应的形而上学理解为大众的自我组织。先知所得到的启示不来自于天外的上帝，而只是某种政治治理的策略。这种诠释赋予神学和形而上学历史性的特征。它们不再是永恒不变的真理，只是特定历史阶段人们生活经验的提炼和政治智慧的运用。另一方面它们又是必需的，离开了它们政治便无法组织起来。

奈格里紧紧地抓住了神学与政治在两方面的统一，并且把它同《伦理学》第二部分的三种知识类型联系起来。其一，预言是想象，想象是幻觉；其二，预言又是对大众活动的真实发生的确证。预言自身没有真理性，但它确证了世界的真理。这个洞见把前期斯宾诺莎的体系形而上学推向新的境界。问题不再是实体与样式谁先谁后。因为实体本身就是历史的产物，是政治治理的权宜之策。神学向政治的过渡，真理向权术的转换，构成了斯宾诺莎所处时代的另一种时代精神。霍布斯、卢梭的契约论是斯宾诺莎主义意识形态的俘虏，马基雅维利、马克思才是《神学政治论》的同路人。"从个体新向社会性的过渡既非来自力量的转移，亦非来自权利的让渡，而在于构成性的想象过程，这个过程是与任何逻辑推理都毫不相关的。"[①] 政治不再是形而上学在某个具体领域的运用，而是反过来，政治构成了形而上学的根基。

---

① 奈格里. 野蛮的反常 [M]. 赵文，译. 西安：西北大学出版社，2021：274.

只有在政治中，形而上学才能抵达它的真理性。与此类似，想象也不再只是相对于绝对真理的缺陷，而是应该倒过来把想象看作真理被构成、被理解的必由之路。

三、样式"力量"与"权势"实体对立

总体性与多样性的对立，如今为新体系与旧体系的对立所取代。根据斯宾诺莎的术语，新体系既然是借助理性的本性、借助正确的知识来建立的，那么旧体系便沉溺于想象性的知识里。既然旧体系是时代精神的体现，那么构成旧体系的想象也是时代精神的表达。想象与理性不是简单的错误与正确的对立关系。想象同样渗透在生产的过程之中，并作为一种遮蔽了样式理性地把握到自身无限生产能力之本质的消极因素而存在。可是与此同时，想象又真实地建构着样式的定在。从静态层面看，想象对自己的内容有着明确的规定；从动态层面看，想象的运动现实地发挥着作用。新的本体论不仅要简单地穿透静止层面，把想象的内容当成谬误而直达理性所见的本质，而且要承认并超越想象在动态层面对样式的真实建构。如果只把想象狭义地理解成人们头脑中的东西，那么无论如何它也无法成为建构现实的力量。只有想象不仅作为心灵的观念而且也在身体层面产生后果时，它才真正成为新本体论的核心。

《伦理学》第三部分从探讨想象过渡到探讨生命力（conatus）。命题十二提出："心灵总是尽可能努力去想象（ea imaginary conatur）足以增加或助长身体的活动力量的东西。"① 奈格里在拉丁文里发现了生命力的在场。从动力学的机制来说，身体的活动"力量"受到"生命力"的推动，最终固定为"心灵"的内容。根据命题十一，"如果一物增加或减少，促进或阻碍我们身体的活动力量，则这物的观念就会增加或减少，促进或阻碍我们心灵的思想力量"②，身体的延展将增加身体的力量，进而促进心灵的力量，反之则减少心灵的力量。"生命力"代表着对尽可能想象身体完善性的趋向，也代表着对身体力量衰弱的避免。于是，对"生命力"的探讨，变成了对身体"情

---

① 斯宾诺莎. 伦理学 [M]. 贺麟，译. 北京：商务印书馆，1997：109；奈格里. 野蛮的反常 [M]. 赵文，译. 西安：西北大学出版社，2021：352.

② 斯宾诺莎. 伦理学 [M]. 贺麟，译. 北京：商务印书馆，1997：108.

状"的探讨。按照该原则，奈格里把《伦理学》第三部分分为四个子部分。其一，命题十六到二十八，从想象对情状作出分析；其二，命题二十九到命题四十二，从社会化的角度对情状作出分析；其三，命题四十三至五十二，从否定的方面谈论情状；其四，命题五十三到命题五十九，从解放的方面谈论情状。① 四个子部分的每个子部分都从身体的情状出发，回到生命力，最后构成了心灵。

生命力不能被简单理解为"每个人都有生存的自然权利"或者"保存其身体不受损害的自然权利"。它首先是"心灵"想象的努力，不直接是身体层面的问题。想象不只是对身体延展的直接反应。心灵可以借助观念来想象（第三部分命题十六），甚至可以想象他人的想象（第三部分命题二十九）。因而，想象同身体的真实延展状况未必是一致的。在身体的层面，斯宾诺莎没有任何的本体论来支持它的"自我保存"。只有心灵在生命力中保存自身使得自己趋于完善。"这种保持自己存在的努力……我们认为就是欲望（cupiditas）"②，当它同时与心灵和身体关联时，便是"冲动（appetito）"，"意识着的冲动"③。欲望首先是从受动中产生的。分析的逻辑从身体的延展开始，落于心灵的生命力。但在"冲动"的视角来看，它在发出着有利于保存自己的行为。欲望担当着既受动又主动的纽结点的作用。在从身体到心灵序列的无限生产之流中，作为人的本质的欲望也是人的主体性的浮现："主体性是一种不连续的跃出（risalto），是在构成性条件和构成性运动之流中跃升出来的、将自身表现为一种个别性的存在。"④ 在此视域中，样式的建构不由外部实体的流溢而来，而是通过自己的跃升，自己肯定自己，自己建构自己肯定的个别性并将自己界定为主体。

当我们把这一结论同奈格里对斯宾诺莎《政治学》的解读联系起来时，他的政治意图便表露无遗了。《政治学》开篇边说，要将政治建立在"人的自然条件"之上。"大众性（moltitudine）"便是人的一种自然的状况。⑤ 人

①　奈格里．野蛮的反常［M］．赵文，译．西安：西北大学出版社，2021：355.
②　斯宾诺莎．伦理学［M］．贺麟，译．北京：商务印书馆，1997：148.
③　斯宾诺莎．伦理学［M］．贺麟，译．北京：商务印书馆，1997：107，151.
④　奈格里．野蛮的反常［M］．赵文，译．西安：西北大学出版社，2021：369.
⑤　奈格里．野蛮的反常［M］．赵文，译．西安：西北大学出版社，2021：435.

是一种样式。样式是杂多无章、各自是其所是的。样式从杂多中将自己提升为个别，人也是如此。政治的本质是样式的杂多，政治的运动便是大众将自己提升为政治的主体。样式的自我提升不是因为它有什么自然权利或者先验主体性。它的自我提升受着身体序列到心灵序列的严格的决定论的限制，人也是如此。但是身体和心灵两个序列同样也以样式的杂多为本质。如此看来，样式将自己确立为主体就既是被动也是主动的，人也是如此。同样式杂多的本质相比，人的个别性或主体性只是历史的定在。它虽然有作为历史定在的现实性，但终将为更本质的力量所改变。一种围绕着力量而建构的政治哲学蓝图被给出：

> "力量（potenza）"是构成性地寓于杂多性之中的单一性，是构成性地寓于身体/物体之中的理智，是构成性地寓于必然性中的自由——就是在同权力的对抗过程中浮现的力量，在这里，权力（potere）应被理解为对心灵、自由和potentia（力量）等多元要素的辖治。①

"potenza"是更为本质的样式的"权能"。运用此种权能，样式在杂多性中将自身提升为单一体，从而展开它的运动。但一旦成为运动中的主体，它便受权能所塑造的形势、受特定"权势"的辖治，这便是potere的由来。在政治学的意义上，大众既创造着历史，又为他们所创造出来的历史定在所拘束。这无疑是对象化逻辑的问题式。然而奈格里又特别强调，只有在"同权力的对抗中"力量才能浮现，这意味着离开历史定在我们不应有任何先验的力量的假定。奈格里虽然反对德勒兹对斯宾诺莎的诠释，却回到了同德勒兹相仿的立场：既肯定每一历史瞬间的现实性，又以逃逸这些历史瞬间作为哲学的根本旨趣。

同德勒兹相比，奈格里越过了德国古典哲学辩证法的环节，直接借助于马克思的实践唯物主义而"空降"到最后的结论。他的分析短板也在此暴露出来。德勒兹不仅讲逃逸，还讲"综合"；马克思不仅讲改造世界的实践，还强调实践的历史积累。然而在奈格里的笔下，各个历史瞬间是彼此断裂的。过去的诸矛盾未能同时作为历史定在延续到当下的瞬间，对这种想象中的历史定在的超越极有可能重复业已发生的历史错误。忘却历史的主体只能

---

① 奈格里. 野蛮的反常［M］. 赵文，译. 西安：西北大学出版社，2021：441.

像阿尔都塞那样游移于虚无主义的抑郁与躁狂之中。归根结底，它仍止步于小资产阶级面对宏大时代变革的紧张情绪，承担不起解放全人类的历史重任。

马克思的实践唯物主义对于斯宾诺莎泛神论的吸收，必然要经过费尔巴哈所代表的德国古典哲学传统的中介。当奈格里跟着法兰西反辩证法传统去建构斯宾诺莎与马克思直接的思想关联时，他有意地毁弃了这个对于马克思哲学来说不可或缺的哲学传统。也因此，奈格里事实上毁弃了斯宾诺莎作为世界统一性的"实体"范畴。他的要害也在于此。唯有在实体性的思维中，即在将各民族孤立历史把握为世界历史的大历史观中、在肯定历史延续性与承认历史规律性的前提下，才能为开拓通往未来的发展道路奠定坚实的地基。

结　语

辩证唯物论中"斯宾诺莎迂回"的界限

　　马克思的辩证唯物主义是实践唯物主义与唯物辩证法的有机统一。实践唯物主义是辩证唯物主义的理论内核。哲学基本问题的两个方面都必须在实践中才能得到最为充分的回答。实践是认识的来源。自在自然必须经由实践成为人化自然，才能转化为人们的认识对象，才能在思维中表现为相对于思维的第一性的存在。实践也是检验认识真理性的唯一标准。思维是否正确地反映了存在，关键要看在因循该思维所开展的实践活动是否达到了预期的目标。唯物辩证法是指导实践与认识过程的科学思维方法。辩证法不崇拜任何东西。辩证法认为，无论是实践主体、有待实践改造的世界，还是实践手段，无论认识主体、认识对象，还是具体的认识方法，无一不处于运动之中。因此，马克思主义者必须总结实践经验、勇于自我革命。辩证法反对片面、孤立、割裂地考察个别事物的形而上学方法。它在研判具体的实践与认识时，总是从具有内在连续性与规律性的历史总体来予以考察。因此，马克思主义者必须善于吸收一切优秀历史成果，才能不断推进实践的进步。

　　斯宾诺莎同时介入了唯物辩证法与实践唯物主义的形成史。《神圣家族》指明，斯宾诺莎的实体是黑格尔辩证唯物主义体系中的三大要素之一。它作为关于世界统一性的范畴，直接塑造着唯物辩证法以普遍联系观点认识世界的思维方法。它作为黑格尔哲学史中的"抽象否定性"环节，一方面既锤炼了辩证法"不崇拜任何东西"的批判性，另一方面也带着唯心主义的色彩。从斯宾诺莎的实体到黑格尔辩证法，再到马克思的唯物辩证法，是马克思明文揭示的他与斯宾诺莎思想关系的"明线"。不过，明线中的唯心辩证法要成功地过渡到唯物辩证法，就必须引入《神圣家族》所埋藏的"暗线"。也就是说，斯宾诺莎的泛神论经由费尔巴哈的诠释，成为马克思"颠倒"黑格尔哲学体系、创立实践唯物主义的关键。

普列汉诺夫在同主观唯心主义论战的语境中，挖掘出从斯宾诺莎泛神论到马克思实践唯物主义的"暗线"。但由于普列汉诺夫没有充分正视斯宾诺莎、费尔巴哈与马克思三者唯物主义学说的异质性，把斯宾诺莎当成了唯物主义发展史的核心人物，也由此掩盖了辩证唯物主义中的实践观点，使之同物活论混淆。

列宁因循从斯宾诺莎到马克思的辩证法史的"明线"完成了批判主观唯心主义的工作。在阅读黑格尔《逻辑学》的过程中，列宁合理调用斯宾诺莎"规定即否定"的命题，科学揭示了主观唯心主义的思维逻辑。并且，列宁不仅扬弃了主观唯心论，还扬弃了用以批判主观唯心论的斯宾诺莎命题本身。列宁的成功经验启示人们：斯宾诺莎哲学是通向辩证唯物主义的路段之一，却并非全部的道路。

同列宁相比，阿尔都塞夸大了"规定即否定"命题在"明线"中的作用。阿尔都塞以"断裂"为核心的认识论和文本阅读方法并未超出该命题的思维逻辑。他以这一方法读解斯宾诺莎与马克思的文本，又宣称从两者的文本中读出了这一方法。事实上，马克思与斯宾诺莎的哲学都只是阿尔都塞个人生命体验的理论投射，也是他深受忧郁症困扰时的精神寄托。

奈格里毁弃"明线"且简化"暗线"。奈格里没有意识到，明暗双线是相互交织的。毁弃明线，也取消了作为双线交织点的德国古典哲学传统，暗线自然也就不完整了。他通过斯宾诺莎泛神论与马克思实践观之间的直接互文来理解两位哲学家的思想。然而，没有辩证法指导的实践只能走向机会主义，无法科学地分析和因循社会发展和历史运动规律。

实践唯物主义和唯物辩证法形成史的相互交织的明暗双线是在马克思哲学研究中回溯斯宾诺莎因素的重要抓手。其一，要充分注意到明暗双线各自内部诸节点的异质性。斯宾诺莎作为17世纪的哲学家，其哲学世界观与思维方法与18世纪唯物主义、19世纪德国哲学都有根本不同。抓住这个不同，才能充分把握马克思哲学革命的要点。其二，要坚持明暗双线的统一性，尤其应重视双线交织点亦即德国古典哲学对马克思哲学的重大意义。无论从明线还是从暗线来看，斯宾诺莎同马克思的哲学关系问题，都是德国古典哲学同马克思哲学关系问题的衍生问题。不宜过分夸大斯宾诺莎的哲学史地位，更不宜用 17 世纪形而上学反向注解马克思的哲学。深化斯宾诺莎研究固然是马克思主义哲学返本开新的重要方式，但必须守住马克思主义哲学之"正"，才能在回溯斯宾诺莎因素时创出真正的理论之"新"。

附录一

辩证唯物论发展史中"斯宾诺莎迂回"的难题性

迂回到斯宾诺莎以理解马克思的哲学,这一做法越来越成为晚近西方马克思主义哲学研究的重要范式。本附录致力于探讨该研究范式所内蕴的三重难题以及这些难点依此产生的历史线索。①

第一个难点:斯宾诺莎对马克思思想的直接介入与间接介入何者更为根本?所谓直接介入,指的是马克思在直接阅读斯宾诺莎的文本中受到了决定性的思想启迪,从而建构了自身的哲学话语。马克思写作博士论文时期曾摘抄《神学政治论》与《斯宾诺莎书信集》,并在后来写作、通信的字里行间多番谈及并评论斯宾诺莎的学说,这是研究斯宾诺莎直接介入马克思思想的重要依据。所谓间接介入,指的是斯宾诺莎的某些思想影响到了黑格尔、青年黑格尔派等中介性人物,进而对马克思产生决定性的影响。《神圣家族》在批评鲍威尔和黑格尔的哲学史时,谈到了斯宾诺莎与18世纪法国唯物主义、19世纪德国唯心论的关系。这是诠释中介性渠道最重要的文本支撑。总的说来,第一个难点关乎斯宾诺莎哲学对于马克思的哲学话语有无独立的意义。这个问题的意义不仅在于帮助研究者理解马克思哲学的具体内容,更在于理解阐释的方向。

两位关于马克思与斯宾诺莎哲学思想关系的最初诠释者,普列汉诺夫与阿尔都塞,都认为间接介入更为重要。他们把中介渠道断定为德国唯心辩证法。因此,他们围绕斯宾诺莎、德国唯心辩证法、马克思三者的关系展开深入探讨。我们都知道,《神圣家族》将德国唯心辩证法理解为实体与自我意

---

① 附录系笔者《马克思哲学理解史中"斯宾诺莎迂回"的三重难题》一文的提要,原文刊载于《哲学动态》2022年第6期。

识相统一的体系。而斯宾诺莎虽然在字面意义上被视为实体学说的鼻祖，但他潜在地也对自我意识学说产生了影响。从这里开始，第二个难点浮出水面：马克思究竟受益于斯宾诺莎的实体一元论，还是受益于他的身心平行论？前者对应于实体学说的发展史，后者对应于自我意识学说的发展史。与此相应，马克思的哲学究竟是一种体系化了的决定论和本体论，还是一种对思维的前提进行批判的认识论？

普列汉诺夫倾向于前者。他提出"马克思主义是现代斯宾诺莎主义"来驳斥伯恩施坦的修正主义观点，构建了从斯宾诺莎泛神论、费尔巴哈唯物主义到马克思唯物主义的谱系。最后，他将马克思主义哲学理解为关于世界客观运动规律的自然唯物主义。阿尔都塞更倾向后者。一方面，当普列汉诺夫将精神视为身体的产物，阿尔都塞坚持认为我们无法理解身体本身，我们所能知道的只是身体的表现。这一见解由斯宾诺莎提出并由马克思继承。另一方面，斯宾诺莎"真理是它自己和虚伪的试金石"的箴言，启发了马克思"认识论断裂"的学说。斯宾诺莎和马克思的哲学革命不在于提出新的本体论，而在于提出认识论。从这个意义上说，马克思的意识形态批判理论主要源于斯宾诺莎的知识论。

阿尔都塞以后的新生代西方左翼思想家把两条线索合二为一。他们认为，斯宾诺莎笔下的实体，其现实原型是世界历史普遍联系成为一个总体的现代世界，因而对实体的讨论是以现代性的客观实在性作为前提的。他们认为，马克思实则受益于斯宾诺莎的现代性批判思想，马克思的哲学的精髓也在于它是一种现代性批判话语。第三个难点由此引出：马克思的哲学的真理性是否只适用于现代世界？奈格里、卡萨力诺、巴里巴尔等诠释者们或明或暗地作出了肯定性的回答，并且因此绕开了德国唯心论的中介，主张在斯宾诺莎与马克思之间建立起直接的思想关联。该做法对于把斯宾诺莎和马克思从德国古典哲学的体系中解放出来有着积极作用。从斯宾诺莎到马克思，乃至到我们所处的时代，都处于世界历史持续的总体化的进程之中。"时代精神"归根结底是由我们生活其中的现代世界的现实统一化机制所予以证明的。马克思与斯宾诺莎的学说也是现代性的投射。只要我们抓住现代世界本身，就可以直接谈论斯宾诺莎与马克思的思想关系，而不需要绕道德国古典哲学。

不过，现代性的发展也经历过若干阶段。斯宾诺莎、德国古典哲学、马克思的思想是各个阶段的时代精神的精华。无视时代之差异性和历史进步性，盖然地在不同时代思想家间建立关联的做法，隐含着以 17 世纪形而上学反注唯物辩证法的危险，使后者落入历史虚无主义的窠臼。

附录二

主体限度的探索——评《辩证唯物论中的"斯宾诺莎因素"》

摆在我们眼前的这本书，不是为了"回到"斯宾诺莎原汁原味的哲学。作者关注的问题是，斯宾诺莎哲学在马克思探索和确立马克思主义哲学的思想历程中发挥了何种作用。这一问题，也不是马克思本人所面临的原生问题。直到马克思去世后，普列汉诺夫第一次将"辩证唯物主义"回溯到斯宾诺莎哲学，才把斯宾诺莎与马克思的关系问题确立为马克思主义哲学史上的经典问题。上世纪中叶，随着斯宾诺莎哲学和马克思主义哲学在法国思想界的同时复兴，阿尔都塞提出"迂回"到斯宾诺莎以理解马克思的口号，马舍雷、德勒兹、奈格里等左翼思想家则试图把斯宾诺莎和马克思作为激进政治的共同源泉，也成为国内学界今天面对斯宾诺莎与马克思思想关系的另一个重要背景。《辩证唯物论中的"斯宾诺莎因素"》在同这些增补性话语的对话中产生了它的主题。

该书反对任何在马克思科学世界观与斯宾诺莎哲学间建立直接联系的非法解读。该书认为，后者对前者的影响是中介性的。具体说来，后者主要是通过"终结"德国古典哲学的两个重要人物——黑格尔和费尔巴哈——的中介而介入前者。

一、马克思主义哲学史的经典诠释框架

马克思在确立科学世界观的道路上，也经历过一段艰难探索的时期。马克思在 1859 年为《政治经济学批判》所作的序言里曾提到，1845 年居住布鲁塞尔期间，和恩格斯"决定共同阐明我们的见解与德国哲学的意识形态的见解的对立，实际上是把我们从前的哲学信仰清算一下"。这一清算结果就

是后来未能付印的《德意志意识形态》。在这里，马克思给他的读者们留下若干悬而未决的问题。他们要清算的"德国哲学的意识形态"究竟是什么？他们何时开始清算？以怎样的方式清算。将近三十年后，恩格斯以《路德维希·费尔巴哈和德国古典哲学的终结》（以下简称《终结》）回答了这一系列问题，也成为后人理解马克思主义哲学形成史的权威性著作。

黑格尔概括了哲学的全部发展，也为后人走出其体系的迷宫指明了道路；黑格尔过世后，青年黑格尔派以黑格尔哲学为武器开展现实斗争，并由此靠近英国和法国的唯物主义，最终同自己唯心主义的学派产生矛盾；费尔巴哈通过宣布自然界的第一性，消除了这个矛盾，炸开了黑格尔的唯心主义体系；但费尔巴哈却不能从黑格尔哲学本来的形式"扬弃"它，并在伦理学和宗教哲学里陷入唯心主义；直到《神圣家族》马克思才以"关于现实的人及其历史发展的科学""超出费尔巴哈而进一步发展费尔巴哈观点"。在恩格斯心目中，马克思的哲学是德国古典哲学的延续和新发展，延续的是黑格尔的辩证法，终结的是黑格尔的体系。其中费尔巴哈的贡献主要是对黑格尔体系的终结。

《终结》奠定了马克思主义哲学史的正统框架。列宁在《马克思主义的三个来源和三个组成部分》中指出："马克思主义的哲学就是唯物主义……他用德国古典哲学的成果，特别是用黑格尔体系（它又导致了费尔巴哈的唯物主义）的成果丰富了哲学。这些成果中主要的就是辩证法。"后来斯大林《论辩证唯物主义和历史唯物主义》提出辩证唯物主义即黑格尔辩证法之"合理的内核"加上费尔巴哈唯物主义之"基本的内核"时，也来源于《终结》的判断。

二、两种理解斯宾诺莎与马克思关系的模式

无论是普列汉诺夫还是早期的阿尔都塞，当他们考察斯宾诺莎之于马克思主义哲学的关系时，绕不开的仍是《终结》的正统框架。普列汉诺夫通过逆溯费尔巴哈的唯物主义，在斯宾诺莎那里找到了辩证唯物主义自然本体论的源头。阿尔都塞则因循恩格斯把费尔巴哈当作"伦理学上的唯心主义"的定性，认为黑格尔与费尔巴哈处于同样的"总问题"中，而斯宾诺莎与成熟时期的马克思则彻底同该"总问题"告别。

　　两种解读孰是孰非？像阿尔都塞的学生马舍雷那样主张回到斯宾诺莎的文本绝不能抓住问题的本质。不管正读还是误读，斯宾诺莎总以如此这般的方式经由黑格尔和费尔巴哈的转介进入马克思的思想中。《辩证唯物论中的"斯宾诺莎因素"》的主角不是斯宾诺莎而是马克思。相较于黑格尔和费尔巴哈与马克思的关系，斯宾诺莎与马克思的关系是衍生性的。两种解读对立的本质，是如何理解黑格尔、费尔巴哈与马克思三者关系的问题，而不能简化为黑格尔、费尔巴哈、马克思、普列汉诺夫、阿尔都塞或者其他任何一个人是否误读斯宾诺莎的问题。

　　《终结》侧重于谈论费尔巴哈唯物主义的缺陷和其伦理学唯心主义的特征，并指出马克思开始超越费尔巴哈的著作即《神圣家族》。这既为后世理解马克思的哲学革命指明了文本根据，又留下了充足的解释空间。普列汉诺夫的回溯，依据的正是《神圣家族》所提及的法国唯物主义是"斯宾诺莎主义的实现"。《辩证唯物论中的"斯宾诺莎因素"》旨在证明，这一回溯从文本解读上就是站不住脚的。因为《神圣家族》恰是在批判的意义上来运用黑格尔的这个判断的，马克思的本意恰是要说明法国唯物主义不仅仅是斯宾诺莎主义的实现，它还有来自英国经验论的源流。

　　阿尔都塞比普列汉诺夫占有更丰富的文本材料。1932 年，马克思《1844年经济学哲学手稿》公开问世。从这份写在《神圣家族》前夕的手稿里，人们嗅到了青年马克思身上更浓郁的费尔巴哈人道主义气息。《神圣家族》所谓"以自然为基础的现实的人"，指的不单单是作为自然界的动物的人，而是人与外部世界的感性的、直接的同一，它是手稿中异化逻辑的"应然"尺度。阿尔都塞由此断定，"青年马克思只是一个用伦理总问题来理解人类历史的费尔巴哈派先进分子"，甚至《神圣家族》也没有完全摆脱这一范式。阿尔都塞的说法，跟恩格斯"超出费尔巴哈而进一步发展费尔巴哈观点的工作，是由马克思于 1845 年在《神圣家族》中开始"的追认并非完全矛盾。有鉴于此，不妨将阿尔都塞早期在《保卫马克思》和《读〈资本论〉》的观点，视作坚持《终结》框架并力图吸纳普列汉诺夫诠释的尝试。

　　如此一来，阿尔都塞便陷入另一个极端。他完全把费尔巴哈视为黑格尔哲学的附庸，因而忽视了费尔巴哈人本学唯物主义之于马克思哲学革命的关键作用，也由此同《终结》所说的"发展费尔巴哈观点"背道而驰。归根结底，这与阿尔都塞对《1844年经济学哲学手稿》的片面读解是直接相关的。

孙伯鍨先生曾批评过阿尔都塞的"断裂"说，认为《1844年经济学哲学手稿》中实则有两条逻辑并存。这个见解对《辩证唯物论中的"斯宾诺莎因素"》发现该时期斯宾诺莎与马克思的真实关联有着重大的启发意义。孙先生认为："从马克思当时所持的人道主义观点来看，对象化劳动和异化劳动是现实劳动的正反两个方面。"对象化劳动则是人类对自然界的改造和占有，是人类生存和发展的普遍形式；异化劳动则是私有制下的人类劳动的特殊形式。《1844年经济学哲学手稿》虽然拘囿于对异化劳动的人道主义伦理的批判，但与此同时马克思已经注意到人改造和占有自然的对象化活动的发展，在全部人类历史中的决定性作用。异化逻辑在对象化逻辑在马克思后来的手稿和作品中不断此消彼长，勾勒出马克思哲学革命的具体图景。

《辩证唯物论中的"斯宾诺莎因素"》也认为，从"终结"黑格尔哲学体系的费尔巴哈的哲学思想中，也蕴含着将马克思引向对象化逻辑的积极因素。费尔巴哈从批判哲学化了的基督神学出发，认为斯宾诺莎的泛神论是基于神学立场对神学的否定。泛神论揭示出，有限者才是无限者的本源。也正是在此意义上，费尔巴哈分析了黑格尔哲学以否定之否定的结构颠倒有限者与无限者关系的哲学逻辑。马克思在《1844年经济学哲学手稿》第三笔记本"对黑格尔的辩证法和整个哲学的批判"和《神圣家族》第五章"（2）思辨结构的秘密"挪用了这一分析。可以说，正是斯宾诺莎的泛神论间接地启发了马克思从人的现实性，亦即有限性出发的哲学视域。对政治经济学的持续钻研不断丰富着这一视域的具体内容，并促使马克思把目光转向考察特定生产方式下从事对象化活动的主体的历史限度。

但不能反过来说马克思的主体限度视域完全来源于费尔巴哈的人本学。费尔巴哈犯了两个错误。其一，费尔巴哈从有限性的范畴直接过渡到人的感性，殊不知有限与无限是相对的范畴，即便相对感性来说，以无限为思考对象的理性本身也是有历史局限性的。这个非法过渡导致费尔巴哈把人视为感官的集合体，视为自然界的一部分，进而得出人与自然感性的、直接同一的伦理学尺度。在其中只存在着人以外的自然界同人的身体的界限的空间区分，虽然名义上保留了主体与"对象"之别，却无任何"化"的主体实践。其二，费尔巴哈为了凸显人的主体性亦即他同动物之间的区别，用"美文学的词句"（恩格斯语）赞颂人的感性遭遇日月星辰宝石山水的无目的的喜悦，提出所谓"人之所以为人，就因为他的感官的对象不限于这一种或那一种可感觉的东西，而是包括一切现象、整个世界、无限的空间"。这实际上又掉回无限者的陷阱里去了，只不过是以感性的无限性替代了理性的无限性而已，并且费尔巴哈既把感性视作第一性，意味着此等近乎"天人合一"的境界完全是前反思的，因而也不可用理性所证实或证伪。这看似有理，又何尝不能理解为理性设定出自己的外部性又反过来肯定了它呢？费尔巴哈的形而上学即便同创作《1844 年经济学哲学手稿》的马克思也是根本异质的。

不能离开"能动的方面"亦即黑格尔的辩证法来把握马克思的主体限度视域。马克思借助费尔巴哈冲破的只是黑格尔窒息辩证法的思辨体系，辩证法则被颠倒过来重新安置在唯物史观的科学地基上。在黑格尔的体系中，马克思再次遭遇了斯宾诺莎："在黑格尔的体系中有三个要素：斯宾诺莎的实体，费希特的自我意识以及前两个要素在黑格尔那里的必然充满矛盾的统一，即绝对精神。"毫无疑问，绝对精神是应予废弃的思辨体系的顶点。那么在这里，作为体系之环节的"实体"应当作何处理呢？《神圣家族》对此采取贬斥态度，认为它是"同人分离的自然"。这个评价对斯宾诺莎本人来说是公允的，对于《神圣家族》论战的语境来说也是必要的。但这并不意味着马克思主义哲学本身就是贬斥实体性思维的。为了同从自我意识哲学出发的主观唯心主义作斗争，青年马克思始终试图抓住社会历史发展的本质性规律，这才是从形而上学中剥离出来的"实体"的真正面目。在打破黑格尔绝对精神的理性强制同一性，又不倒向费尔巴哈前反思的感性直接同一性的情况下，斯宾诺莎经由黑格尔辩证法中介的"实体"之思，成为马克思把人类实践活动的历史积累视为一个整体，力图把握其本质，以探寻在特定历史情境之中主体活动之限度的源头。

三、研究斯宾诺莎与马克思思想关系的意义

斯宾诺莎在 1845 年前后对马克思科学世界观的双重介入，恰好与费尔巴哈与黑格尔各自哲学中的科学因素联系在一起。但这是否意味着斯宾诺莎本人就已经企及辩证唯物主义的思想高度？恰恰相反，斯宾诺莎哲学由于兼具费尔巴哈与黑格尔的形而上学，他从根本来讲是反马克思主义的。斯宾诺莎

以机械论的方式描绘人与世界的关系，人的身体只能受动地同其他事物发生作用，心与身是平行互不干扰的两个领域。这同费尔巴哈把理性与感性分开，只讲感性直接同一是类似的。再者，斯宾诺莎的实体就是上帝，是世界的全部的本质，在体系中的地位相当于黑格尔的绝对精神。在马克思眼里，世界历史不能通过哲学思辨来揭示，而是在人们不断开辟历史的实践和实践的持续历史积累中形成的。《辩证唯物主义中的"斯宾诺莎因素"》首要的目的，就是阻却一切用斯宾诺莎形而上学反注辩证唯物主义的非法解读。

普列汉诺夫虽然采取了正确的解读框架，却没能全面地把握文本。这导致他从费尔巴哈回溯斯宾诺莎时，遭遇的恰好是形而上学的自然观。虽然他从辩证法的线索回溯时，正确地把握了斯宾诺莎对事物规律性的强调，但由于已经把抽象自然视为本体，这一规律也就变成了同样抽象的和脱离人的自然规律了。需要注意的是，"脱离人"并不是指普列汉诺夫或斯宾诺莎的哲学不关心人、没有谈到人，而是一旦把自然规律同人的实践分开，认为前者有着与人无关的绝对客观性，也就把人放在了同自然整体相对立的绝对主体的位置。后来斯大林哲学教科书认为"世界上没有不可认识的东西，而只有还没有被认识、而将来科学和实践的力量会加以揭示和认识的东西"，正是这样一种傲慢的绝对主体观的表现。不承认主体的历史局限性，夸大特定历史时期、特定民族国家人民群众的主观能动性，不仅导致自身在社会建设中屡屡尝到违背社会发展规律的恶果，也使苏联把自己的革命和建设经验误认为普遍适用的模式，为世界范围的社会主义运动带来一些消极的影响。

至于阿尔都塞式的解读，他感慨的、批判的是一种受社会结构所规训的主体，然而内心里却暗悄悄地期冀着一种精神分裂的、逃出"必然性"之五指山的绝对主体。这种诠释的产生，不能简单归因阿尔都塞个人得了什么癔症。个人制造的理论之所以流行，那就不再是个人的事情了。或许阿尔都塞连同他的时代，都患上这一可怕的"病症"。在美国与苏联两极对抗的时代，那个昔日辉煌的西欧早已国威不复，只好顾影自怜地求索着有别于两极之外的"第三条道路"。它有什么资格逃离"主流"？但凭着一点丁对绝对主体的执念——能够逃避外在力量的压迫，实现自我管理的主体性。借用以赛亚·伯林"两种自由"的术语，苏联的绝对主体是一种积极的绝对主体，是力求自我实现、谋得全人类解放的主体性；而西欧的绝对主体则是一种消极的绝对主体，是但求自我持存、苟延残喘的主体性。不客气地说，这种所谓的"斯宾诺莎复兴"，只是 17 世纪小资产阶级"风能进、雨能进、国王不能进"的自然权利观加上一点迷炫哲学术语的"借尸还魂"而已。

中国马克思主义从其源头开始，就注重同绝对主体划清界限。这既同传统中国重实务轻思辨的文化基因相关，也出于同教条主义作斗争的现实革命的需要。毛泽东的《实践论》更多遵循有限主体的认识论："客观现实世界的变化运动永远没有完结，人们在实践中对于真理的认识也就永远没有完结。马克思列宁主义没有结束真理，而是在实践中不断地开辟认识真理的道路。"不管对于自然还是对于社会，也不管个人还是全人类，后者之于前者绝不是超越性的、凌驾于其上的关系。在实践中，人们既受主体实践手段的限制，也受客体发展和表现程度的限制。这些限制不仅发生在认识的起点，而且贯穿着认识的整个过程。人受其有限性的制约，常常遭遇到意料之外的情况，也有可能产生错误认识。关键不在于思辨地构造某种完美的理想状态，而在于敢于试错、勇于纠错、善于总结，把错误化为获得正确认识和推进实践的宝贵财富。与此同时，中国人浓厚的"天下"情怀，以及近代以来吸收正统马克思主义哲学而形成的现代辩证思维，使得它始终将自身的发展命运与世界历史紧密相连，而不是孤立地求一个"自治"的理想王国。遗憾的是，本书在中国的话语体系方面谈得不多。以斯宾诺莎与马克思关系为抓手，澄清马克思主义哲学的主体限度之思，从而为中国马克思主义哲学正本清源，或是本书有待继续开辟的研究空间。

叶 落

2020 年 11 月 30 日初稿

2024 年 2 月 21 日定稿

参考文献

一、中文文献

（一）著作

[1] 北京大学编写组.欧洲哲学史 [M].北京：商务印书馆，1977.

[2] 陈爱萍.第二国际马克思主义哲学 [M].北京：中国社会科学出版社，2017.

[3] 陈宣良.法国本体论哲学的演进 [M].长沙：湖南教育出版社，1987.

[4] 邓习议.赫斯精粹 [M].南京：南京大学出版社，2010.

[5] 冯波.斯宾诺莎与马克思 [M].南京：江苏人民出版社，2019.

[6] 高放，高敬增.普列汉诺夫评传 [M].北京：中国人民大学出版社，1985.

[7] 贺麟.近代唯心论简释 [M].上海：上海人民出版社，2009.

[8] 洪汉鼎.斯宾诺莎 [M].台北：东大图书公司，1992.

[9] 姜海波.马克思恩格斯《神圣家族》研究读本 [M].北京：中央编译出版社，2017.

[10] 聂锦芳，李彬彬.马克思思想发展历程中的"犹太人问题" [M].北京：中国人民大学出版社，2017.

[11] 尚杰.法国哲学精神与欧洲当代社会：上册 [M].上海：同济大学出版社，2011.

[12] 斯宾诺莎.斯宾诺莎书信集 [M].洪汉鼎，译.北京：商务印书馆，1996.洪汉鼎.斯宾诺莎 [M].台北：东大图书公司，1992.

[13] 田毅松.恩格斯《路德维希·费尔巴哈和德国古典哲学的终结》

研究读本 [M]. 北京：中央编译出版社，2016.

[14] 王东. 哲学创新的源头活水：《哲学笔记》中的列宁构想 [M]. 北京：北京师范大学出版社，2017.

[15] 吴猛. 历史的肉身：《路德维希·费尔巴哈和德国古典哲学的终结》当代解读 [M]. 上海：复旦大学出版社，2018.

[16] 吴树博. 阅读与解释：论斯宾诺莎的历史观念及其效用 [M]. 上海：三联书店，2015.

[17] 叶秀山，王树人. 西方哲学史（学术版）：第四卷 [M]. 北京：人民出版社，2004：152.

[18] 张一兵. 回到列宁：关于"哲学笔记"的一种后文本学解读 [M]. 南京：江苏人民出版社，2008.

[19] 赵敦华. 西方哲学简史 [M]. 北京：北京大学出版社，2001.

[20] 中共中央马克思恩格斯列宁斯大林著作编译局. 列宁全集：第55卷 [M]. 北京：人民出版社，1990.

[21] 中共中央马克思恩格斯列宁斯大林著作编译局. 马克思恩格斯文集 [M]. 北京：人民出版社，2009.

（二）译著

[1] 阿尔都塞，巴里巴尔. 读《资本论》：第二版 [M]. 李其庆，冯文光，译. 北京：中央编译出版社，2017.

[2] 阿尔都塞，巴里巴尔. 读《资本论》[M]. 李其庆，冯文光，译. 北京：中央编译出版社，2001.

[3] 阿尔都塞. 保卫马克思 [M]. 顾良，译. 北京：商务印书馆，1984.

[4] 阿尔都塞. 黑格尔的幽灵：政治哲学论文集 I [M]. 唐正东，吴静，译. 南京：南京大学出版社，2005.

[5] 阿尔都塞. 来日方长 [M]. 蔡鸿滨，译. 上海：上海人民出版社，2012.

[6] 阿尔都塞. 无尽的焦虑之梦 [M]. 曹天羽，译. 南京：南京大学出版社，2021.

[7] 阿图塞. 自我批评文集 [M]. 杜章智，沈起予，译. 台北：远流出

版事业股份有限公司，1990.

　　[8] 安德森.西方马克思主义探讨 [M].高铦，等译.北京：人民出版社，1981.

　　[9] 柏格森.创造进化论 [M].肖聿，译.北京：华夏出版社，1999.

　　[10] 柏格森.时间与自由意志 [M].吴士栋，译.北京：商务印书馆，1958.

　　[11] 波斯特.战后法国的存在主义马克思主义 [M].张金鹏，陈硕，译.南京：南京大学出版社，2015.

　　[12] 布莱克曼.废黜自我 [M].李佃来，译.北京：北京师范大学出版社，2013.

　　[13] 陈越.哲学与政治：阿尔都塞读本 [M].长春：吉林人民出版社，2003.

　　[14] 德波林.近代物质论史 [M].林一新，译.郑州：河南人民出版社，2016.

　　[15] 德勒兹.康德与柏格森解读 [M].张宇凌，关群德，译.北京：社会科学文献出版社，2002.

　　[16] 德勒兹.尼采与哲学 [M].周颖，刘玉宇，译.郑州：河南大学出版社，2016.

　　[17] 德勒兹.斯宾诺莎与表现问题 [M].龚重林，译.北京：商务印书馆，2019.

　　[18] 德勒兹.斯宾诺莎与表现问题 [M].龚重林，译.北京：商务印书馆，2013.

　　[19] 笛卡尔.第一哲学沉思集 [M].庞景仁，译.北京：商务印书馆，1986.

　　[20] 费尔巴哈.费尔巴哈哲学史著作选：第一卷 [M].涂纪亮，译.北京：商务印书馆，1978.

　　[21] 费尔巴哈.费尔巴哈哲学著作选：上卷 [M].荣震华，李金山，等译.北京：商务印书馆，1984.

　　[22] 费尔巴哈.费尔巴哈哲学著作选：下卷 [M].荣震华，李金山，等译.北京：商务印书馆，1984.

［23］哈特，奈格里．帝国［M］．杨建国，范一亭，译．南京：江苏人民出版社，2003.

［24］黑格尔．逻辑学：上卷［M］．杨一之，译．北京：商务印书馆，1982.

［25］黑格尔．哲学史讲演录：第四卷［M］．贺麟，王太庆，译．北京：商务印书馆，1983.

［26］科拉柯夫斯基．柏格森［M］．牟斌，译．北京：中国社会科学出版社，1991.

［27］朗格．朗格唯物论史：下卷［M］．郭大力，译．郑州：河南人民出版社，2016.

［28］雷斯尼克，沃尔夫：马克思主义理论的新起点［M］．王虎学，译．北京：中国人民大学出版社，2015.

［29］罗斯．斯宾诺莎［M］．谭鑫田，傅有德，译．桂林：广西师范大学出版社，2018.

［30］马舍雷．感性生活：斯宾诺莎《伦理学》第三部分导读［M］．赵文，译．西安：西北大学出版社，2023.

［31］马舍雷．黑格尔或斯宾诺莎［M］．赵文，等译．西安：西北大学出版社，2023.

［32］米廷，等．斯宾诺莎哲学批判［M］．卢心远，译．上海：辛垦书店，1939.

［33］奈格里．野蛮的反常：巴鲁赫·斯宾诺莎那里的权力与力量［M］．赵文，译．西安：西北大学出版社.

［34］普列汉诺夫．普列汉诺夫哲学著作选集：第二卷［M］．北京：生活·读书·新知三联书店，1961.

［35］普列汉诺夫．普列汉诺夫哲学著作选集：第一卷［M］．北京：生活·读书·新知三联书店，1962.

［36］施密特．启蒙运动与现代性［M］．徐向东，卢华萍，译．上海：上海人民出版社，2005.

［37］施特劳斯．门德尔松与莱辛［M］．卢白羽，译．北京：华夏出版社，2012.

［38］斯宾诺莎. 笛卡尔哲学原理［M］. 王荫庭, 洪汉鼎, 译. 北京: 商务印书馆, 1980.

［39］斯宾诺莎. 伦理学［M］. 贺麟, 译. 北京: 商务印书馆, 1997.

［40］斯宾诺莎. 神、人及其幸福简论［M］. 洪汉鼎, 孙祖培, 译. 北京: 商务印书馆, 1987.

［41］斯宾诺莎. 神学政治论［M］. 温锡增, 译. 北京: 商务印书馆, 1996.

［42］斯宾诺莎. 知性改进论［M］. 贺麟, 译. 北京: 商务印书馆, 1986.

［43］汪民安, 陈永国. 尼采的幽灵: 西方后现代语境中的尼采［M］. 北京: 社会科学文献出版社, 2001.

［44］殷叙彝. 伯恩施坦文选［M］. 北京: 人民出版社, 2008.

［45］章国锋, 胡其鼎. 海涅全集: 第8卷［M］. 孙坤荣, 译. 石家庄: 河北教育出版社, 2003.

（三）期刊

［1］包大为. 自然及其真理之中: 斯宾诺莎的唯物主义及其政治哲学［J］. 求是学刊, 2023, 50 (4).

［2］陈培永. 奈格里对斯宾诺莎"绝对民主"论的重构［J］. 哲学动态, 2015 (3).

［3］德拉冈巴涅. 近十五年来法国哲学的变迁［J］. 李培林, 译. 哲学译丛, 1985 (3).

［4］方仪力. 异域"折射": 斯宾诺莎汉译及阐释探察 (1929—1943)［J］. 四川大学学报 (哲学社会科学版), 2020 (6).

［5］傅有德. 斯宾诺莎的唯理论是唯物主义的吗?［J］. 文史哲, 1984 (3).

［6］韩东晖. 当代西方斯宾诺莎哲学研究述要［J］. 哲学动态, 2003 (7).

［7］韩东晖. 化境与会通: 贺麟与斯宾诺莎哲学［J］. 哲学动态, 2022 (12).

［8］霍兰德. 斯宾诺莎与马克思［J］. 梁冰洋, 译. 当代国外马克思主

义评论，2017（2）.

[9] 金瑶梅. 论近代西方唯理论传统对阿尔都塞思想的影响 [J]. 马克思主义与现实，2014（2）.

[10] 蓝江. 辩证唯物主义如何可能?：当代欧洲新辩证唯物主义的问题 [J]. 南京政治学院学报，2016（2）.

[11] 李俊鑫，刘同舫. 马克思视野中的斯宾诺莎哲学及其内在张力：以《神圣家族》为中心的考察 [J]. 浙江大学学报（人文社会科学版），2023，53（11）.

[12] 李科林. 校正斯宾诺莎——德国理念论和法国后结构理论中的斯宾诺莎 [J]. 哲学研究，2018（11）.

[13] 李乾坤. 马克思柏林笔记文本群的形成、内容及其意义 [J]. 南京大学学报（哲学·人文科学·社会科学），2020（3）.

[14] 林青. 晚期阿尔都塞对"认识论断裂"的自我突破 [J]. 哲学研究，2011（4）.

[15] 刘景钊，金瑶梅. 现代西方哲学与马克思主义哲学结合的探索历程：刘放桐教授访谈录 [J]. 晋阳学刊，2008（4）.

[16] 刘秀萍. 马克思主义哲学在何种意义上是一种唯物主义：重新理解《神圣家族》对唯物主义史的梳理 [J]. 马克思主义与现实，2017（4）.

[17] 蒙塔格. 结构与表现难题：阿尔都塞早期的"相遇的唯物主义" [J]. 赵文，兰丽英，译. 马克思主义与现实，2019（1）.

[18] 萨尔. 力量、情动与社会：批判理论与（新）斯宾诺莎主义的挑战 [J]. 宋一帆，译. 世界哲学，2022（3）.

[19] 苏振源. "巨大的历史感"：恩格斯对唯物辩证法根本特征的阐发 [J]. 河北学刊，2021，41（2）.

[20] 苏振源. 马克思哲学理解史中"斯宾诺莎迂回"的三重难题 [J]. 哲学动态，2022（6）.

[21] 谭鑫田. 斯宾诺莎的真理论 [J]. 文史哲，1979（1）.

[22] 王春明. 阿尔都塞双重意识形态界说中的"斯宾诺莎迂回"及其理性主义内核 [J]. 复旦学报（社会科学版），2020（2）.

[23] 王雨辰，张星萍. 斯宾诺莎对阿尔都塞理论探索的影响及其当代

效应［J］．北京大学学报（哲学社会科学版），2019（5）．

［24］吴功青．从想象到理性的跳跃：驳德勒兹的斯宾诺莎解释［J］．中国高校社会科学，2021（6）．

［25］吴猛．费尔巴哈的空间原则与马克思《1844年经济学哲学手稿》［J］．教学与研究，2018（12）．

［26］吴晓明．普列汉诺夫与马克思主义哲学的存在论问题［J］．苏州大学学报（哲学社会科学版），2007（5）．

［27］吴增定．实体与事物：重思斯宾诺莎对亚里士多德主义的批评［J］．世界哲学，2021（1）．

［28］吴增定．因果性与力量：笛卡尔、斯宾诺莎与当代哲学争论［J］．同济大学学报（社会科学版），2022，33（5）．

［29］吴子枫．症状阅读、难题性与思想史研究——阿尔都塞的唯物主义阅读观及其启示［J］．马克思主义与现实，2021（4）．

［30］徐长福．黑格尔哲学对于斯宾诺莎哲学的进与退［J］．社会科学，2023（9）．

［31］徐崇温．阿尔都塞的反经验主义认识论和马克思主义［J］．中国社会科学，1997（3）．

［32］杨偲劢．《柏林笔记》初探：文献状况与思想图景［J］．山东社会科学，2018（4）．

［33］杨乔喻．意识形态场、否定构形与突现逻辑：重析阿尔都塞的意识形态理论［J］．哲学研究，2017（5）．

［34］叶险明．“世界历史性个人”与“人的自由而全面的发展”［J］．马克思主义研究，2011（12）．

［35］俞吾金．论抽象自然观的三种表现形式［J］．上海交通大学学报（社会科学版），1999（4）．

［36］张世英．关于斯宾诺莎的“实体”概念与认识论［J］．哲学研究，1961（6）．

［37］张文喜．人的意志和客观规律在传统马克思主义哲学中的关系批判［J］．教学与研究，2010（6）．

［38］张一兵．空无与黑夜：青年阿尔都塞的哲学关键词［J］．现代哲

学, 2004 (3).

[39] 赵文. 力量政治学与群众的自我启蒙: 阿尔都塞的斯宾诺莎及其难题性 [J]. 东方学刊, 2021 (1).

[40] 周文彬. 斯宾诺莎是唯物主义者吗 [J]. 探索与争鸣, 1986 (6).

[41] 邹诗鹏. 马克思哲学中的斯宾诺莎因素 [J]. 哲学研究, 2017 (1).

二、外文文献

[1] ALTHUSSER L. *Écrits philosophiques et politiques*, Tome I [M]. Paris: Stock/IMEC, 1994.

[1] ALTHUSSER L. *L'Avenir dure longtemps suivi de Les Faits* [M]. Paris: Stock/IMEC, 2007.

[3] DEIPOLA E. *Althusser, the Infinite Farewell* [M]. ARNALL G, trans. Durham and London: Duke University Press, 2018.

[4] DIEFENBACH K, et al. *Encountering Althusser* [M]. London: Bloomsbury Academic, 2013.

[5] FISCHBACH F. *La production des hommes, Marx avec Spinoza* [M]. Paris: Librairie Philosophique, 2014.

[6] FISCHBACH F. *Marx with Spinoza* [M]. READ J, trans. Edinburgh: Edinburgh University Press, 2023.

[7] HARDT M. *Gilles Deleuze: An Apprenticeship in Philosophy* [M]. Minneapolis and London: University of Minnesota Press, 1993.

[8] Karl Marx/Friedrich Engels. *Gesamtausgabe: Exzerpte und Notizen bis 1842* [M]. Berlin: Dietz Verlag, 1976.

[9] LORDON F. *Willing Slaves of Capital: Spinoza and Marx on Desire* [M]. ASH G, trans. London and New York: Verso, 2014.

[10] MACHEREY P. *Hegel or Spinoza* [M]. RUDDICK S M, trans. Minneapolis and London: University of Minnesota Press, 2011.

[11] MONTAG W. *Althusser and His Contemporaries* [M]. Durham and London: Duke University Press, 2013.

［12］ RANCIÈRE J. *Althusser's Lesson* ［M］. BATTISTA E, trans. London and New York: Continuum, 2011.

［13］ TOSEL A, MOREAU P F, SALEM J. *Spinoza au XIXe Siècle: Actes des journées d'études organisées à la Sorbonne* ［M］. Paris: Publications de la Sorbonne, 2007.

［14］ VARDOULAKIS D. *Spinoza Now* ［M］. Minneapolis: University of Minnesota Press, 2011.

［15］ YOVEL Y. *Spninoza and other heretics*, *vol.* 2 ［M］. Oxford: Princeton University Press, 1989.